JN172103

ヒューマンライブラリー

多様性を育む「人を貸し出す図書館」の実践と研究

坪井 健／横田雅弘／工藤和宏

明石書店

はじめに

ヒューマンライブラリー（以下、ＨＬ）は、二〇〇〇年にデンマークのＮＧＯ（Stop the Violence）が、北欧最大級の音楽祭であるロスキレ・フェスティバルで始めた「人を貸し出す図書館」である。障害者、ホームレス、性的少数者など、社会のなかで偏見やスティグマ（烙印）を経験したことのある人々が「本」になり、一般「読者」と対話をするこの「図書館」は、欧州評議会（Council of Europe）を巻き込みながら発展し、瞬く間に世界中に広がった。ＨＬ創始者のロニー・アバゲール氏によると、現在では九〇カ国以上で開催されているという。

日本では、二〇〇八年一二月に京都で開催されたＡＴＡＣカンファレンスの中で、東京大学先端科学技術研究センターの中邑賢龍研究室が開催したのが最初である。その後、ＨＬは全国各地の大学、学校、企業、市民団体などに広がり、ＨＬの開催者による緩やかなネットワークが形成されるようになった。そして、二〇一五年には、本書の編者が日本学術振興会から科学研究費（以下、科研費）を頂き、三年間の共同研究「偏見の低減のための教育――ヒューマンライブラリーの効果研究」を開始した。また、翌年の一〇月には三〇余名の関係者が集う「ヒューマンライブラリー研究大会」が開催され、実践と研究の観点から活発な議論が交わされた。さらに、二〇一七年の一〇月には、ＨＬの更なる普及と発展を目指して、日本ヒューマンライブラリー学会（Human Library Society of Japan）が発足した。

ＨＬが日本に上陸して今年で一〇年になる。この節目を迎えるにあたり、これまでのＨＬの展開と現状について広くまとめたのが本書である。その目的は、国内外の実践と研究の成果を振り返り、ＨＬの発展に資する知見を示すことである。ＨＬを扱った日本語書籍には、ＨＬの開催案内書である『ヒューマンライブラリー事始め』（駒澤大学坪井ゼミ編著、人間の科学社、二〇一二年三月）と、偏見の低減に焦点を当てた『多文化社会の偏見・差別』（加賀美・横田・坪井・工藤編著、明石書店、二〇一二年四月）の二冊がある。その他、研究論文や実践報告、さらには異文化間教育学会を中心に研究発表やシンポジウムでもＨＬが度々取り上げられてきた。本書は、それらの成果と編者の科研費による研究成果を背景に、国内外から計二五名の実践者を著者として揃えた日本で最初のＨＬについての包括的な書物である。

本書は、第一部の「ヒューマンライブラリーの実践」と第二部の「ヒューマンライブラリーの研究」からなる。第一部は三章に分かれており、第一章「大学編」、第二章「団体編」、第三章「海外編」としている。第一章の「大学編」は、大学でのＨＬの実践を紹介している。第一節では、東京大学の中邑研究室がＨＬを日本に導入したときの様子を玉利が紹介している。第二節から第七節では、それぞれ、獨協大学（工藤）、お茶の水女子大学（加賀美と満田）、麗澤大学（山下）、京都大学（北村）、駒澤大学（坪井）、明治大学（横田）での実践が紹介されている。

第二章は「団体編」とし、市民団体や公共機関でのＨＬが取り上げられている。第一節から第五節では、ブックオブ・りーふぐりーん（高田）、立川市社会福祉協議会（杉本）、ＨＬ長崎（宮崎）、ＨＬ新潟（佐藤）、横浜市立図書館（小原）の順で実践が紹介されている。第三章は「海外編」として、オーストラリアのタスマニア州（サーバント）とフィリピンおよびＡＳＥＡＮ諸国（ヤップとラバンゴン）での実践が紹介されている。デンマーク発のＨＬが異なる国や地域でどのように運営され活用されているのかが綴られており、こちらも興味深い。

また、一節分を担当して頂けなかったが、なるべく多くの実践活動を紹介するために、八名の執筆者にコラム編の執筆をしていただいた。ＨＬの多彩な実践が、これらのコラムを通じてもご理解頂けるのではないかと思う。

続いて、第二部は第四章から第八章までの五章で構成されている。第四章（坪井、横田、工藤）は、科研費の共同研究として編者が実施した、偏見の低減効果に関するアンケート調査の結果を報告している。第五章（横田）は、ＨＬを運営した学生が綴った作文を基に、ＨＬの運営がもたらす学習効果を検討している。第六章（工藤）は、多様化するＨＬの運営形態と「読者」への効果の関係について、アフォーダンス（affordance）という概念を用いて考察している。第七章（坪井）は、自己と他者の関係性の再構築という観点からＨＬを分析している。第八章（ワトソン）は、日常の生活空間と差異を再構築する場としてのＨＬの意義について論じている。

最後に、国内外のヒューマンライブラリーの展開を振り返るとともに、今後のＨＬの展望について編者の見解が示される。

以上、本書はヒューマンライブラリーの発展に尽くしてこられた方々の記念碑ともいえるが、ここで改めて執筆にご協力頂いた皆様に感謝の意を表したい。明石書店の大江道雅社長には、出版に至るまでの数々のアドバイスを頂いた。改めて感謝の意を表したい。

本書が今後の日本および世界のＨＬの一層の発展と普及、そして多様性に寛容な人と社会づくりの一助になれば幸いである。

平成三〇年一月

編者一同

目次

第一部　ヒューマンライブラリーの実践

第二部　ヒューマンライブラリーの研究

第一部

ヒューマンライブラリーの実践

第章

日本におけるヒューマンライブラリーの実践Ⅰ《大学編》

第一節　日本でのヒューマンライブラリーのはじまり

――東京大学先端研 中邑研究室、ヒューマンライブラリー導入の経緯と実践

玉利麻紀

一　はじめに

二〇〇八年一二月、日本で初めてのリビングライブラリー（以下、LLと略す）が京都で開催された。これはアジアでも初の試みであった。LLはヒューマンライブラリー（以下、HLと略す）の前身である。初めてのLLには「生きている本」として、ホームレスやトランスジェンダー、視覚障害者、発達障害者、薬物依存症からの回復途上者、高次脳機能障害者などの背景をもつ一一冊の「生きている本」が参加した。

主催したのは東京大学先端科学技術研究センター 人間支援工学分野（中邑研究室）。研究室内にリビングライブラリージャパンを設置し、二〇〇八年の初開催から二〇一二年三月まで、LLの企画、運営等を行った。ここでは、日本へLLを導入した経緯や、LLジャパンのプロジェクトリーダーとしてLLを立ち上げた

時の経験、実施して気づいたこと等について振り返り、ご紹介したい。

二　「生きている図書館」?!　――LLとの出会い

私たち人間支援工学分野は、多様な価値観や生き方の存在を認めることができる社会の実現に向けて、心理学、教育学、工学など、多様な専門をもつ研究者が集い、学際的にプロジェクトを進める研究室である。そのなかで、障害者など生きる上で困難を抱える人たちへの理解を進めるにはどうすればいいか?という視点で始まったのがこの取り組みであった。

それまでにも人間支援工学分野では二〇年以上に渡って、大小規模の対談や講演会、セミナーを開催し、障害当事者の声を届けてきた。講演会では多くの参加者に当事者の話を聞いてもらえるというメリットがある。ただし、どうしても話者から参加者への一方向のコミュニケーションとなってしまい、インタラクティブな対話とはなりにくい。会場で「どんどん質問してください」と言われても、「こんな質問をすると恥ずかしい」「こんな質問をしたら失礼なのではないか」と考え、なかなか質問できないという経験は多くの人がされているのではないだろうか。一方、この状況は、話者としても自分の話がどれくらい相手に伝わったかが捉えにくい。また、障害当事者が語る講演会に聴者として参加しているのは、少なからず障害者への関心をもっている人たちであろう。これまで障害などに興味をもたなかった人たちが参加したくなるような仕組みはないものか……。

ある朝、一人のスタッフが「面白い記事がある!」と新聞記事を持ってきた。そこには「生きている図書館　私たちを借りてみませんか?（二〇〇八年六月二八日（土）朝日新聞朝刊一一面国際）」と書かれている。そして、ロンドンでの取り組みが描かれ、考案者のロニー・アバゲール氏へのインタビューも掲載されていた。

生きている図書館⁉　この企画は私たちの抱える課題を打破してくれるかもしれない。少人数での対話を通して、インタラクティブにコミュニケーションを図る。この図書館では人が「生きている本」となり、聴者は「読者」。語るのが難しい人には「辞書」役のコーディネーターが隣につき、本の控え室は「書庫」。なんと粋な。膝を打つような感覚だった。

早速、ＬＬ事務局のアバゲール氏とコンタクトをとった。同時期に、スタッフがアメリカ合衆国サンタモニカで開催されたＬＬへ「読者」として参加。ＬＬ事務局へ日本での実施を申請し、無事ＬＬ開催が許可された。

三　日本でもやってみよう！

（一）テーマはどうする？　――枠組みづくり

まずはテーマである。中邑教授とスタッフとでイメージを出し合い、話し合った。

デンマークを本部とするＬＬ事務局は「What is your prejudice?（あなたの偏見、なんですか？）」をテーマに掲げ、偏見をターゲットとしていた。しかし、日本では「偏見」と直接的な言い方をすると、かえって「読者」が無意識に否認したり、身構えたりしてしまうかもしれないという懸念があった。また、我々がターゲットとするのは偏見というより、その手前にある固定観念、もっと簡単に言えば「あたりまえ」という感覚ではないだろうか。そこで、この活動のターゲットは個々人のなかにある「あたりまえ」を問い直すことに定め、「生きている本」と「読者」がそれぞれの「あたりまえ」を付き合わせ、自分の中にある固定観念に気づくことを目指すことにした。これが、ひいては「偏見」や多様性への理解につながっていくことも、もちろん期待して。

そして、固定観念を「壊す」のではなく、「溶かす」だろう、などとイメージにあてはまる言葉を探した。最終的に、テーマは「Understanding Diversity　あなたのココロ、溶かしてみませんか?」に決まった。

続いて、一二月に開かれるＡＴＡＣカンファレンス[1]の一企画として、二日間に渡ってＬＬを開催できることになった。会場は国立京都国際会館。カンファレンスの特性上、参加者は障害をもつ当事者や保護者、高齢者や介護者、障害者支援に関わる教員や福祉系専門職が主になる。

さて、テーマも会場も参加対象も決まった。けれど、ここからどうすればいいものか。開催まで一か月を切っていた。

(二)「生きている本」への参加交渉

全てが手探りから始まった。ＬＬの開催条件である「多様な本を揃えること」は、企画の肝と言える。参加対象者の特性を念頭に置きながら、今回のＬＬではどんな「生きている本」のみなさんに参加していただきたいかをスタッフで話し合った。

まず、既に中邑研究室に関わりのある障害当事者の方に参加を依頼した。視覚障害者と支援者、発達障害(アスペルガー症候群)、高次脳機能障害、知的障害の当事者から参加に了承が得られた。また、電動車椅子ユーザーは自らの参加のみならず、知り合いの障害者プロレスラーを紹介してくれた。

しかし、このままでは障害のある人たちばかりになってしまい、「多様な」という部分にひっかかる。そこで、教授のかつてからの知人である造形作家にも声をかけた。性的少数者や薬物依存症者、ホームレスの方たちにはこの企画にぜひ参加していただきたいという思いがあったが、まだ関係性がなかった。そのため、支援団体を調べ、メールや電話でコンタクトを取り、企画について説明し、当事者を紹介してもらうところから始めた。

もちろん断られることもあったが、驚いたことに、お声掛けした方のうち、多くの方が快く「生きている本」としての参加を引き受けてくれた。このようにして、参加してくれる「生きている本」が決まっていった。

(二) 何を話してもらうのか？ ——編集

その背景をもつ当事者を「生きている本」として揃えるだけでは、この図書館はうまくいかないだろう、と私たちは考えた。

その理由として、まず、時間的な制約が挙げられる。この企画は質疑応答などの対話に意味があるのだから、対話は充実させたい。しかし、「生きている本」と「読者」との対話時間は三〇分。「生きている本」がそれまでの経験を語るだけで、あっというまに終わりを迎えてしまう時間である。

また、「生きている本」のメッセージを「読者」へ効果的に伝える、という点でも工夫が必要であろう。実際に私自身が「読者」として参加した他団体のLLで、当事者の方にいきなり「何を話しましょうか？」と聞かれて戸惑った経験がある。「読者」からの質問主導の対話では、対話の回によって「生きている本」から伝えられるメッセージがバラバラになってしまうことが危惧される。また、LLのようなゆるやかな企画であったとしても、大学の研究活動の一環としての企画である以上、条件もある程度、統制されている必要がある。

そこで、私たちは事前に「生きている本」とスタッフとの間で行われる打ち合わせを「編集」と呼んで重視した。これはLLジャパンのオリジナルと言っていいだろう。編集では「生きている本」のみなさんとの関係づくりから始め、それまでの経験や、今回語ろうと考えている内容について伺った。その上であらすじを話し合い、本のタイトルを決めた。このようにして、ＬＬのブックリストが作成された。

四　リビングライブラリー、当日

（一）開館！　そして反響

準備に奔走しながら当日を迎えた。今回がアジアで初開催のＬＬであることから、アバゲール氏をデンマークから招待し、ＡＴＡＣカンファレンスで講演していただいた（図表１）。

アバゲール氏の講演終了後、いよいよＬＬの「開館」である。第一回は主にデンマークのＬＬ事務局のスタイルを真似てやってみた。当然、日本ではまだ全く知られていないイベントであったため、参加者を募ることには苦労はあった。しかし、参加者からは予想以上の反響があった。ここに「読者」の感想の一部をご紹介したい。

ホームレスの人と話す機会を自分で作るのは難しいので、今回ずっとホームレスの人に聞きたかったことが聞けてよかった。その日の食べ物も無い人もいるので、物乞いの人はお金が一番ほしいと思っていた。声をかけてもらえるのが嬉しい、というのは人として当然の喜びで、自分はホームレスの人に対して誤解をしていました。（三〇代、女性、会社員）

「障害を理解している」つもりでいたのに、障害者プロレス＝何かメッセージがある、と思いこんでいた自分に気付きました。「単にスポーツ、格闘技が好きだから」という、普通であたりまえの気持ちを聞かせて頂き、いちいち障害者に期待している自分を反省しました。（五〇代、男性、教員）

図表1　初開催時のポスター

そして、ほとんどの「読者」から、また開催してほしいと希望が寄せられた。一方、「生きている本」からも「とても楽しかった。またやりたい」、「『読者』によって話の展開が変わるのが面白い」等の感想を聞くことができた。

目の前で当事者が自らの経験に根ざしたストーリーを語り、当事者とコミュニケーションができること。これらはとてもシンプルなことだが、やはり実感を伴う言葉には力があるのだろう。初めてのLLの開催で確かな手応えを感じながら、必ずや次回の開催を実現させようと、スタッフ一同、気を引き締めた。

（二）浮上した課題

しかし、LL事務局のスタイルでは、いくつかの課題が挙がった。

LL事務局では、開館時間内であれば「読者」はいつでも「生きている本」を借りることができる。「生きている本」と「読者」は受付で初めて出会い、対話場所を自由に決めて話し合い、三〇分後に本が返却される。

このスタイルでは、どこで話せばいいか、対話場所を決めるだけで時間が過ぎてしまい、ろくに話せなかった、という声が「生きている本」から寄せられた。また、発達障害や高次脳機能障害などの特性上、静かで刺激が少ない場所でないと話しづらいという声も挙がった。「読者」からも「時間が短く序章で終わってしまった」等、やはり時間枠についての感想が多く寄せられ、検討を要した。

また、ＬＬジャパンが決めたルールにも再考の余地があった。ＬＬジャパンでは対話の時間割を設定し、予約制とした。一冊の「生きている本」に一日三～五回の対話時間を設けたが、多くの「生きている本」から五回という対話時間は多すぎて疲れたという声が挙がった。また、一回の貸出で「読者」は三人までとしたが、「読者」から希望の本が借りられないことに不満が挙がり、「生きている本」からはもう少し多くの人数にも対応できそうだ、という返答が得られた。ＬＬジャパンとしても、せっかくの「生きている本」の声が届けられるのが非常に少数に限定されてしまうのはもったいない。一方で、少人数だからこその親密な雰囲気は大切にしたい。

さて、どうするか。第二回、第三回、と開催を重ね、様々なやり方を試してみた。そして第三回でだいたいの形式が定まった。

例えば、対話を効率よく行うために、時間割だけでなく対話場所を予め決めた。できるだけ個室を用意し、それでも足りない場合には共有スペースが対話場所となった。そして、予約した時間に「生きている本」と「読者」のそれぞれが対話場所へ赴き、そこで出会い、対話を始めてもらう。すぐに対話に入れるよう、事前の編集にも力を注いだ。

また、一回の対話時間として三〇分と四五分の二種類の時間枠が設けられた。例えば、盲ろうという見えない聞こえない障害をもつ当事者はコミュニケーション自体に時間がかかるため、四五分の対話時間を設定するなど、「生きている本」の特性や希望によって時間枠を選択してもらった。

体力や集中力の観点から、一日のうち「生きている本」が担当する対話時間は最大四回まで、一回に最大六人の「読者」に貸出可能とした。「生きている本」が他の本を借りたい、という要望もあったため、途中から「読者」枠に最大二名の「生きている本」枠を追加した。

企画の特性上、参加していただく「読者」の人数が限定されてしまうことを加味し、「読者」一〇～二〇名ほどのミニ講演会を並行して開催することもあった。東京で開催する際に、筋ジストロフィーの当事者に北海道からビデオ通話で参加していただいた例もある。

現在、日本で定番となっている形式は、そうやって「生きている本」のみなさんとLLジャパンで作り上げてきたものだ。

五　「生きている本」の言葉から見えるリビングライブラリー

その後、基本的に年に二回、年によっては規模の小さいものを数回プラスする形で二〇一二年までLLの開催を重ねた。

ところで、「生きている本」のみなさんの経験や語りはとても魅力的なのである。ここでは「生きている本」の言葉から見えるLLについてご紹介したい。

（一）書庫内の現象

「生きている本」の控え室である書庫内では大変興味深い現象が起こっていた。「生きている本」同士が互いを読み合っているのだ。LLを実施してみて、私たちも初めてこの効能に気がついた。

ある日の書庫、「見える／見えない」について話が展開していた（一部、筆者により改変）。

高次脳機能障害者「自分の障害が周りの人に見えないのが嫌なんですよ。だから正直、見た目で障害者ってわかることがうらやましいんです。」

アメラジアン(2)「自分は成長期に周りよりも体毛が増えてきたりして、見えることでしんどくなった。自分は日本人じゃない、混血なんだ、と無理やり意識させられたみたいで。」

顔にやけどを負った女性「私はやけどしたとき、最初、外に出て人から見られるのも嫌だったよ。今では慣れたけど。」

視覚障害者（全盲）「僕には見えませんけどね。」（会場、爆笑）

トランスジェンダー「そしたら、どうやって認識しているんですか？」

このようにして、数名で談話していたり、マンツーマンで話し込んでいたりする。特に会話に加わらないけれど、ニコニコと会話の輪に加わっている人もいる。もちろん、一人で過ごしている方もいる。

面白いのは、LLは「生きている本」にとっても、新たな出会いになっていたことだった。多様な背景をもつ人同士が混ざり合い、お互いの共通項や差異について話し合うことで、「生きている本」自身も新たな視点を得るきっかけとなる。そして、互いに刺激を受け、「生きている本」がバージョンアップしていく様子が認められた。

（二）「〇〇さん、すごい」では終わらせない

LLが終わり、「生きている本」のみなさんとスタッフがお茶を飲みながら、その日のLLについて振り返っていたときのことだった。

一人の方が「わかりやすいもの、きれいなものが好まれるんですよね。だから、それに合わせて（ＬＬの中でもきれいに話してしまうんですよ。」と言った。すると、もう一人の方が「わかりやすいストーリーを話すと、『○○さん、すごい』で終わっちゃう。これがいかん。」と返した。

これはＬＬのエッセンスが詰まったやり取りだと惹き込まれた。確かに、「○○さん、すごい」と「生きている本」が特別な人と認識されてしまっては、他人事で片付けられてしまう。しかし、「生きている本」は人間なのである。場や「読者」に期待されるものを感じ取り、適応的に話してしまうことはよく理解できる。「読者」も、企画者も、そして「生きている本」も、感動話をいかに超えていくか。これは二〇〇八年の活動開始当初から考え続けていたテーマでもあった。大きな苦難を乗り越えるといったような感動話にしてしまうと、「読者」は「ああ、いい話を聞いた」と気持ちよく帰ることができるかもしれないが、心地良く忘れられてしまうかもしれない。「生きている本」との対話により「読者」に違和感や引っ掛かりが残れば、その居心地の悪さが考え続けるきっかけとなる。それが数日後、あるいは数年後かもしれないが、自らの考えや行動に気づきをもたらす可能性がある。

編集作業中、車椅子を使っている脳性麻痺当事者が以下のような話をしていた。

電車に乗っているとき、周りの人から「頑張って」と言われることがある。車椅子だから不便はあるけど、知らない人から「頑張って」と言われることには違和感がある。生まれつきこの体だし、自分にとってはこれが当たり前だから。

この本が話す通り、障害などの困難を抱えていたとしても、全員が大きな苦労を乗り越えてきた訳ではない。もちろん、大きな苦難を乗り越えてきた方もいる。それぞれにそれぞれの体験を語っていただく。このような当事者のリアルな姿を伝えるというのも、ＬＬの大事な機能なのではないだろうか。

（三）ＬＬのもつ意味は？

ＬＬの対話は、「読者」だけでなく、「生きている本」にとっても意味をもつようであった。例えば、顔の奇形という障害を持つ青年からは、「これまで顔のことはコンプレックスで、顔について話の中でふれることも嫌だったが、今回、語ることで自信をもつことができた。」という感想が得られた。彼は二回目の参加では、自らに「障害はコンプレックスではなく個性」というタイトルをつけて語り続けている。また、語り部として全国的に活躍されているトランスジェンダーの方は、「これまではトランスする以前の話ばかりをしていたことに気がついた。ＬＬに参加することで、トランスして以降のことを話すきっかけができた。自分にとっての第二章ができた。」と述べている。

一方で、「大きなお世話」と視覚障害の方から笑われたこともあった。障害について語ることが自己相対化の一助となるのでは？　と私が話したときのことであった。

実際、ＬＬには否定的な見方もある。例えば、見世物小屋ではないかといった指摘や、当事者の語りを企画者が操作するのではないかといった懸念等である。また、偏見を解消するための取り組みにもかかわらず、「〇〇障害者」など、タイトルリストには当事者の背景が書き込まれている。そのことが偏見を助長する可能性についても慎重になる必要があるだろう。

図表２　ＬＬジャパンによるＬＬ開催一覧

開催日	会場	備考
2008/12/6-7	京都国際公館	
2009/5/14	ロフトプラスワン	LLプレイベントとして開催
2009/5/29-30	東京大学先端科学技術研究センター	
2009/8/2	東京大学先端科学技術研究センター（※）	協力（主催:DO-IT Japan)
2009/12/5-6	京都国際会館	
2010/6/4-5	東京大学先端科学技術研究センター	
2010/7/6	六本木ヒルズ　アカデミーヒルズ（※）	協力（主催:六本本ライブラリー）
2010/8/8	東京大学先端科学技術研究センター（※）	協力（主催:DO-IT Japan)
2010/12/11-12	京都国際会館	
2011/1/12	六本木ヒルズ　アカデミーヒルズ（※）	協力（主催:六本本ライブラリー）
2011/2/1	富士通株式会社（※）	協力（主催:DO-IT Japan)
2011/6/3-4	東京大学先端科学技術研究センター	
2011/7/12	六本木ヒルズ　アカデミーヒルズ（※）	協力（主催:六本木ライブラリー）
2011/12/17-18	京都国際会館	

（※）は一般公開ではなく限定された会員のみでの開催を示す。

六　おわりに

二〇〇八年に日本で初開催してから、二〇一二年三月までの間、ＬＬジャパンはＬＬを合計一四回開催し[3]、述べ一〇九冊の「生きている本」に参加していただいた[4]。私たちは人間支援工学という分野で活動しているので、多種多様な障害をもつ人に「本」になっていただいた点に特徴がある。ＬＬジャパンが開催したＬＬと「生きている本」の一覧を巻末に示す（図表２、図表３）。

反響も大きく、ＮＨＫ「わたしを読んでください」等、ＬＬはテレビや新聞、雑誌、ラジオなど、多くのメディアによって取り上げられた。現在では、この活動は日本各地で様々な団体により実施されている。

したがって、これまでにＬＬあるいはＨＬへ参加してくれた「読者」は、初開催時に比べ、桁違いに増えている。この状況を想像してワクワクしていることがある。それはこんな場面だ。

図表３　初開催から２年目までの「生きている本」の一覧

日程	タイトル	著者名
2008年12月	ホームレス、仲間と一緒に仕事づくり	T.O & H.T（ホームレス経験者）
	自分の航路を刻もう！ ～トランスジェンダーという生き方～	いつき（トランスジェンダー当事者）
	生き延びるために薬物が必要だった	倉田めば（薬物依存者）
	フィギュアは好きですか？	竹内信善（造形作家）
	脱・転職スパイラル ～障害を隠さないことが僕の幸せにつながった～	むーんらいず（アスペルガー症候群当事者）
	全盲で異国に生きる	カマル・ラミチャネ（ネパール人留学生）
	分からないことが分からない人たちへ！ ～ケータイが助ける私の生活～	橋倉佳代子（知的障害当事者）
	脳と格闘する ～高次脳機能障害の摩訶不思議な日々～	小林春彦（高次脳機能障害当事者）
	見えない・見えにくい世界を体験しよう！	大河内直之･天野克彦（視覚障がい当事者とその支援者）
	Wheelchair Rider	奥山俊博（電動車いすユーザー）
	障害者プロレス ～格闘技に惹かれたワケ～	鶴園誠（障害者プロレスラー）
2009年5月	転職スパイラルからの脱出	発達障害当事者
	レズビアンは男嫌いか？	レズビアン当事者
	見えない人の見る夢	全盲当事者
2009年5月	盲ろう者と健常者の障害物競走 ～目と耳が不自由な盲ろう者の3大困難とは？～	盲ろう当事者
	テクノ武装で社会を生き抜く	車いすユーザー
	空回りする私　～20回の転職の背景～	発達障害当事者
	空想社会を設計する	女性官能小説家
	ゲイであることを語れる幸せを感じて	44歳・ゲイの高校英語教師
	国際レズビアンカップルが語るコミュニケーション	レズビアンカップル
	農（no）から見る社会	有機農民
	人工衛星から見る地球や月	研究者：宇宙工学
	宇宙人とのコミュニケーション	研究者：バリアフリー
	ネット経由で見つけた自分	アスペルガー症候群当事者
	見る聴く感じる？認識する！～高次脳機能障害の摩訶不思議な日々～	高次脳機能障害当事者
	クスリだけが友達だった	薬物依存からの回復途上者
	ホラーと明るい社会　～科学研究が排除するモノ・ヒト～	ホラー漫画家
	レズビアンは男嫌いか？	レズビアン、性暴力体験者
	酒蔵の微生物が教えてくれた人間の生き方	自然酒蔵元当主
	東大教授のお仕事	研究者：情報通信技術の研究開発
	時間を止める	研究者：人間支援工学
2009年12月	18歳のビッグバン～高次脳機能障害から学び得た世界～	小林春彦
	学歴は不登校	竹内信善
	お父さんがだんだん女になっていく	いつき
	顔ってなに？ ～やけどを負ってからの日々～	中山みつこ
	今日一日を花束として ～薬物依存からの回復～	めば
	Blind Watching ～ ある視覚障害者の日常～	大河内直之＆天野克彦
	路上の雑誌屋さん ～ビッグイシューの販売を通して見えること～	濱田進
	うさぎと亀 ～難病を発症して～	守屋雄一郎
	晴れ ときどき 休み ～リウマチとともに働く～	奥山俊博
	なにわのアメラジアン～アイデンティティを求めて右往左往～	市川ーマス友基
	～SW to SW～セックスワーカーからソーシャルワーカーへ	桃河モモコ
	この声が聞こえませんか？ ～幻聴と暮らす～	ひとし

LLジャパンの主催時に限る

例えば、職場の同僚が、仕事の内容を説明されても表情を変えず、ぼーっと立っていてイライラすることがあったとしよう。そんなとき、そういえば発達障害の「生きている本」が、「ちゃんと話は聞いているんだけど、思っていることを言葉にするのが難しくて、混乱して、返事するまでに時間がかかってしまう」と言っていたな、とハッとしたらどうだろう？　目の前にいる、感じ悪い、嫌な人、と勝手にくくっていた人への見方が変わるかもしれない。「(発達障害であってもなくても)ひょっとしてこの人も、今、混乱しているのかもしれない」と思い当たれば、簡単に怒りには直結しなくなる。

いろいろな人が簡単に排除されずに、いろいろな特性や価値観を持って生きていける社会。そんな社会づくりのきっかけを、ＬＬあるいはＨＬが担えたらなんと素晴らしいことだろうか。

二〇一〇年一月、デンマークのＬＬ事務局はＨＬ事務局へ名称を変更した。ＬＬジャパンは独自の工夫を重ねる形で展開してきたため、アバゲール氏へ連絡した上で、その後もＨＬとは別団体として活動を継続した。しかし、二〇一二年三月、ＬＬジャパンとしてある程度の実績を重ねてきたこと、日本で多くの団体によってこの活動が実施され、確かな広がりがみられること等を鑑み、導入期を支える私たちの役割は終了して新たな展開を迎える時期であると判断し、活動を中止することを決定した。

二〇一八年、日本でのこの活動が一〇年を迎える。私たちが携わったのはその内のほんの四年の導入期であるが、この活動の種を蒔くことができ、あらゆる場所で育まれていく様子を嬉しく思う。

最後に、「生きている本」のみなさんがＬＬを作るべく能動的に参加してくださったおかげで、ＬＬは素晴らしい活動となった。ここに感謝の意を表したい。

【注】

（1）ATACカンファレンスとは、障害のある人や高齢者の自立した生活を助ける電子情報支援技術とコミュニケーション支援技術の普及を目的として、一九九六年以来毎年開催されているカンファレンスである。

（2）アメラジアンとは、アメリカ人とアジア人の間に生まれた子どもやその子孫のことを指す。このLLで「生きている本」として参加していただいた方は、戦後に日本人女性とアメリカ人との間に生まれた子を親としてもつ、二世代目のアメラジアンである。

（3）主催の他、協力を含む。

（4）主催時の蔵書のみをカウントした。協力時を含めるとさらに多くなる。

第二節　差異を認め合い活用する場

――獨協大学ヒューマンライブラリー

工藤和宏

一　はじめに

獨協大学ヒューマンライブラリーは、私が担当する外国語学部三、四年生対象の演習科目（以下、ゼミ）の学習活動として、二〇一〇年一〇月三一日に獨協大学学園祭の一企画として開催したのが始まりである。翌年には大学近郊の草加市立中央図書館で外国籍の地域住民や国際交流の団体関係者などが「本」になる二回目のヒューマンライブラリー（以下、ＨＬ）を開催した。翌々年には、獨協大学構内で外国人学生や教員などが「本」になる、英語でのＨＬも開催している。

さらに、これらの経験を基に、留学先の米国の大学でＨＬを主催するゼミの学生が現れた。また、視覚・聴覚障害の世界を健常者が疑似体験するイベントを開催した際に、ＨＬを一部導入したり[1]、東日本大震災で被災された方々の仮設住宅を学生が「本」として訪問し、住民の方々と交流するＨＬを行ったりした[2]。ＨＬには、目的と方法論さえ押さえれば、誰でもどこでも開催できる利点がある。

我々のＨＬには二つの特徴がある。ひとつは、異文化交流の場、すなわち文化的・社会的背景の異なる人どうしが出会い学びあう場を作るという大まかな目的を設定しながらも、常に形を変えながら開催してきたことである。もうひとつは、必要に応じて私が助言や提案をするが、運営に関わる重要な意思決定は基本的にはゼミの学生が行ってきたことである。

本稿では、ＨＬの開催に関心のある方々を念頭に置きながら、試行錯誤の連続のなかで開催した第一回と第二回のＨＬに焦点を絞り、それぞれの運営の経緯と目的、運営方法の特徴、効果について紹介したい。特に伝えたいことは、人と人が差異を認め合い活用する場としてのＨＬの魅力である。

二　第一回獨協大学ヒューマンライブラリー(3)――大学祭での開催

（一）開催経緯

獨協大学でのＨＬ開催のきっかけは、二〇〇九年五月に東京大学先端科学技術研究センターでのＨＬと、同年一二月に明治大学の横田雅弘研究室が開催したＨＬに私が「読者」として参加したことである。引きこもり経験者や視覚障害者の「本」との三〇分間の対話が新鮮で発見的な経験だったが、それ以上に、ゼミのテーマとして扱っていた異文化接触についての大学生の学びの拡大と深化にＨＬが役立つのではないかという直感がＨＬ開催の大きな動機になった。

このような理由から、我々のＨＬでは、ＨＬの方法論の学習と並行して、異文化接触や偏見・差別についての概念的理解を深めることにも重きを置いた。ＨＬの初心者でありながらも、研究者としての視点も持ちながら運営することで、ＨＬの可能性をできる限り明らかにすることを試みた。

（二）開催趣旨と形態

第一回ＨＬの準備期間は約六か月間で、運営者は私のゼミの学生三〇名であった。ＨＬについての学習、ＨＬの開催趣旨と会場の決定は全員で行い、会場の設営、「本」探し、「本」のストーリー作り、「読者」集めのための広報、運営資金の調達については、三名のリーダーの学生を中心に役割を分担して行った。

運営のための準備は、デンマークのHL本部のウェブサイトに出ていたマニュアル（Abergel et al., 2005）を読むことから始めた。また、運営や研究のための参考資料を集める過程で、オーストラリアの全国組織（Human Libraries Australia）の存在を知り、そのホームページ(4)から運営マニュアルをダウンロードして活用した。HLの研究論文（Garbutt, 2008; Kinsley, 2009）や、偏見と差別に関する研究書や論文も読み、運営者兼研究者としての視点の開発に役立てた。

HLの開催に向けて最初に決めたことは、開催趣旨を表すテーマと会場であった。HLの理念や目的を理解した上で、自分たちの開催趣旨を明確にして共有することは、モティベーションの維持や一貫性のあるHLを運営する上で重要である。そこで、学生が話し合った結果、「日頃気付かない自分に気付こう」を開催テーマに決めた。これには、日頃出会いにくい「読者」と「本」が対話を通して共に自分を見つめ直し、日常の生活に潤いを持たせる、そんな場を「読者」に提供したいという思いが込められた。

一方、そのテーマを決める過程で、次のような疑問が学生から出てきた。

- HLの目的が偏見の低減や「他者」理解であることは賛成できるが、「(社会的) 少数派」として人々を一緒くたに括ることは、かえって偏見や差別の助長につながらないか。
- 偏見・差別や誤解は状況次第で誰でも経験する可能性があるため、「本」を「偏見や誤解を受けやすい人々」に限定する必要はないのではないか。
- 「本」の方々をまるで見世物のように展示することに倫理的な問題はないのか。そもそも、人を「本」と呼ぶことは失礼ではないか。

このような議論は、HLの形態に影響を与えた。特に、「本」を「(社会的) 少数派」や「偏見や誤解を受けやすい人々」に限定するのではなく、「日頃出会いにくい人々」として尼僧や活動弁士の方々を加えたことは、後述するＨＬの効果に影響を与えたと考えるべきだろう。

結果として、以下の一六名の「本」で構成される「書庫」が完成した。

アルビノ当事者、ユニークフェイス当事者、難治性脱毛症当事者、自死遺族、車椅子生活者、バックパッカー、専業主夫、尼僧、活動弁士、視覚障害者（二名）、性的少数者（二名）、自衛官（三名）

これらの「本」は、ＮＰＯやＮＧＯなどの関連団体、個人や他のＨＬ主催者の紹介などで集められた。「本」が決まった後は、「司書」役としてＨＬを運営したゼミの学生（以下、「司書」）がＨＬの開催趣旨を念頭に置きながら、「本」のタイトルとストーリーを「本」の方々と一緒に作成した。

ＨＬ開催のもうひとつの大きな課題であった会場については、獨協大学の学園祭の一企画にすることで解決した。そもそもＨＬが産声をあげたのは、ロックフェスティバルであった。祭りというオープンな場のなかで、様々な関心を持つ人々が集い、対話を通して互いの差異の理解や偏見の低減を試みる「エデュテイメント」（Edutainment：教育と娯楽の混合）としての面白さに我々は魅力を感じた。また、「読者」集めの負担を軽減する上でも、学園祭での開催は妙案であるように思われた。実際、「読者」集めにはさほど苦労はしなかった。

その他の運営準備としては、ポスターやチラシ作り、ブログへの書き込みなどの広報活動と、「本」の方々の会場までの交通費と昼食代、その他運営に必要な備品等を用意するための運営資金の調達を行った。資金は、獨協大学近郊の商店街や飲食街の店を「司書」たちが手分けして一軒ずつ回ったり、卒業生に声をかけたりして「協賛金」という形で集めた。

そして、「開館」当日。午前一〇時三〇分から午後三時までに、各三〇分間の対話（以下、「読書」）が五回行われた。「読者」は延べ一二一名であった。「読者」の大半は獨協大生だったが、我々のＨＬ会場の近くを偶然通りかかった近隣住民や高校生なども「読者」として参加した。

「読書」形式は、できるだけ多くの人にHLを体験してもらえるように、「本」一名に対して、「読者」は一人ではなく三名までとした。また、「本」を借りられなかった来場者も参加できる「講演会」[5]、「司書」がHLを紹介するプレゼンテーション、白杖を使っての視覚障害体験も実施した。

「閉館」のすぐ後には、HLの効果を探るため、「読者」「本」「司書」の三者が一人ずつグループを組み、HLを通じての学びや気付きを約一時間振り返った。その後は、懇親会も開催し、和気藹々とした雰囲気のなかで、HLの参加者たちが積極的に交流する姿が見られた。

写真1　第一回HLでの振り返り

(三) 効果

HLの効果を探るため、二三名の「読者」(有効回答率二〇%)と一一名の「本」(有効回答率六八%)への当日アンケート、さらに、八名の「読者」と三名の「本」への後日インタビューを「司書」が実施した。「司書」への効果については、HL開催後のゼミの授業で行ったディスカッションの内容や、HL後にしばらく続いた彼らの活動を参考にした。あくまで調査や観察が可能な範囲での結果ではあるが、特に目立った効果は次の通りである(工藤、二〇一一;Kudo et al., 2011)。

- 「読者」への効果――自分の偏見の存在に気付いた。差異や多様性により関心を持つようになった。「本」の生き方に感情移入をした。自分の価値観について新たな気付きを得た。

・「本」への効果――「本」として語る経験を肯定的に感じた。日常生活を振り返るきっかけになった。

・「司書」への効果――「本」を一人の個性として認識することで、「自分」と「他者」の違いを二項対立的に捉えることから解放された。「学生」としてＨＬを運営する際に「社会人」との差異を経験すると同時に、社会の中の特権や権力の存在に気付いた。

ＨＬの開発理念である「偏見の低減」については、肯定的な効果が見られた。例えば、「本」に向けていた自分の眼差しに対する違和感や葛藤に気付く「読者」がいた。「本」を「自分と同じ普通の人」だと思うようになったと語る「読者」もいた。自分自身の偏見の存在と向き合い葛藤する「読者」の姿勢からは、ＨＬの準備段階で「司書」が懸念していた、ＨＬが「本」への偏見を増長させることは考えにくい。

一方、「本」の間では、自分の日常の経験を振り返る機会としてＨＬを肯定的に評価する傾向が見られた。ＨＬへの参加は、「読者」や「司書」、そして他の「本」との出会いや交流の機会になっていることも報告された。

もう一つ強調しておきたいのは、ＨＬの運営を通して発揮された学生の主体性（agency）である。ＨＬ後も「本」との付き合いを続けたり、「本」が所属するＮＰＯの活動に積極的に関わったりする学生がいた。また、汎用的能力の向上を競う「社会人基礎力グランプリ」に出場したり[6]、毎月一回定期的にＨＬを開催しているオーストラリアのリズモー市立図書館と、同市にあるサザンクロス大学で自分たちのＨＬの実践を報告したりする学生もいた。さらに、ＨＬに参加できない潜在的な「読者」に「本」のストーリーを届けるためのブログを開設する学生も現れた。これらの学生たちの姿は、ＨＬ開催を提案し支援した者として、望外の驚きと喜びであった。

三　第二回獨協大学ヒューマンライブラリー——公立図書館での開催

（一）開催趣旨と形態

二〇一一年一二月三日に二回目のHLを草加市立中央図書館多目的ホールで開催した。「司書」は、私のゼミの学生を中心とする外国語学部生一一名である。このHLでは、（一）公立図書館で開催すること、（二）外国籍の方や国際交流に関わる草加市在住の方々を中心に「書庫」を構成することにこだわった。

公立図書館でのHL開催については、三つの理由があった。一つ目は、そもそもHLが「図書館」であるのにもかかわらず、当時は大学での開催がほとんどで、私が知る限り、公立図書館での開催事例がまだ日本にはなかった。我々には、HLを図書館で実施したら、どのような効果がでるのだろうという好奇心があった。二つ目の理由は、図書館という空間の開放性が地域貢献に役立つかもしれないという期待である。大学も公立図書館のように地域に開かれた存在を志向していることが多いが、地域との壁は公立図書館よりも厚いように感じられた。実際、教職員や学生等の関係者以外の立ち入りを禁じている大学もある。それに比べて、公立図書館は、誰でも無料で利用できる。したがって、公立図書館は、地域の住民がHLに参加する最適な場所だと思われた。それはまた、地域の住民に新たな交流の場を提供するという、地域貢献を意識したHLを運営する動機づけを「司書」にもたらした。

三つ目に、外国籍の方々や国際交流活動をしている方々が「本」になることは、「司書」である学生たちのニーズでもあった。外国語を大学で専攻する学生にとって、日本語以外の言語も使いながら日常生活を営む大学近郊の地域の住民と関わりたいと願うのは自然なことだった。

「司書」が決めた第二回HLの開催テーマは、「多様なものを多様のままに」である。これには、多様な背景をもつ外国籍の人々の地域での暮らしぶりを知り、そこから何かを学ぶ場を地域に提供したいという思いが込められた。このテーマが決まってからは、第一回ＨＬの時と同様に「本」探しと「読書」のためのストーリー作り、広報（ポスター、チラシ、ブログ、メディア掲載）[7]、運営資金の調達などの準備を進めた。

また、開催前のリハーサルという新しい要素が加わった。この目的は、（一）「本」が心地よく安心した状態で「読者」と語れるようにすること、（二）万一、「本」に否定的な態度をとる「読者」が現れた場合に、「司書」だけでなく「本」自らも柔軟に事態に対応できるように準備しておくことであった。このＨＬでは、「本」の全員がＨＬ初参加で、しかも、知人以外に普段日本語を使う機会が少ない「本」が多かった。そのため、ストーリーを準備するだけでなく、事前に「本」として「読者」に語る経験をしてもらうことは、「本」が自信を持ってＨＬに参加するために必要なことであった。

リハーサルは、「司書」が「本」と連絡を重ね、すべての「本」のストーリーができ上がった段階（ＨＬ開催の約二週間前）に行った。昼食を挟みながらの約四時間のリハーサルの構成は、次の通りである[8]。

（ⅰ）「司書」と「本」の自己紹介とアイスブレイキング。
（ⅱ）「司書」による、ＨＬ開催の目的と方法についての説明。
（ⅲ）「司書」と「本」で一緒に昼食（弁当）。
（ⅳ）「司書」が「読者」役になり「本」と対話。特に「本」が語りやすく、「読者」にも緊張感を与えないような対話の仕方を練習。
（ⅴ）ＨＬ当日の流れの確認。

リハーサルは、「司書」と「本」の友好的な関係作りだけでなく、ＨＬの目的の共有、運営方法や「本」の語りの改善に役立てた[9]。日本語への通訳が必要だと判断された「本」には、「司書」または彼らの知人が通訳をすることをこの時点で決めた。そして、次の一〇名から成る「書庫」が完成した。

カメルーン出身の芸術家、米国出身の日本文化研究者、ペルー出身の外国人支援者、スイス出身の留学生、フィリピン出身の大学生、外国出身の親を持つ「ハーフ」の大学生、台湾出身の主婦、国際交流NPOの役員、国際交流の学生団体に所属する大学生、近所の外国人と親しく付き合っている地域住民

「開館」当日は、午前一〇時三〇分から午後三時五〇分までに三〇分ずつの「読書」が六回行われ、地域の住民も含む延べ四五名が「読者」として参加した。「閉館」後には私の進行のもと、一部の「読者」と「本」、そして「司書」で一日の成果を振り返った。その後は懇親会も行った。

写真2　草加市立中央図書館多目的ホールでのHL

（二）効果

三二名の「読者」（有効回答率七一％）と一〇名全員の「本」から回答を得られたアンケート、および一一名全員の「司書」によるHLの経験を振り返る作文から、主に次のような効果が見られた（工藤、二〇一三）。

- 「読者」への効果——約九割が「読書」経験を肯定的に評価。新しい知識、価値観、気付きを得た。
- 「本」への効果——「本」として語る経験を肯定的に評価。自分自身の再発見や変化に気付いた。
- 「司書」への効果——自分が誰に対しても偏見を持っている可能性に気付いた。文化や価値観の差異

だけでなく、同じ人間としての共通性にも着目できた。汎用的能力（チームワーク、リーダーシップ、責任感、主体性・行動力、複眼的思考など）の重要性を認識した。

第一回と第二回のＨＬでは、開催テーマ、会場、「本」はかなり異なる。それにもかかわらず、新たな価値観への気付きや自分の再発見など、よく似た効果がみられた。一方、偏見の低減については、「司書」以外からは明確には報告されなかった。しかし、「読者」へのアンケートでは、ＨＬの参加後に「外国人」に対してより「安心」で「話しやすい」と感じる傾向が示された。「本」によるアンケートでも、「差別はいけないということを（「読者」が）わかってくれたと思う」という肯定的な反応が見られた。

四　おわりに

これまで述べてきたように、ＨＬには多くの利点と可能性がある。しかし、課題も多い。本稿が示したＨＬの肯定的な効果は、どのような条件や過程で生まれたのか、その仕組みはよくわかっていない[10]。ＨＬの効果がどれほど持続するのかも不明確なままである。さらに、「読書」の否定的な効果、例えば、「本」に限らず「読者」への心理的負荷やリスクなどについても今後は考える必要があるかもしれない。

しかしながら、ＨＬに関わってみて感じることは、ＨＬの「読者」「本」「司書」の多くが互いの差異を認め合い、それぞれの思いや立場で、差異を活用していることである。とりわけ、ＨＬをつくる過程には、「司書」による様々な創意工夫と学びがある。そんなＨＬの魅力を本稿が少しでも伝えられていれば幸いである。

【注】

（1）「ダイアローグ・イン・ザ・ダーク」（暗闇での対話）と「ダイアローグ・イン・サイレンス」（沈黙の対話）

の実践を参考にした体験型イベントを、二〇一四年一二月一三日と一四日に獨協大学で開催した。視覚障害者と聴覚障害者による案内のもと、一般参加者は暗闇と沈黙の空間を順に体験し、その後は、案内役の障害者の方々の声に耳を傾けた（工藤、二〇一五）。

（2）その模様は、『仙台放送』や『河北新報』などで報道された。

（3）当時は、「リビングライブラリー」という名称を使っていたが、現在は、「ヒューマンライブラリー」が一般的であるため、本稿ではこの名称を使うことにする。

（4）オーストラリアの文脈に合わせたHLの運営マニュアルやHLの開催日程および報告レポートなどが盛り込まれた充実したホームページであったが、現在は閉鎖中である。

（5）講演会の内容は、基本的には「読書」と同じだが、多くの来場者が集まることもあり、なかには、映像や音楽を使いながら話す「本」もいた。

（6）経済産業省が提唱した「社会人基礎力」すなわち、「職場や地域社会の中で多様な人々とともに仕事する上で必要な基礎的な能力」の向上を競う大会で、二〇〇七年から毎年開催されている。惜しくも決勝大会への出場は逃したものの、発表の質が高く評価され、指導教員である私が優秀指導賞を受賞した（工藤ほか、二〇一二）。

（7）第二回HLの様子は、『毎日新聞』や『埼玉新聞』などで紹介された。

（8）第一回HLの開催後に、私がオーストラリアのオーバン市立図書館のHLを取材した際に聞いたトレーニング方法（工藤、二〇一二）を参考にした。ただし、「本」に対してトレーニングを施せるほど「司書」がHLの経験を積んでいたわけではないので、ここでは、「司書」が使っていた「リハーサル」という用語を使っている。

（9）一方、リハーサル後にHLへの参加を辞退した「本」がいた。「司書」の考察によると、「本」へのHLの趣旨説明が不十分だったこと、「本」との信頼関係をうまく作れなかったことなどが関係しているようである（工藤、二〇一三）。

（10）本書の第六章では、HLという環境の特性とHLの「読書」効果の関係についての考察を試みている。

【参考・引用文献】

工藤和宏（二〇一二）「偏見低減に向けた地域の取り組み――オーストラリアのヒューマンライブラリーに学ぶ」加賀美常美代、横田雅弘、坪井健、工藤和宏 編著『多文化社会の偏見・差別――形成のメカニズムと低減のための教育』（一九九―二二〇頁）明石書店.

工藤和宏、矢島祐作、本橋由里、榎本佑紀（二〇一二）「多様性と共に生きる――『ヒューマンライブラリー』の運営を通した『社会人基礎力』成長の物語」『獨協大学英語研究』七一号、九九―一一八頁.

工藤和宏編（二〇一一）『獨協大学リビングライブラリー――日頃気付かない自分に気付こう』獨協大学工藤和宏研究室.

工藤和宏編（二〇一三）『第二回獨協大学ヒューマンライブラリー――多様なものを多様のままに』獨協大学工藤和宏研究室.

工藤和宏編（二〇一五）『体感する暗闇と沈黙――あなたはその時どうしますか?』獨協大学工藤和宏研究室.

Abergel, R., Rothemund, A., Titley, G., & Wootsch, P. (2005). *Don't judge a book by its cover! The Living Library organiser's guide*. Budapest, Hungary: Council of Europe Publishing.

Garbutt, R. (2008). The Living Library: Some theoretical approaches to a strategy for activating human rights and peace. In R. Garbutt (Eds.), *Activating human rights and peace: Universal Responsibility Conference 2008 conference proceedings* (pp. 270-278). Lismore NSW, Australia: Centre for Peace and Social Justice, Southern Cross University.

Kinsley, L. (2009). Lismore's Living Library: Connecting communities through conversation. *Aplis*, 22 (1), 20-25.

Kudo, K., Motohashi, Y., Enomoto, Y., Kataoka, Y., & Yajima, Y. (2011). Bridging differences through dialogue: Preliminary findings of the outcomes of the Human Library in a university setting. *Proceedings of the 2011 Shanghai International Conference on Social Science (SICSS)*. Available at : https://www.researchgate.net/publication/236612216.

コラム1

ゼミのない大学でのヒューマンライブラリーの作り方

岡　智之

二〇一六年一二月、東京学芸大学で初めてのHLを行った。駒澤大学や明治大学など多くの大学では、ゼミ単位でヒューマンライブラリーを行っているが、筆者の場合、留学生センター所属で、学部のゼミは担当しておらず、大学院のゼミも専門は言語学で直接このようなイベントを担うようなゼミではない。ゼミの学生の場合は、ある程度強制力を持ってイベントを担わせることが可能であるが、大学でゼミ単位で行えない場合は、どのようにHLを作っていったらいいだろうか。

・実行委員会の立ち上げから「本」の募集まで

私の場合は、留学生センターで日本語教育と共に、留学生の日本語支援や、日本人学生との交流活動のコーディネーターをしている関係で、学内の学生支援部署ともつながりを持っていた。それでまず、学芸カフェテリア（キャリア支援を主に行う部署）や男女共同参画支援室、障がい学生支援室の教職員などに提案し、実行委員会を立ち上げることになった。八月の過程で、企画書を作成し、教員養成系大学で行う意義として、「未来の子どもに伝えたいこと」というテーマで行うこととした。また、本のカテゴリーとして、マイノリティだけではなく、学生のキャリア支援にも役立つように、「ユニークなキャリアを持った方」というカテゴリーを入れ、計一二冊の本を集めることができた（イスラム教徒の留学生、クルド人難民、発達障がい者、LGBTの方、性分化疾患の方、難病の方、外国につながる子どもの支援者、留学支援の仕事をする方、児童生徒の学習支援のNPOの方など）。

・秋学期開始から学生スタッフ募集と宣伝

学芸大学の場合、教育実習のために秋学期の開始が一〇月中旬になり、学生への呼びかけもその頃になってしまったが、スタッフ募集説明会には、学生支援部署の呼びかけもあり、多くの学生が集まってくれ、そのうち、三名の学生がスタッフになってくれた。また、私の持つ「多文化共修科目」という留学生と日本人学生との共修授業でも、ＨＬを課外活動の一環として呼びかけ、三名がスタッフとして参加してくれた。司書として、クルド人難民の協会に行ったり、外国につながる子どもの支援団体に見学しに行ったりした。また、宣伝においては、美術専攻の学生が、素晴らしいデザインのチラシ、ポスターを作ってくれ、大学内外に広く呼びかけることができた。小金井市教育委員会と社会福祉協議会にも後援を受け、学内の教職員組合や生活協同組合にも協賛団体として協賛金をいただき、なんとか資金面はやりくりして、当日にこぎつけた。

・ＨＬ開催の意義

当日は、「本」「スタッフ」「読者」合わせて、五〇名ほどのこぢんまりだが、濃密な対話の時間になった。今回のＨＬで多くの人が感じたことは、「本」の方々を〇〇障がい者やＬＧＢＴといったカテゴリーとしてではなく、ひとりの人間として理解ができたということであろう。これが講演や書き物などでは味わえないＨＬの醍醐味であろう。また、今回学生支援部署が協働して開催できたことで、全学でのつながりが生まれたこと、また地域連携の事業としても非常に意義がある活動だと考える。

・二〇一七年度の取り組み

二〇一七年度は、五月連休明けに、ＨＬ説明会を行い、六月中旬に三冊程度の「本」を招いた「ＨＬ体験会」を開催した。また、五月末の国際交流合宿のなかで、合宿参加者の異文化体験や人生の体験を語る会として一五冊の「本」でＨＬを行った。この過程で、一年生を始め、ＨＬを全く知らなかった学生たちが興味を持って参加し、自ら担う過程が始まった。二〇一七年一二月の第二回ＨＬは、一三冊の「本」を迎え、八一名の参加者で盛況に行われた。ゼミがない場合でも、あらゆる機会を利用して、ＨＬを作り上げていくことは可能である。本大学の事例はそれを実証しつつある。

第三節　ありのままの生き方を受け入れる！　多文化共生論

――お茶の水女子大学ヒューマンライブラリー

加賀美常美代・満田琴美

一　はじめに

お茶の水女子大学文教育学部の授業科目の「多文化共生論」（日本人学生と留学生の交流授業）は第一著者が担当してきたが、二〇一四年度後期から継続して四年間、ヒューマンライブラリー（以下、ＨＬとする）を実施してきた。この「多文化共生論」の授業が目指す教育目標は、多文化社会の中で生じる障壁を分析し、マイノリティの人々、文化的背景の異なる人々が相互理解し共に生きていくために、また、「だれひとり切り捨てられない社会」をつくるためには、わたしたちはコミュニティメンバーとしてどのようにしたらよいかコミュニティ心理学の立場から共生を考えることである。大学コミュニティ、地域社会、医療、法曹、教育、国際交流団体などで活動する人々をゲストスピーカーとして招聘し、その問題を明らかにするとともに、多様性を尊重することとは何か、その現状と課題について討議しながら検討する。また、日本人学生と留学生がともに考え、話し合いを通して考察していく参加型授業でもある。ＨＬはその最後の授業に行う、生きづらさを抱える方々と受講者の対話型の実践である。「多文化共生論」では、現代社会の抱える問題を扱うばかりでなく、文化差・年齢差・学部を越えた人間関係づくりの場の提供など、様々な要素を取り入れながら、多文化共生社会でともに生きることの意味を実感として学べることを目指している。

一方、ＨＬを企画・運営するのは、第一著者が担当する大学院の授業科目「多文化間心理教育学演習」を履修する大学院生および加賀美研究室ゼミ生とＯＧを含めた一〇数名である。第二著者は加賀美研究室の博士課程の在籍生であり、ＨＬにおける大学院生の取りまとめ役を担った。(1)

二　対象者（「読者」、「司書」、「本」）

（一）「読者」は、学部授業「多文化共生論」を履修する学生である。二〇一四年度の受講者数は四〇名、二〇一五年度は四四名、二〇一六年度は三七名、二〇一七年度は三六名であった。大学授業としてのＨＬは「多文化共生論」受講者を対象に、授業の一コマ（九〇分）とその前後の時間を取って行われた。

（二）「司書」は、大学院授業「多文化間心理教育学演習」を履修する大学院生および研究室ゼミ生、ＯＧである。二〇一四年度は一一名、二〇一五年度は一二名、二〇一六年度は一七名、二〇一七年度は一七名であった。一五コマの大学院授業の中で、初年度はＨＬを実施する上での重要なこと等を含んだ研修を受講した。(2)また、『ココロのバリアを溶かす――ヒューマンライブラリー事始め』（坪井、二〇一二）を講読した。次に、準備から当日までの実際のスケジュール案の作成および確認を行った。また、学部授業の一コマの中でどのようにＨＬを進めるかを検討し、準備を始めた。

（三）「本」は、アトピー性皮膚炎、不妊治療、発達障害者の保護者、引きこもりカウンセラー、イスラム教徒の留学生、専業主夫、不登校経験者、ＬＧＢＴ、性分化疾患（インターセックス）、ろう者の両親の元に生まれた聴者の子ども、移住労働者の支援者、外国人就労者、薬物依存症回復途上者、自死遺族、片眼失明者、うつ病、統合失調症当事者など、一〇数名の生きにくさを抱えている当事者または関係者の方々である。実施日の二か月前から「司書」は面談を実施し、了承を得て、「本」としての協力者を決定した。

三　方法

まず、「本」としての協力者を募るため、第一著者がＨＬへの協力依頼状を作成した。本実践は学部授業の一環として行われることを冒頭で伝え、実施日時を呈示した。依頼文の具体的な内容は、①ＨＬとは何か、②主催者について、③「本」になってくださる方への協力のお願い、④「本」の方に対する読者への規約、⑤「本」との読書時間（対話時間）、⑥交通費について、であった。③の協力のお願いでは、自発的に話してもよい（自己開示してもよい）、または話して他者に理解してもらいたいと思っている方が対象であり、決して無理にお願いするものではないことを伝えた。さらに、不安を感じたり納得できなかったりする場合には、いつでも協力への辞退が可能である旨も記載した。また、④の規約については、「読者」が署名する「同意書」の内容を呈示することで、「本」の方自身および個人情報が保護されることを約束した。具体的には、⑴「本」を傷つけるような言動をしない、⑵録音・撮影をしない、⑶「本」の個人情報を許可なくＳＮＳや印刷物で公開しない、⑷「本」の身体的・精神的都合で閲覧中に貸し出し中止になる可能性がある、⑸緊急時には「司書」の指示に従う、⑹規約に反した場合は利用を中止し退場する、という六項目であった。

次に、「司書」である大学院生（以下、スタッフとする）が協力への依頼状に自身の氏名を追記し、協力を依頼したい「本」の方へ送付した。「本」の方から協力の意向が伝えられた後、担当のスタッフは事前面談の日時を相談した。面談は大学内の空き教室もしくは学外の喫茶店等で行われ、所要時間は一時間程度であった。面談の具体的な内容は、最初にお茶大ＨＬ協力への感謝の意を伝えるとともに、すでに送付している協力への依頼状を読み合わせ、不明点や疑問点の確認を行った。また、留意点として一般的なＨＬとは異なり、

「読者」はお茶の水女子大学の学生のみであること、「多文化共生論」を受講する大学二、三年生（留学生も含む）であり、履修者は毎年入れ替わることを伝えた。また、「読者」は読書希望調査によって事前にどの「本」を読みたいか希望を出しており、自分が読む「本」の予約状況を知らされること、各自で「本」に関する事前学習を行うことで、対話時間が単なる情報収集にならないように予備知識を得て参加することを伝えた。これらを伝えた上で、スタッフは「本」の方とともに対話内容を整理していき、「本」の名称（呼称）と対話タイトルを確定した。最後に、開催日までの今後の段取りを伝達した。「本」の方と事前に対面するのは面談のときのみであり、そのほかはEメールでのやりとりが中心であった。質問等は随時受け付けた。

HLの取りまとめ役である第二著者は、毎回の授業時にそれぞれの担当スタッフから面談の進捗状況を聞き取ると同時に、スタッフ全体でも共有した。「読者」へHLを告知する際にはすべての「本」が決定している必要があるため、「本」の冊数が不足する場合には新規開拓も検討し、候補の提案を募った。「本」の協力者が確定したところで「本」リストを作成し、「読者」への告知準備と必要資料等の作成を開始した。

四　学内開催の準備

HL開催決定後、会場の確保を速やかに行う必要があった。学内の教室を対話会場とするが、授業期間中の平日日中の開催であるため空き教室も限定される。その中でもできる限り対話に適した規模や設備を選定し、準備期間中に「本」の冊数が増えることも考慮して、やや余裕を持たせて教室予約を行った。

「多文化間心理教育学演習」では、全体ミーティングや資料作成などHLに関連する準備は極力授業時間中に行われることを前提として準備スケジュールが組まれた。開講後まもなくHLガイダンスが行われた。ガイダンスでは、お茶大HLの目的を再確認し、目標の設定とポスター（チラシ）（図表1参照）のキャッチ

2016年度後期　多文化共生論(日本事情ⅣB)木曜5・6限
お茶の水女子大学ヒューマンライブラリー

私の新しい1ページが始まる

多様な人々との対話を通して、自分の世界を広げてみませんか？

■日時　2016年12月22日(木)13:20〜14:50
（受付時間13:00〜13:10）
■受付場所　共通講義棟1号館203室
■主催　お茶の水女子大学　加賀美常美代研究室
（『多文化間心理教育学演習』）

■「本」リスト　※都合により、「本」が変更になる場合があります

☆外国人社員　☆うつ
☆アトピー性皮膚炎　☆留学生
☆発達障害者の保護者　☆自死遺族
☆移住労働者の支援者　☆性分化疾患
☆薬物依存症回復途上者　☆片眼失明者
☆引きこもりカウンセラー　☆不登校経験者
☆LGBT　☆ろう者の両親の元に生まれた聴者のこども

■当日のスケジュール　※対話と講演の会場は当日ご案内します

時間	内容	備考
13:00〜13:10	受付 @共1−203室	読者カード、読者アンケートを受け取ってください
13:10〜13:20	会場へ移動	
13:20〜13:50 (30分間)	対話1	「本」1名に「読者」4名まで
13:50〜14:00	会場へ移動	
14:00〜14:30 (30分間)	対話2	「本」1名に「読者」4名まで
14:30〜14:50	読者アンケート記入	会場スタッフに提出してください（出席を確認します）
15:00〜16:00	茶話会 @文1−第1会議室	参加は自由です

図表１　お茶大HL2016チラシ
（上：表面　下：裏面）

フレーズの検討を行った。お茶大ＨＬの開催主旨は「ヒューマンライブラリーを通して多様性を学ぶ」であり、「読者」である学部生の目標として「多様な人々との対話を通して、これまでの自分の見方を見つめ直し、自分の世界を広げる」を掲げた。ポスター（チラシ）のキャッチフレーズは、二〇一四年度は「ようこそ！私の世界へ」、二〇一五年度は「リアルはもっといろいろだ！」、二〇一六年度は「私の新しい１ページが始まる」、二〇一七年度は「本を開いたあなたは……きっと変わる」であった。キャッチフレーズの決定にあたっては、お茶大ＨＬのコンセプトが誰にでも理解できることを重視し、スタッフ間で何度も検討を重ねた。

本格的なＨＬ準備は開催日の一か月前から始められた。全体ミーティングは四回行われた。第一回は授業の開講直後、第二回は「読者」へのＨＬ告知直前、第三回は読書希望調査後、第四回はＨＬ開催直前であった。

第一回全体ミーティングでは、最初に準備から開催後までのＨＬ全体のスケジュールが確認された。また、スタッフとなる大学院科目の履修者およびＯＧ協力者の決定、ＨＬ概要説明と必要資料の確認が行われた。

学部授業「多文化共生論」もほぼ同時期に開講初日を迎えており、「読者」となるおおよその受講者数が把握されている。それに合わせて必要な「本」の冊数を見積もった。同時に、「本」の担当スタッフの決定と資料作成の役割分担も行われた。

「本」の担当スタッフについては、一冊の「本」の方に対し二名の大学院生が担当した。二名で担当する理由としては、どちらかが対応できない状況でも「本」の方への連絡が滞らないようにするため、またダブルチェックの機能を持たせるためであった。うち一名はメイン担当、もう一名はフォロー担当として役割を分担した。メイン担当は「本」の方と直接連絡を取り合い、協力の打診から面談、当日の連絡までの状況を把握した。フォロー担当はメイン担当の相談に乗ったり、必要に応じてアドバイスしたりすることで、「本」の方との連絡がスムーズに行われるようフォローした。なお、スタッフ一名につき二、三冊の「本」を担当することになったが、同じペアで複数冊の「本」を担当することがないよう、すべてのペアは異なる組み合わせで組まれた。それによりペア間の進捗が意識され、スタッフ全員の連絡強化が図られた。

ＨＬで用いられた主な資料は、次のとおりである。ＨＬ協力への依頼状、「本」のリスト、「本」の方の特徴を示した説明スライド、読書希望調査用紙、同意書、ポスター（チラシ）、予約一覧表、読者カード、会場案内図、読者アンケート、司書自己評価シート、「本」協力者感想用紙、案内状、読者一覧、会場掲示、卓上ネームプレート、名札、「本」座席表、前日準備項目、お礼状であった。

第二回全体ミーティングでは、「多文化共生論」受講者へのＨＬ告知に向けての準備が行われた。すでに完成している「本」リストをもとに、ポスター（チラシ）や「本」の説明スライド、その他の配付物の作成を行った。ポスター（チラシ）については、コンセプトが誰にでも理解できるようにスタッフ間で検討した。また、会場の下見を行い、各教室にいくつの対話グループを設置できるかを検討した。その際、面談を行った「本」担当スタッフが「本」の方を会場へ誘導し、タイムキーパーとして待機することを考慮して配置を決定した。

第二回全体ミーティングの直後に、「多文化共生論」でのＨＬ告知が行われた。告知担当のスタッフが「多文化共生論」授業時間に出向き、最初にＨＬの目的や目標を告げた。その後、説明スライドをもとに参加する「本」を紹介した。留学生の受講者にもわかりやすいよう「本」の名称にはすべてルビを振り、比較的平易な日本語を用いた。「読者」に読書希望調査用紙と同意書を配付した。「読者」は紹介された「本」の中から第一希望から第五希望までを選択し、かつ六項目の同意書を確認、署名した。二点は授業時間中に回収された。

第三回全体ミーティングでは、回収された読書希望調査をもとに予約抽選会が行われた。できるだけ希望順位が高いものを「読者」が読書できるよう配慮した。「本」一冊につき、「読者」は最大四名であった。すべての対話が確定した後、予約一覧表を作成し、それをもとに読者カードの記入が行われた。

第三回全体ミーティングの後の「多文化共生論」の授業時に、「読者」に読者カードが配付された。また、当日の受付開始時刻やスケジュール、持ち物や留意点が伝達された。

第四回全体ミーティングでは、開催直前の準備および最終確認が行われた。当日の流れを時系列で追いながら、スタッフ一人ひとりの動きを全員で確認した。事前に「本」の方から当日配付依頼の資料がある場合は印刷を行った。

五　開催当日について

ＨＬ開催当日は、通常の授業開始時刻から対話がスタートできるようにスケジュールが組まれており、対話は一回三〇分間で二回実施された。すなわち、「読者」は二冊の「本」を読むことができた。一回目の対話三〇分間、休憩および会場移動時間一〇分間、二回目の対話三〇分間、アンケート記入二〇分間の、計九〇分間というスケジュールであった。

当日は最も大きな会場に本部が置かれた。HLが始まる約二時間前にスタッフは本部に集合し、前日までの変更点や「本」やスタッフの遅刻欠席の伝達といった最終の打ち合わせが行われた。その後、分担して会場を設営した。会場設営を終えた後、「本」の来校を出迎え、関係者全員での顔合わせおよび当日の留意点の伝達、「本」の方への交通費の手続き等が行われた。「読者」の受付は昼休み時間を利用し対話開始二〇分前から開始した。その間に「本」を会場へと誘導し、通常の授業開始時刻に合わせて一回目の対話を開始した。途中一〇分間の休憩（移動時間）を取り、「本」は同室で待機し、「読者」は二回目の対話会場へと移動した。二回目の対話が終了した後、「読者」と「本」はアンケートを記入した。HL終了後には一時間程度、茶話会が開催された。この茶話会には「読者」にも参加を呼びかけており、「読者」と「本」の方々と「司書」であるスタッフが一堂に会して感想の共有や情報交換などを行う機会として設けられた。

当日の係については主に次のとおりである。①会場設営、②掲示、③「本」出迎え、④受付、⑤「本」の誘導、⑥タイムキーパー、⑦記録、⑧アンケート回収、⑨茶話会準備、⑩交通費処理であった。スタッフはいくつかの係を兼務し、一つの係を一名で担うことのないよう配慮された。①会場設営スタッフは、対話テーブルのセッティングを行った。②掲示スタッフは、「本」名称と対話時間が示された掲示物とチラシをドアに掲示し、卓上ネームプレートを各テーブルに設置した。③「本」出迎えスタッフは、事前に「本」の方と待ち合わせ場所を打ち合わせておき、当日の来校を出迎えた。④受付スタッフは、「読者」が持参した読者カードをもとに授業出欠の確認を行った。また、「読者」に当日資料およびアンケートを配付した。⑤誘導スタッフは対話時間一〇分前に「本」を会場へと誘導した。⑥タイムキーパーは対話中に各会場に控え、対話終了時刻五分前を知らせた。二回の対話終了後、会場の原状回復を行い、掲示物等を撤去した。⑦記録スタッフは、お茶大HL開催の様子を適宜撮影した。なお、撮影に関しては、内部資料であり、外部には公開しない旨を「読者」と「本」の方に事前に伝え、許可を得た。

六　感想のとりまとめと整理

大学院生には課題として、「読者」、「司書」、「本」それぞれのアンケートの集計のまとめを翌週の授業までに指示した。三グループに分かれ、KJ法の手法を用いてカテゴリ分類を行った。ここでは紙面の都合上、二〇一四年度の司書自己評価シートと読者アンケートの分析結果を述べる。

（一）大学院生（司書）のアンケート集計結果

大学院生の司書自己評価シートをもとに、①本との面談に関する気づき、②HL実践後の感想について分析した。質問内容は①「『本』との面談を通して、学んだこと、または気づいたことはありましたか?」、②「HLの実施を通して、学んだこと、または気づいたことはありますか?」であった。

①「本」との面談に関する気づき

面談については、【学び】と【気づき】という二つの大カテゴリに分類された。【学び】については、《対話の効果》と《当事者意識》に分類された。《対話の効果》には〈自己開示の大切さ〉、〈対面による理解の深まり〉が示された。具体的には、〈自己開示の大切さ〉では「相手を知るために自分も自己開示が必要である」、「何でも話して人間関係を築くことを学んだ」という記述であった。〈対面による理解の深まり〉には「実際に対面してお話を伺うと、言葉の重みが違うと感じた」、「お話の中で、共有できる経験があり、共感し合うことをあった」という記述が見られた。また、《当事者意識》には〈視点の変化〉、〈本の葛藤〉が認められた。〈視点の変化〉では「当事者の視点や思いに触れたことによってそれまでの自分の見方が大きく変わった」、「知識を持っていることと、当事者であることはまったく別のことだと学んだ」といった記述が見られ、〈本の葛藤〉では「『本』の方はいろいろな経験をされており、最初のころは様々な葛藤があったのではないかと思った」といった記述が見られた。

【気づき】については、《面談者としての役割》と《自己への気づき》に分類された。《面談者としての役割》には〈主催目的の明確化〉、〈主催者としての資質〉、〈面談場所への配慮〉が挙げられた。〈主催目的の明確化〉については、「『読者』層が二十歳前後の学部生であり、まもなく社会に出る人たちであることを事前に伝える」といった記述が見られた。〈主催者としての資質〉については、「自分自身の勉強不足を感じた」、「自分がＨＬでの模範にならなければならないことを自覚した」といった記述が見られた。《自己への気づき》には〈発信力不足〉が挙げられ、「『本』の方の発信力の強さを目の当たりにし、自分の発信力のなさを感じた」と述べられていた。

②ＨＬ実践後の感想

ＨＬ実践後の感想については、一九例の自由記述より抽出されたカテゴリを分析した。図表2のとおり【ＨＬ主催者意識】と【ＨＬの意義】という二つの大カテゴリに分類された。【ＨＬ主催者意識】には《スタッフとしての心構え》と《次回運営への動機づけ》に分けられた。《スタッフとしての心構え》には〈運営者としての経験〉、〈オープンな姿勢の大切さ〉が挙げられ、前者は「ＨＬはスタッフとしても非常にやりがいがあり、貴重な経験になることがわかった」、後者は「実施する側がオープンな姿勢を見せることも大事で

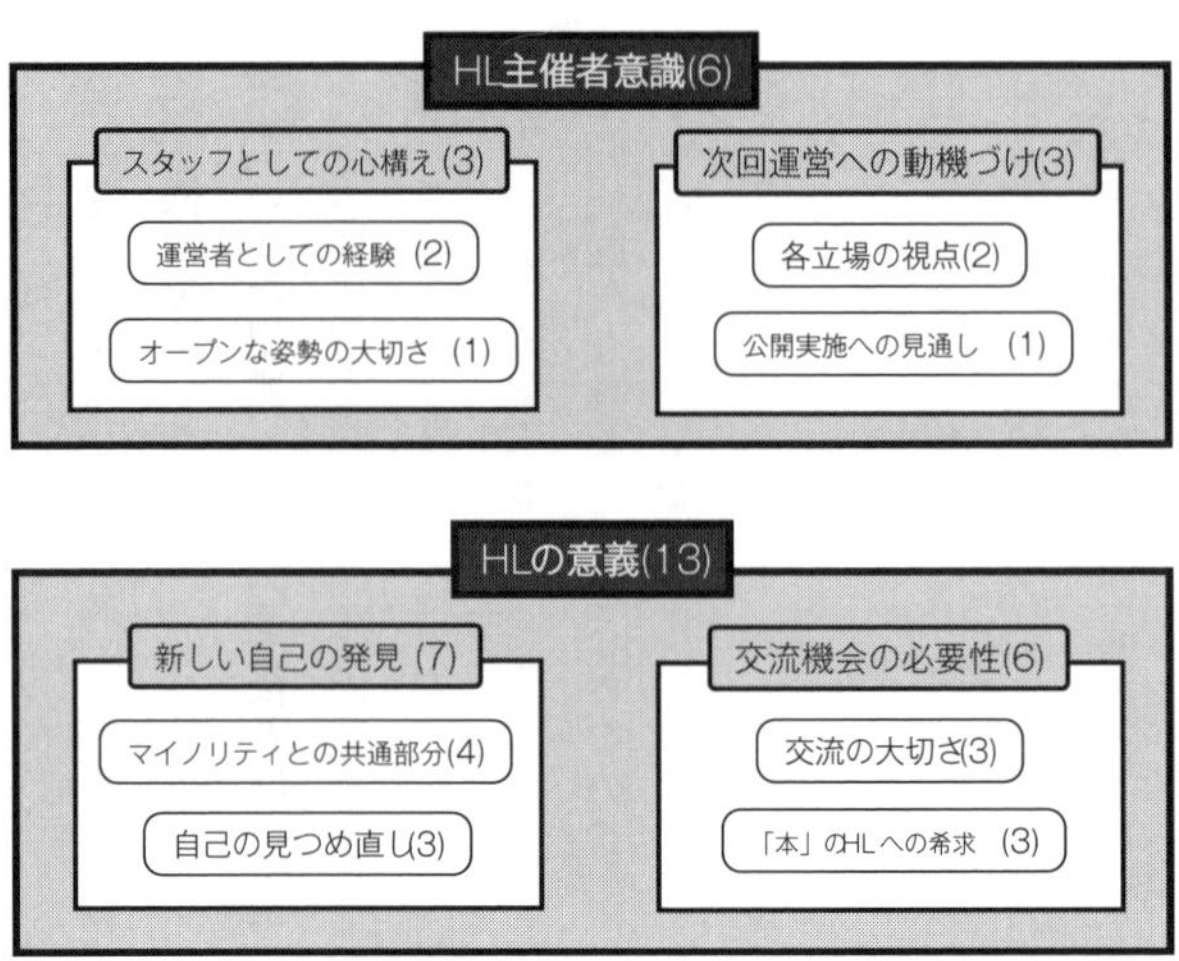

図表２　ＨＬ実施後の大学院生の感想（2014年度）

あると思った」といった記述が見られた。

《次回運営への動機づけ》には、〈各立場の視点〉、〈公開実施への見通し〉が挙げられた。前者は、「『読者』・『司書』・『本』という三つの役割が充実したときに、素晴らしいＨＬが成り立つことがわかった」、「『読者』として参加することで『読者』の気持ちがよくわかり、より良いＨＬ運営ができると思う」といった記述が見られた。後者は「学内公開、地域公開となると、授業内でのＨＬとはちがった配慮が必要になるということが想像できるようになった」といった記述が見られた。

【ＨＬの意義】については、《新しい自己の発見》、《交流機会の必要性》に分類された。《新しい自己の発見》には、〈マイノリティとの共通部分〉、〈自己の見つめ直し〉が示された。前者は「『本』の方とお話しするうちに自分と共通する部分を発見し、身近なこととして感じることができた」、「人はみな、それぞれ『マイノリティ』の面を持っているのかもしれないと思った」という記述であった。後者は「『本』の方と話すことによって自分自身を振り返ることができた」、「昔とは違う自分の発見もできた」と述べられた。

《交流機会の必要性》には〈交流の大切さ〉、〈『本』のＨＬへの希求〉が示されていた。前者は「実際に会って話す機会を持つことで心のバリアが低くなった」、「人とつながることの素晴らしさと人の温かさを実感した」といった記述であった。後者は「マイノリティの方には『聴いてほしい』、『知ってほしい』ということが多くあると知った」、「『本』の方々もＨＬのような場を求めていることがわかった」といった記述が見られた。

以上のことから、ＨＬ実施後、大学院生は面談から当日までの「本」との交流を通じ、ＨＬ主催者としての自覚が芽生え、ＨＬの意義として新しい自己の発見や交流の働きかけの必要性が認識できた。

（二）学部生（読者）のアンケート集計結果

学部生の読者アンケートの集計結果から、「本」との対話に対する感想について分析した。質問内容は「今回のお茶大ＨＬで『本』を借りて、いかがでしたか。あなたのご感想、気づきなどをお聞かせください。複数の本を借りた場合には、それぞれの本について書いてください」であった。自由記述より抽出された一二四例の分析結果を図表3に示す。

まず、【読書に対する認識】、【自己に対する認識】という二つの大カテゴリに分類された。【読書に対する認識】には、《読書に対する肯定的認識》と〈時間延長の要望〉が挙げられた。《読書に対する肯定的認識》には、〈対話による読書のメリット〉、〈好意的認識〉、〈貴重な経験〉、〈新鮮な話の内容〉、〈学びの機会の獲得〉、〈『本』からのアドバイス〉が挙げられた。具体的には、〈対話による読書のメリット〉には「実際に会って

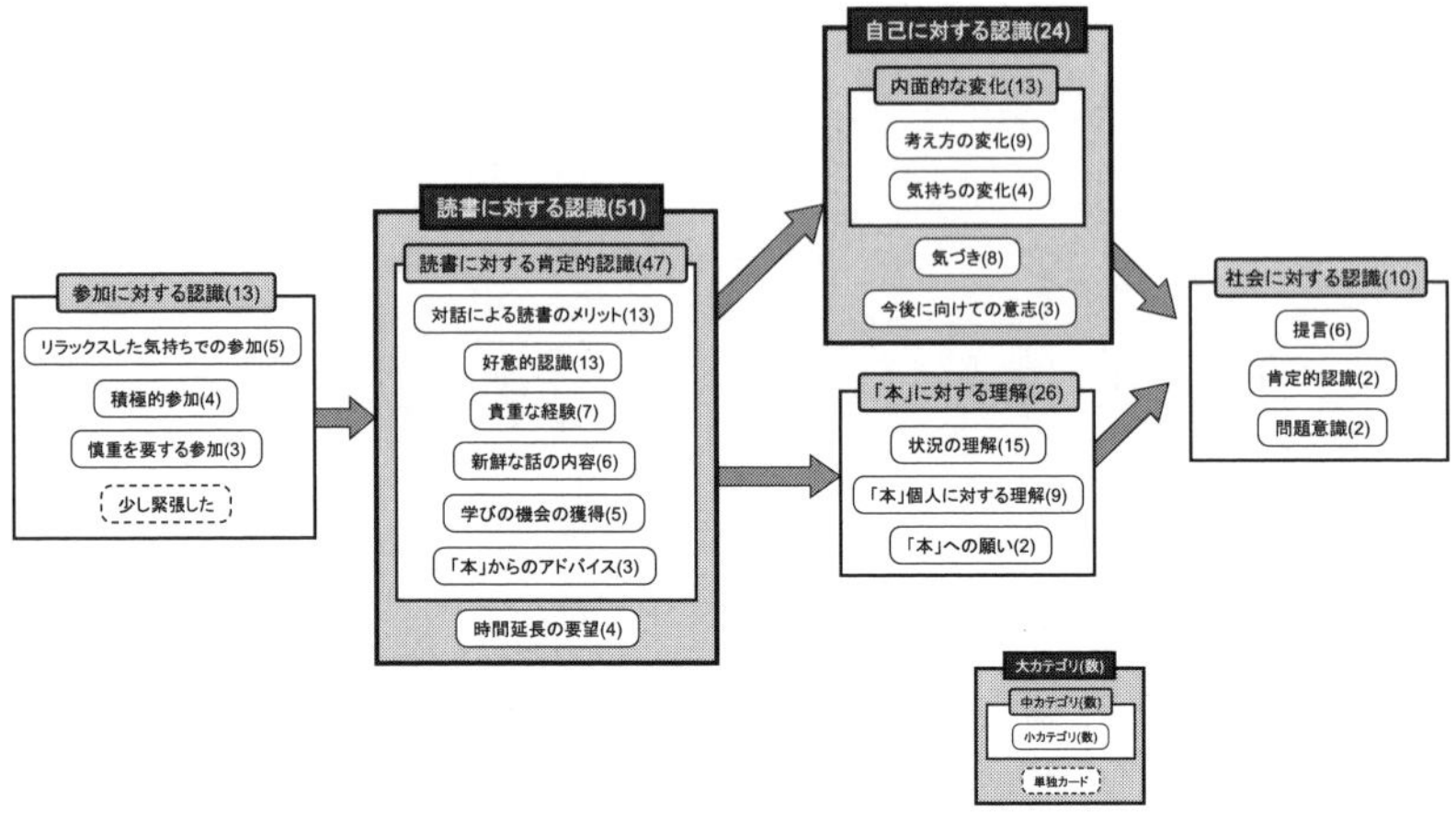

図表３　「本」との対話における学部生の感想（2014年度）

話を聞くことで、紙面からだけでは得られないたくさんのお話をうかがえた」、「わからない点や共感した点をすぐに伝えられることも良かった」といった記述が見られた。また、〈好意的認識〉には「良いお話を聞けた」、「楽しく読書することができた」、〈貴重な経験〉には「貴重な体験になった」、〈新鮮な話の内容〉には「今まで一度も聞くことがなかった話だった」、〈学びの機会の獲得〉には「とても勉強になった」、〈『本』からのアドバイス〉には「アドバイスをもらった」などの感想が述べられていた。

【自己に対する認識】には《内面的な変化》、〈気づき〉、〈今後に向けての意志〉が見出された。《内面的な変化》には、〈考え方の変化〉、〈気持ちの変化〉が挙げられた。前者には「視野が広がった」、「新しい価値観を得た」、後者には「自分の中にあった、自分で作り上げ自分で苦しんでいたものから楽になれた気がする」といった記述が見られた。また、〈気づき〉には「当事者に対して私も無意識に偏見があったということに気づいた」、〈今後に向けての意志〉には「これから興味を持っていきたい」

といった記述が見られた。

そのほかに、《参加に対する認識》、《『本』に対する理解》、《社会に対する認識》が見出された。《参加に関する認識》については、〈リラックスした気持ちでの参加〉、〈積極的参加〉、〈慎重を要する参加〉が挙げられた。〈リラックスした気持ちでの参加〉には「知人と話すようなゆったりとした気分で参加できた」、〈積極的参加〉には「質問もたくさんできた」といった記述が見られたが、その一方で、〈慎重を要する参加〉として「深刻な問題を抱えた方だと思って身構えた」といった感想も述べられていた。

《『本』に対する理解》については、〈状況の理解〉、〈『本』個人に対する理解〉、〈「本」への願い〉が挙げられた。〈状況の理解〉には「初めて当事者がどういう状況なのかがわかった」、「知られていないだけでたくさん同じような状況の人がいるのだと思った」といった記述が見られた。〈『本』個人に対する理解〉には「すごく積極的な人だと思った」、「当事者であることを楽しまれていると感じた」といった記述が見られた。〈『本』への願い〉には「早く暗い気持ちから抜け出して幸せな生活を送られるように願っている」といった記述が見られた。

《社会に対する認識》については、〈提言〉、〈肯定的認識〉、〈問題意識〉が挙げられた。〈提言〉には「できるだけ身近な人から当事者に対する新たな認識を持つといいと思う」、〈肯定的認識〉には「この社会は温かいところもたくさんあるのだと感じた」、〈問題意識〉には「日本の文化や習慣、社会などがそういうことを生み出すのではないかと考えた」などが述べられていた。

以上のカテゴリを時系列的に整理すると、図表3のように表せる。まず、学部生はHL《参加に対する認識》からわかるように、参加に際して当初はさまざまな思いがあったが、【読書に対する認識】では、「本」との対話によって肯定的な認識を得たことがわかる。それによって、【自己に対する認識】の《内面的変化》

や《「本」に対する理解》が増し、さらに、《社会に対する認識》が生じ、問題意識の深まりや提言など社会への発信という形に具現化されたのだと考えられる。

七　事後レポートと授業での共有

学部授業「多文化共生論」では、ＨＬ後の翌週の授業までに感想レポートを一千字程度、一つのトピックに焦点を当てて書くことを指示し課題とした。最終授業では、感想レポートを四，五名のグループで読み合い討議した。最後にグループごとにメンバーの感想のまとめを報告し、全体で共有した。第一著者はそれを板書し必要に応じてコメントを行った。

一方、大学院生の授業「多文化間心理教育学演習」の最終授業では、「読者」、「司書」、「本」の三グループでアンケートの分析結果を報告し全体で共有した。

八　おわりに

大学の授業で行うＨＬは、この実践を一回だけのイベントで終わらせないことに大きな意味がある。まず、大学の授業で行うＨＬのメリットは、対象者が決められているため、当日までに参加者を募らなくてもよいことである。「読者」である対象者は事前にシラバスを読み関心を持って授業を履修するため、ＨＬに臨む態度も良好であり、参加動機も高く等質的であると言える。次に、授業を通して事前に「読者」へのお知らせや案内、「本」の希望も取れる。また、「本」の方の持つ特徴を「司書」が「読者」に説明し、希望する「本」が決まった後で、自分でその特徴を事前に調べておくことができる。そのため、「本」に対するより深い理解ができること、質問したいことを明確にさせることができ、対話が表面的な関わりで終わらないというメリットもある。こうした様々な準備が事前に行われるため、ＨＬへのコミットメントがより高くなることが考えられる。

さらに、ＨＬ実施後に授業で振り返りができることも大きい。学部生には終了後のアンケート、さらに課題レポート、それをグループで共有し全体で報告するといったＨＬにおける「本」との対話を個人レベルだけでなく、グループレベル、クラスレベルというように、何度も反芻させることができるのである。この繰り返しの学びは個人への学びのインパクトが大きいと考えられる。学生たちは、「心の震える体験をした」「何日もＨＬでの話が頭から離れなかった」と授業でも話してくれたように、クラスメートとの共有は重要なものといえる。

一方、ＨＬ実施後に行われる茶話会では、「本」の方々が感想を述べる中で、「『読者』が一生懸命に聞いてくれてうれしかった」、「『読者』の質問から自分も深く考えさせられた」というコメントもあった。このことから、「本」と「読者」の対話の深さ、質の高さを担保できる、つまり、参加者はＨＬで学ぶべき内容が確実に効果的に行われていると言えよう。「司書」である大学院生の学びは、「読者」と「本」のつなぎ役の自覚である。それは、面談の段階から多様性を持つ人々との対話を通して「本」のありのままの生き方を理解した上で、主催者としての企画、実践を遂行していくことへの自覚である。加賀美研究室ゼミ生およびＯＧたちは、社会人経験者、国内外での日本語教師経験者、特別支援教育経験者、海外留学経験者、学部からの新卒者、留学生など多様な背景を持つ人々である。そうした多様な参加者たちはＨＬの意義を自覚し、協力協働しながら広くＨＬの実践を見通し遂行していく過程がこの実践結果から読み取れる。大学院生のＨＬの学びの質は実践を進めていく上で、具体的な遂行に要するスキルレベルからマイノリティへの共感といった情動レベルまでにいたっている。さらに、教育者として学部生への学びの提供を意識化し、主催者として全体を見通した実践の重要性を行動レベルで体得していることと思われる。このように将来、多文化共生社会のリーダーとなりうる人材育成としてもHL実践は、教育効果が大きいと言える。

今後の課題は、授業の中での対話の時間、対話の回数などの詳細な調整だけなく、「本」や「司書」同士のHLの相互交流を加味したHL実践を検討することである。また、大学で実施されるHLは、ほかのHLとは違って対象者の広がりに限界があることは認めざるを得ない。したがってイベントとしてではなく授業を越えた公開の可能性についても考えていく必要もある。

【注】

（1）二〇一四年度から二〇一六年度までは第二著者が、二〇一七年度は和田薫子（敬称略）が取りまとめ役を担当した。

（2）二〇一四年一一月には、獨協大学工藤和宏講師による「多様性を尊重し偏見低減を目指すヒューマンライブラリー研修」というテーマで研修会を行った。

【引用参考文献】

駒澤大学社会学科坪井ゼミ（二〇一二）『ココロのバリアを溶かす――ヒューマンライブラリー事始め』人間の科学社.

【付記】

本稿の二〇一四年度のアンケート入力および分析は、田中詩子・文吉英・平井えり・大矢恵美・山口明子、満田琴美・山中弘子・池田聖子・高丸理香・李美賢、黄美蘭・和田薫子（敬称略）が担当した。

本稿を掲載するにあたり、許可をいただき、感謝申し上げたい。

第四節　教育手法としての有効性

――麗澤大学山下ゼミのヒューマンライブラリー活動を通じて

山下美樹

一　はじめに

大学教育の質的転換が迫られている近年、アクティブラーニングが高等教育内でも導入され始め、そこには学生の主体性、自主性を育むための創造的教授法の発展が期待されている。ヒューマンライブラリー（以下ＨＬとする）は、学生の主体性や自主性を育むための教育手法として期待できる取り組みである。本節ではＨＬの教育手法としての有効性を示すために、麗澤大学における二〇一五、二〇一六年度のＨＬ実施目的と内容、実施過程、成果と今後の課題についてまとめる。

二　山下ゼミＨＬの実施目的と内容

ＨＬは「偏見の低減、文化的多様性に寛容な社会、異文化共生社会の実現」を目的とし、様々な経験、特性や価値観を持つ人々に「本」（話し手）になってもらい、参加者「読者」（聴き手）に貸出しを行うイベントである。「本」役が一回につき三〇分間、自分のストーリーを語り、「読者」はその話に傾聴する。「読者」はそこから当事者の抱えている問題の理解、自分自身についても気づきを深めることができる。また、「本」役も自身のことを語ることで「気づき」や「癒し」を得る。ＨＬは「本」「読者」「司書」の三者で構成されているが、麗澤大学山下ゼミＨＬでは、ゼミ生が「司書」役を務め、「本」役探し、打ち合わせ、ＨＬの企画・

運営・振り返りの一連の過程を主体的に行っている。

山下ゼミでは「異文化を学び、私たちを取り巻く社会と世界を包括的に考える」「新しい自己を発見する」「いかに生きるかを考える」の三つを課題としHLを実施している。しかし、ゼミ活動にHLを導入した第一の理由は、学生の汎用的能力の向上を図るためである。麗澤大学の定める汎用的能力は大まかに次の三つを指している。①知識を活用する力（知的好奇心、本質を理解する力、理論的に考える力）、②人に対する力（多様性を理解する力、チームワーク力、対話力、感情移入する力、発信力）、③自分と課題に向き合う力（行動力、自己を受け止める力、自己反省する力、自信を生み出す力）である（麗澤大学の汎用的能力、二〇一四）。

これまで山下ゼミでは四回（二〇一五年に二回、二〇一六年に二回）のHLを実施してきた（各「本」役の紹介は六九頁の「登場してくださった本の方々」を参照）。二〇一五年の第一回目のHLは、七月一二日（日）に「大学と地域を繋ぐ」をテーマとして千葉県柏市南柏のキャンパスで実施した。一般公開で行い、会場は麗澤大学生涯教育プラザの教室を使用した。「本」役は大学近隣在住・在勤者の五名と、他県からの二名が参加し、計七名が参加した。読者は大学近隣の在住者、学生（ゼミ生も含む）、職員の累計四三名が参加した。「司書」は三年生ゼミ生六名（男子二名、女子四名）が務めた。この成果について、「司書」役を務めた三年生ゼミ生五名と、学術学会にて発表した。ゼミ生たちは、発表内容の分担、発表の練習を、全員が力を併せ取り組むことで団結力が高まった。

同年の第二回目のHLは、一一月二九日（日）に同じく「大学と地域を繋ぐ」をテーマとし、大学近隣地域に一般公開で行い、麗澤大学生涯教育プラザにて実施した。「本」役は八名に増え、内訳は大学近隣在住・在勤者二名、大学職員一名、留学生三名、本学の卒業生二名が「本」役として参加した。「読者」は大学近隣住民、学生（ゼミ生も含む）、職員など、累計三四名が集まった。「司書」はゼミ生三年生の五名（男子二名、女子三名）が務めた。二回目の実施では、ゼミ生たちも要領が掴めたせいか、効率的に仕事を進めることができた。第一回、二回のHLを実施し、「司書」であるゼミ生たちは「これまで接点のなかった人と出会えて楽しかった」「相手を知るためには、ネット上ではなく直接話すことが大切である。相手の表情から相手が何を考えているのか知ることが大切だ。それができるのがHLだと思う」と実施後のレポートに感想を述べていた。

二〇一六年の第三回目のHLは、七月一日(金)に指向を変えて「私の生き方――世界的に活躍する起業家・活動家から聴く」をテーマとし、「読者」を公開型ではなく招待型で集め実施した。そのため場所については、「本」役や「読者」が参加しやすいように、都内、新宿の麗澤大学東京研究センターに移して実施した。「本」役には、世界的に活躍する起業家・活動家の六名、「読者」には他大学のゼミ生、財団法人と、本学からの関係者を含め、計一八名を招待した。「司書」は、三、四年生（男子六名、女子三名）合同で務めた。HL終了後には参加者全員が小グループに分かれて対話を行い、今回の経験と今後のアクションプランを共有した。そのアクションプランとして「起きていない将来のことは心配しない」「辛い経験は自分に何を教えようとしているのかを考える」「行動力を付けることが大切」などの意見が出た。今回もゼミ生たちには、普段会うことのできない方々の語りを聴き、また他大学のゼミ生と交流できたことが大きな収穫となった。「司書」であるゼミ生たちの実施後のレポートには、「海外で活躍する人々は自分とはかけ離れた人々だと思いこんでいたが、最初から優秀だったわけではなく辛く険しい人生を歩んで来たこともわかった」といった感想に加え、「マイノリティは世界を変えるパワーを持つことができる」「自分自身が人を惹き付ける磁石となる」「自分自身の心の羅針盤を持つことで、グローバル社会の荒波をも乗り越えていくことができるなどを教えられた」と書かれていた。

同年の第四回目のＨＬは、再び南柏のキャンパスにて、火曜日四時限目のゼミの時間を使い、一一月一五、二二、二九日の三週連続（九〇分×三回）で、麗澤大学生涯教育社会人向けプログラムのなかで、無料ワークショップとしてＨＬへの参加者を募集した。その結果、ゼミ生との年齢差が、約六〇歳であるシニア世代の八名が参加することとなった。そこでテーマは「世代を超えて――語りの交差点から見えてくるもの」とした。ＨＬワークショップの一回目は三、四年生ゼミ生一二名が「本」となり、八名のシニア世代の「読者」に、一対一または二で話を聴いてもらった。二回目には役割を交代するために、八名の参加者が「本」として語る練習をゼミ生がサポートした。三回目には八名のシニア世代の「本」の語りに、ゼミ生たち「読者」が傾聴した。ゼミ生の「本」としての語りには、「引きこもりの体験」「いじめに遭った体験」、中国人留学生の「中国の一人っ子政策の当事者として」などの個人的な内容が中心であった。シニア世代の参加者たちの語りには「数十年書き溜めた日記を整理してみて」「これまでの仕事人生を振り返る」など、人生を振り返る話が中心であった。ＨＬ終了後には参加者全員が小グループに分かれて対話を行い、今回の語りの経験から「心に残った言葉」を共有した。その中には「Face to face contact の大切さ」「今できることを一生懸命やる」「自分自身を輝かせる仕事とは、人の役に立つ仕事とは」「若きは宝物、引っ込み思案はやめよう」「異文化交流は人間交流」「幅広い体験」「図太く自分の未来を考えよ。気にするな」などがあった。最後のアンケートに、シニア世代の参加者からは「孫世代の学生たちと真剣に話をすることができた」「現代の若者たちは一所懸命生きているという印象を持った。若者を支援していきたい」「自分の個人的な話を赤裸々に語ってくれ、心の中で涙を

写真1　2016年の第3回目のＨＬの様子

流しながら聞いていた」などの記述があった。学生たちからは「もっと勇気を持って、失敗したっていいんだよ。一度しかない人生思い切りやってみなさい、というエールをいただき泣きそうになった」「まるでカウンセリングを受けているようにも感じた」という意見があった。双方共に自分自身を語る経験や、価値観や人生経験の相違から新しい学びを得ることができた。

三　ＨＬ実施過程――コルブの経験学習から

ＨＬ実施に向けて、コルブ（一九七一）の経験学習の四つの過程――具体的実践（CE: concrete experimentation）、省察的観察（RO: reflective observation）、抽象的概念化（AC: abstract conceptualization）、能動的実践（AE: active experimentation）（図表1　コルブ経験学習理論モデル）を意識して進めた。この四つの過程、「具体的経験」を「省察」して理解し、異なる状況下で応用するために「考え計画」し、新たに「実践」を循環することで学びが定着する。このモデルはＨＬを進める上での指針となった。ゼミの一連の具体的活動内容は次のとおりである。

――ＨＬに参加し「具体的に経験する」――

毎年四月に川口市民パートナーステーションで開催されるＨＬに、三年生ゼミ生と参加している。この日はゼミ生たちにとっても初顔合わせの日である。当日は実際に、「読者」として「本」役の話を聴き、会場の様子やＨＬの運営方法を観察し、具体的にＨＬとは何かを経験する。具体例を経験することは、後にＨＬを実施する上で参考になり、また原動力となっている。学生のレポートには以下のような記述があった。初めて多くの人たちと一つのイベントに取り組み右往左往した。それでも心が折れず皆の力になれたのは、川口市のＨＬに参加したからだ。正直、直前まで面倒だと思っていたが、参加してみたらどうだろう。初めて会うゼミメンバーはとても打ち解けやすく安心できた。そして川口市のＨＬに参加。当日のテーマには「重い」と感じたが、そこで待っていた人々は笑顔でとても親しみやすく、真剣にＨＬに取り組んでいる「本」「読者」「司書」たちであった。このイベントの「社会的マイノリティに対する偏見の低減」という素晴らしい目的に心揺さぶられた。そのときの感動が後に自分たちのＨＬを開催するときの強い原動力となった。

――ＨＬでの経験を「省察する」――

前期・後期共に学期の開始月第一週目から最後の一五週目まで、ゼミ生はＨＬの準備、当日、実施後についても含め、感想や気づき、問題点について、毎週振り返り日誌を提出する。最初の振り返り日誌は、四月の川口市のＨＬに参加した感想である。社会的マイノリティの立場、自分の立ち位置、社会への問題意識、自分に何ができるかなどについて書く。第二週目には駒沢大学社会学科坪井ゼミ（二〇一二）『ココロのバリアを溶かす――ＨＬ事始め』（人間の科学社）を講読し、ＨＬの概要やその効果についてゼミ生がグループ発表する。この作業でＨＬの全体像を確認することができ、自分たちのＨＬを企画する第一歩となる。

――自分たちのＨＬ実施に向けて「考え計画する」――

ゼミ生たちは、川口市でのＨＬを自分たちのＨＬに応用し計画するために、自主的にゼミ以外の時間に打ち合わせを行っている。書記を担当するゼミ生は、当日中に打ち合わせの報告書を作成し担当教員宛に報告

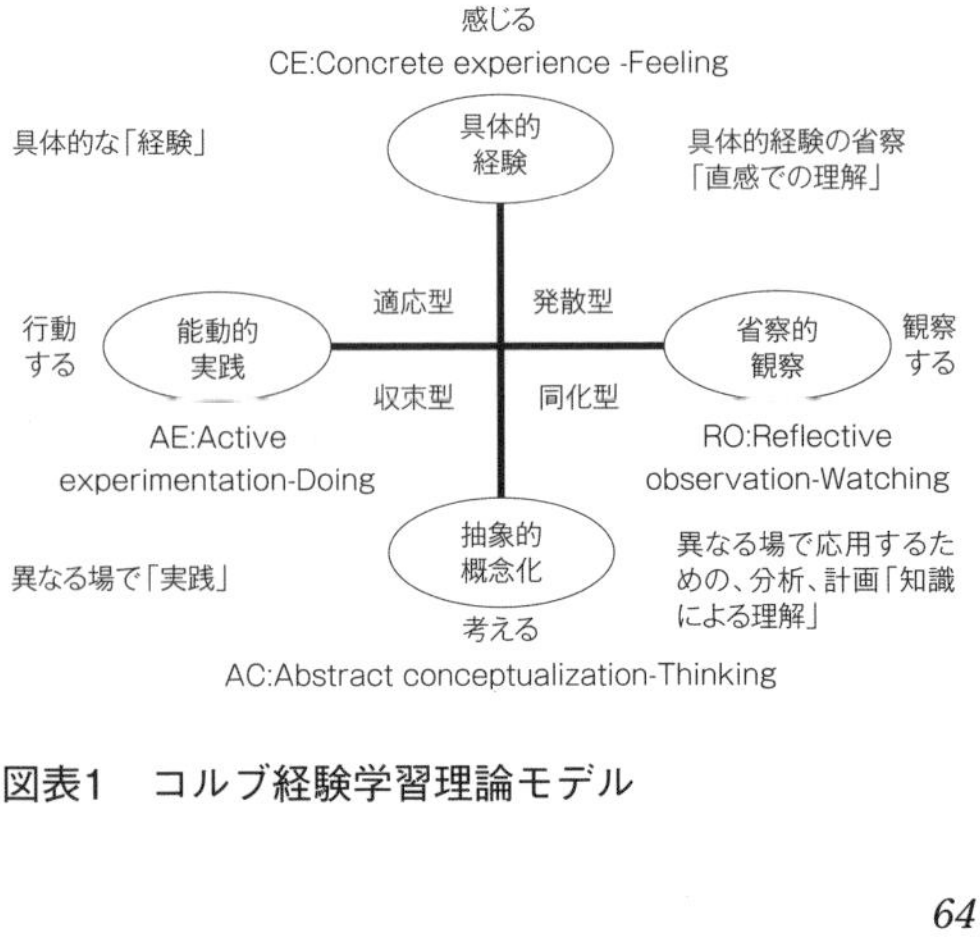

感じる
CE:Concrete experience -Feeling
具体的な「経験」
具体的経験
具体的経験の省察
「直感での理解」
適応型
発散型
行動する
能動的実践
省察的観察
観察する
収束型
同化型
AE:Active experimentation-Doing
RO:Reflective observation-Watching
抽象的概念化
異なる場で「実践」
異なる場で応用するための、分析、計画「知識による理解」
考える
AC:Abstract conceptualization-Thinking

図表1　コルブ経験学習理論モデル

する。「本」役の選出については、第一回目と二回目は大学と地域を繋ぐことを目的としていたため、本学の地域連携センターに協力を仰ぎ、地域在住・在勤の三名を紹介してもらい、またゼミ生が学内から学部生一名、留学生一名の二名と、他県から二名を選出し依頼した。その結果、計七名が「本」役として参加してくれることとなった。ゼミ生たちは担当する「本」役と打ち合わせを個別に設け、その都度パワーポイントを使いＨＬの目的と趣旨、内容について説明した後、三〇分間の語りのシナリオ作成を「本」役と共に行った。

――自分たちのＨＬを「実施する」――

ゼミ生たちはＨＬ実施に向けて、自主的にＳＮＳの立ち上げと更新、ポスター作り、ロゴ作成、近隣団地に千枚以上のチラシ配りなどを行った。ＨＬ実施当日は、「司書」であるゼミ生が中心となり、会場の準備から「本」役向けのオリエンテーション、受付、イベント会場の案内を行った。ＨＬ終了後の反省会では、次回に向けての改善策について話し合った。また、それぞれの「本」の語りに関連する文献を参考に、各自が担当した「本」役の語りをレポートにまとめた。この一連の過程を循環し、次回のＨＬ実施に向けて改善を重ねている。

コルブの経験学習モデルに加えて、コルブ（一九八四）の学習スタイル（図表2）（青木、二〇〇五）は、ＨＬを実施するゼミ生の個々の学習スタイルを把握する上でも有効である。「適応型（accommodating style）」の傾向が比較的強く見られた学生は、川口市でのＨＬに参加した際、すぐに現場の環境に適応し社交性を発揮し、ほぼ「本」役全員から積極的に名刺を集めたり、今後の自分たちが主催するＨＬ実施に役立つ情報を集めてきたりした。このリーダーシップを発揮した学生はゼミ長としても貢献した。「発散型（diverging style）」の傾向が比較的強く見られたゼミ生は、人との関わりを大切にする行動がよく見られる学生であった。熟考型で自分の考えを明確に言語化できる能力が高く、自分たちのＨＬを作り上げていく過程で「司書」

と「本」役のパートナーシップの構築について言及し、「本役のことを司書が一方的に学ぶだけではなく、司書自身のことも本役に知ってもらうことが重要である」と指摘した。新しいアイディアや問題解決の場でも意見を的確に述べてくれた。「同化型（assimilating style）」の傾向が比較的強く見られた学生は、人と関わるよりも単独で熟考し作業するタイプで、縁の下の力持ちとしてゼミに貢献した。この学生は一年次の頃は、非常におとなしく目立たない存在であったが、三年次にゼミで書記の役割を担うようになってから「陰のゼミ長」と呼ばれ、記録係として献身的に務めた。また、ＨＬの教室レイアウト作成や、その他の企画の仕事も進んで担当した。「収束型（converging style）」の傾向が比較的強く見られた学生は、想像力が豊かで、意外な角度からものごとを観察していることが、日ごろのやり取りから見てとれた。各ゼミ生の得意な経験学習スタイルを把握することは、仕事の分担決めや、各人の強みを活かしたグループ活動の円滑化にも役立った。

コルブの学習スタイル

- 発散型（diverging style）：行動よりも、具体的経験と熟考的観察から学ぶ傾向にある。想像力旺盛。価値や意義について考えることが多い。人との関わり、感情を重視する。
- 同化型（assimilating style）：抽象的概念と熟考的観察を好み、帰納的に考え、人より抽象概念や理論に興味があり、実践的よりも理論的な考えを重視する。
- 収束型（converging style）：問題解決、意思決定、アイデアの実践に優れ、技術的問題に取り組むことを好む。
- 適応型（accommodating style）：具体的経験と能動的実験に学ぶ傾向がある。計画の実行、新しいことへの着手を好む。環境適応力が高く、直感力で問題解決をする場合が多い。気楽に人と付き合うが、でしゃばりと思われがちである。

〈参考〉青木, 2005, p.204

図表2　コルブの学習スタイル

四　ＨＬ実施の成果と今後の課題

（一）実施の成果

実践の成果としては、「司書」として従事したゼミ生たちの振り返り日誌の記載に、麗澤大学が定める汎用的能力の向上が見られる記述があったことが挙げられる。①「知識を活用する力」については、「障がい者＝かわいそうな人というイメージで一括りにしてしまわないためにもＨＬは役立つ」、②「人に対する力」については、「皆と活動しているうちに自信が付き意見が言えるようになった」「目上の人に対するビジネスマナーを学んだ」「相手への気配りをしつつ、人のサポートに回ることでリーダーシップを発揮する方法を学んだ」、③「自分と課題に向き合う力」については、「先天性の障がいをもつ「本」役の方が、自分を好きになることが大事であることを教えてくれたおかげで、自分のことをもっと知り好きになろうと思えるようになった」「様々な価値観や人生観を学び、機会を掴める人間になりたいと思うようになった」などのコメントがあった。ゼミ担当教員としての観点から、個々のゼミ生を観察した結果からも、以上の汎用的能力の向上が見られた。当事者の話を直接聴くことで、ゼミ生の自分とは異なる文化背景や経験を持つ人々へのステレオタイプや社会的な固定観念が崩され、異文化の多様性への感受性が高まったことが見て取れた。そのような知識をもって、人々と関わる知的好奇心や意欲、そして自分自身を見つめる省察力が多少なりとも涵養された。例えば、ゼミ生には、今までになかった留学生との交流が始まり、「本」となってくれた留学生と友人関係になった。また個人差はあるが、積極的にゼミの仕事をこなす姿が見られたことからも、ＨＬを導入する前には見られなかった自主性、主体性が、グループ活動の中で見て取れるようになった。

（二）今後の課題

今後の課題については、まず一つ目は「読者」数の確保である。一般公開で行った第一回、第二回のＨＬでは、ゼミ生が実施の一週間前に大学近隣団地で千枚以上のチラシ配ったにもかかわらず、近隣からの参加者数が一〇名以下であった。また、一回のセッションで一人も「読者」が入らなかった「本」役が三名あった。その際は一人の「本」役の提案で、「本」役二名がペアを組み対談形式で行い、もう一人の「本」役は「司書」と一緒に「読者」側にまわることでその場をしのいだ。「読者」の参加人数は多すぎても少なすぎても困るものである。「読者」が来なければ「本」役に申し訳が立たないし、多すぎれば「読者」が希望する「本」役を借りることができない。本校は住宅街にあり、休日は出かけるか、家に籠る人が多く、ＨＬへの参加はあまり期待できない。一般公開型で行う際は事前に「読者」を確保する工夫が必要である。反対に招待型やワークショップ型で行う場合は、あらかじめ「読者」の人数を予想することができるため、運営側としては非常に安心できる。しかし、ＨＬの活動を広くあまねく地域に知ってもらうためには、一般公開型で行うことが望ましい。今後、一般公開型で行う際は、ゼミ生一人ひとりが数人の「読者」を確保し、大学の教職員にも参加してもらうなどの工夫が必要である。

二つ目は、ゼミ生たちに、ＨＬを通しての自分自身の知覚や行動の変容について、客観的に継続して省察（振り返り）を促すことである。省察とは経験を質問し、分析し、再考する過程である。経験の省察なしには、問題を学びに変えることはできない。例えば、ホームレス問題についての省察をするならば、「一人の人間がホームレスになった過程とは」「ホームレスを取り巻く環境、その家族と社会とは」などの問いから批判的に考察を行うことで、当事者へのラベル付けが「ホームレスは怠け者である」から「ホームレスに行きつくまでには家族関係や社会構造が影響している」と変化する。学生の毎週の振り返り日誌への記入は、メタ認知力を高める練習になったが、まだ不十分である。私たちを取り巻く社会と世界を包括的に考えるためにも、系統的な振り返りの方法を構築する必要がある。

三つ目は、ＨＬを継続していくための資金集めである。他大学では募金活動やボランティア、クラウドファンディングを利用した資金集めを行っているが、本学のＨＬ活動の資金源については学内の助成金に頼っている。ＨＬを継続させていくためにも助成金以外の資金調達方法を実施する必要がある。

四つ目は、ＨＬ実施の目的の原点は「社会的偏見や差別の低減」であるが、「本」役を依頼する際に「社会的マイノリティ」という言葉を使うことが毎回ゼミ生と問題になる。その結果、マイノリティという言葉を使わずに「本」役集めを行っている。誰もが文脈によってはマイノリティになる。人選やテーマを考える際に、社会的マイノリティの概念や特権についてゼミ生と話し合うことで、ゼミの三つの課題「異文化を学び、私たちを取り巻く社会と世界を包括的に考える」「自己発見」「いかに生きるかを考える」に取り組んでいく。

さいごに五つ目は、担当教員としての自分自身に対しての課題である。ゼミ生のグループの特性は毎年異なるため、指導や関与の仕方も違ってくるが、学生間の集団の力学的特性を活かしながら、ゼミ生の活動に適度な介入ができるようファシリテーション力を身に付ける必要がある。そのためにも、担当教員自身の価値観やものの見方を継続的に省察する必要がある。

五　おわりに

ＨＬプロジェクトは学生の主体性や自主性を育む、大学教育の質の転換に貢献できるものである。さらに、それは大学の使命である「学生をよき市民に育て、社会に送り出す」ための有効な教育手法の一つである。ＨＬを実施していくなかで起こる問題点や課題を、ゼミ生と共に克服していく過程に着目することが、新たな教育手法の開発や研究の対象にもなる。また、地域づくりやキャンパスの国際化をテーマとすることで、様々な展開が期待できる取り組みであると言える。

登場して下さった本の方々

【大学近隣在住者・近隣在勤者　三名】

- 体が男性でも心は女性。日本舞踊・華道師範。和風居酒屋の経営者

・歌にギターに英会話、パン作りも本格派のマルチ活動家
・全身リウマチで数か月の寝たきりを経験し人生が大転換した育児ママ

【本学学部生　一名】
・癌と闘いながらもアイドルとして活躍し、人生を全うした姉について語る妹

【本学留学生　四名】
・米国と日本のデートの違いについて語るアメリカ出身の留学生
・韓国での徴兵経験について語る韓国出身の留学生
・台湾と日本の違いについて語る台湾出身の留学生
・イスラム教について語るマレーシア出身の留学生

【大学職員　一名】
・韓国での徴兵経験と様々なエピソードについて語る大学職員

【大学卒業生　二名】
・経営コンサルタント・シェークスピアの専門家・実業家
・盲目の高校教師

【県外からの参加者　二名】
・生まれつきの眼瞼下垂症をもつ患者会ＮＰＯ立ち上げスタッフ
・外見からは判断できない健常者の姿をした障がい者

【起業家・実業家　六名】
・超一流銀行員、会社役員を経て、障がい者と健常者が共働する会社を創立した会長・代表取締役

- 大手企業三社を定年退職後、一般財団法人宇宙システム開発利用推進機構で活躍中の宇宙学者
- 大手電機メーカー退職後、コンサルタント会社を設立した社長・社会労務士
- 大手コンサルタント会社会長
- アメリカと日本文化のバイカルチャーを持つライフコーチング会社女性社長
- 世界で活躍するマルチ女性歌手

【麗澤大学オープンカレッジから　八名】

麗澤大学オープンカレッジプログラム受講者

【山下ゼミから　一二名】

四年生、三年生ゼミ生

【引用参考文献】

Kolb, D. A. (1971) Learning and problem solving. In D. A. Kolb, I. Rubin, & J. McIntyre (Eds.), *Organizational Psychology: An Experiential approach* (pp. 27-42). Englewood Cliffs, NJ: Prentice-Hall.

Kolb, D. A. (1984) *Experiential learning: Experience as the source of learning and development.* Englewood Cliffs, NJ: Prentice-Hall.

青木久美子（二〇〇五）「学習スタイルの概念と理論――欧米の研究から学ぶ」『メディア教育研究』第二巻　第一号、一九七―二一二頁.

駒澤大学社会学科坪井ゼミ（二〇一二）『ココロのバリアを溶かす――ＨＬ事始め』人間の科学社.

麗澤大学の汎用的能力（二〇一四）「三つのチカラ／12の能力要素／24の構成要素の一覧表」麗澤大学.

コラム2

国際交流団体所属の学生向け研修として

渡部留美

二〇一三年一二月七日（土）、名古屋市にある名城大学において「ヒューマンライブラリー二〇一三 in なごや」を開催した。名城大学国際化推進センターと名古屋大学国際教育交流センターの共催で、国際交流団体所属の学生を対象とした研修の一環として実施した。起案から実施日まで三か月ほどしかなかったため、まず大学スタッフ二名がその年の九月に駒澤大学で開かれた研修会に参加し実践方法を学んだ。そして、大学スタッフ三名、学生スタッフ三名の六名で準備を開始した。「本」は、大学スタッフの知り合いや関係者から紹介を受けた方に連絡をし、ヒューマンライブラリー（以下、HLと略す）の概要と趣旨を説明し、参加の承諾を得た。「読者」は、広く名古屋大学、名城大学の学生、教職員にも対象を広げ広報を行ったが、十分な数が集まらなかったため、地域住民にも参加いただいた。

HL実施概要

当日の「読者」は、学生一四名、教職員五名、地域住民二名であった。「本」となった方は、視覚障害者、発達障害者、車いす利用者、難民二世、留学生の五名であった。事前に希望する「本」を予約受付し、スケジュールを組んだ。一冊三人までとし、それ以上の場合は、ミニワークショップ形式とした。一セッション三〇分（本による話二〇分、質疑応答一〇分）とし、一五分の休憩を入れながら、三セッション実施した。最後に参加者全員で交流会を行い、読めなかった「本」の方に話を聞いたり、ポストイットにメッセージを書いて壁に貼り、皆で感想をシェアする時間を設けた。メッセージには、「知らないことから偏見が生まれることを『本』から教えてもらった」「多様な人達がいるからこそ、社会は豊かになると感じた」「自分と相手の個性を大切にしていきたいと感じた」「生の『本』だと対話しながら読めるからいいなあ」「これをきっかけに今日見た世界を掘り下げていきたい」などが書かれていた。

HL実施の効果

後日、「本」、「読者」となった方数名にインタビューを行った。「本」は、「障害者といっても様々な人がいて、個人を知ってもらいたかった」「学生は柔軟な発想とか吸収力があるキーな段階であるが、教科書やメディアと違い、実際に会って話をすることは重要であると思った」と参加を承諾した理由を語った。実際に参加してみて、「リラックスして話ができた」「自分も同じ体験がある、と話をする『読者』もいた」「自分も『読者』として参加してみたかった」という意見をいただいた。「読者」の参加後の感想は、「傷つけてはいけないというルールがあったので、聞きたいが聞けない質問もあった」「複数の『読者』がいたので、問題意識の共有ができ、質問がまた別の質問を生むということもあった」「中学生、高校生、教師になる学生にも参加してほしい」等であった。

メッセージとインタビューから明らかになったHLの効果をまとめる。まず、「読者」にとっては、社会の現状や問題を考えたり、社会をよりよくしていきたいという意識が芽生えるきっかけとなっていた。無知が偏見を生むこと、社会に多様性が重要であることを認識した者もいた。修士論文のテーマとして取り上げることにした学生スタッフもおり、副次的な効果もあった。「本」にとっての効果は、「本」の語りが「読者」に勇気を与え、そのことにより満足感を得、さらに自己を肯定する力となったと考えられる。他方、日ごろの国際交流活動やボランティア活動の経験から、そもそも「本」に対する偏見を持っていた者が少なかったと考えられ、「読者」の偏見の低減については大きな効果は見出せなかった。しかしながら、国際交流活動に関わる学生にとっては大きな刺激になり、今後の活動への取り組みに役立ったと考えられる。

HL運営の課題

課題としては、「『本』を傷つけてはいけない」というルールに捕らわれすぎたあまり、本当に聞きたいと思う質問ができなかった「読者」もいたことから、ルールの説明方法に注意を払う必要があると考える。また、「本」が「読者」として参加できる機会を提供すること、まだ一般的にHLが認知されていない場所で開催する際、広報の方法などに工夫することが重要である。

第五節　経験型図書館の可能性

北村由美

一　はじめに

本節では、筆者が京都大学で担当している、「図書館情報学特講1」の授業の一環として開催したヒューマンライブラリー（以下HLとする）について紹介した上で、経験型図書館の可能性について検討する。本科目では、二〇一五年度以降、受講生が主体となってHLを開催してきた。

「図書館情報学特講1」は、京都大学教育学部が開講している司書課程の選択科目の一つで、図書館が持つ情報資源と、図書館サービスに関して、理解を深めた上で、実践へとつなげることを目的としている。二〇一五年度にHLを授業に取り入れた後は、一学期間の授業を、おおむね前半を学習編、後半を実践編に分けて構成している。前半の知識編は講義中心ですすめ、変化していく日本社会における図書館の役割について、受講生とともに考えていく。その上で後半は、HLの企画と開催を通して、受講生の問題意識を発展させる形で、図書館サービス現場で不可欠な、総合的な企画力の修得を目指している。

二　現代における図書館と司書

司書課程の一科目である「図書館情報学特講1」をこのような形で構成するようにしたのは、現代における図書館と司書の役割の変化に対する、筆者の問題意識による。では、そもそも司書とは、どのような職なのだろうか。

文部科学省のウェブサイトで「司書について」というページを見てみると、「司書は都道府県や市町村の公共図書館等で図書館資料の選択、発注および受け入れから、分類、目録作成、貸出業務、読書案内などを行う専門的職員」とある。司書に関する説明は、だいたい何を見ても同様の説明がされており、文部科学省の説明は、一般的な定義を踏襲しているといえるだろう。このような定義からわかるのは、司書には、図書館資料に関する専門性が必要とされることと、それぞれの図書館において、サービスを提供する社会や、社会の構成員とのかかわりの重要性である。

しかし、図書館資料は、情報通信技術の進歩と普及により、本という閉じた知識媒体から、インターネット上で複雑にリンクし、常に更新されていく知識媒体に置き換わりつつある。その結果、図書館は、一冊ごとに完結した知識である書籍の集積を基盤とした静的な知識基盤から、相互リンクと更新を前提にした、動的な知識を提供する場に変化する渦中にあるといえる。また、サービス対象となる社会も、高齢化や災害など種々の要因によって、都市部と地方の差がより顕著になってきており、汎用的な図書館や司書のモデルを前提として、論じることができなくなっている。

図書館と社会の双方が劇的に変化しつつある中で、司書職に求められるのは、図書館に対して利用者が持っている信頼を損なうことなく、図書館が従来担ってきた情報源と利用者をつなぐ役割を、それぞれの図書館の課題にあわせて、より動的な活動へと展開できるコーディネーターとしての存在であろう。

以上のような問題意識のもと、これからの司書に不可欠である、総合的な思考力と実行力を養うための実践として、ＨＬを授業に組み入れることにした。

三 「京大のるつぼ—Melting Pot in KU—」

（一）開催の主旨と概要

受講生と筆者が初めて開催したHLは、学内の留学生六名が「本」となって、京都大学関係者向けに開催した「京大のるつぼ—Melting Pot in KU—」である。約二五名の受講生を五つのグループに分け、グループワークとクラス全体でのディスカッションを通じて、「学内の留学生」という対象を選び、留学にいたる経緯、留学生生活について、日本人学生について思うことなどを語ってもらうことになった。各グループは、それぞれつてをたどって中国、韓国、ドイツ、フランスからの留学生ら六名を招き、二〇一五年七月一二日に、古民家を改装した、二階建て一軒家の学内施設において開催した（写真1、2参照）。会場を決めるにあたっては、教室や図書館、留学生ラウンジなど、学内のいくつかの施設を受講生らと検討した結果、バリアフリーではないという問題はあったものの、プライベートな空間に近い和室がある民家形式の施設が選ばれた。

準備期間中は、各グループが授業外に時間をとって「本」と打ち合わせを行い、打ち合わせの内容を授業時にクラス全体と共有する形ですすめた。当日は、HLを開始する前に、受講生と「本」の皆さんで昼食を共にした後、外部からの読者も加えて二つのセッションを行うという方式をとった。また、参加者と司書役以外の履修生は、「読者」となって、他のグループが招待した「本」の話を聞く機会を設けた。最後に全体で意見交換を行い、受講生は別途次の週の授業時に反省会を行った。受講生以外に、学内の職員や卒業生らが参加し、小規模ではあったが、密度の濃いHLとなった。

（二）「京大のるつぼ—Melting Pot in KU—」に対する反応

特に印象深かった反応をいくつか紹介しておこう。「本」の一人の韓国人留学生は、日韓関係が悪化する時勢の中、緊張しながら参加してくれたが、安全な場で、政治的な立場を離れて個人の話をする機会が得られたことをことのほか喜んでくれた。また、当日参加してくれた職員や卒業生は、自らが所属している、もしくは過去に所属していた機関の構成員の多様性に改めて驚き、彼らの声を聴くことで、外国人に対して知らずと抱いていたステレオタイプに気が付いたという反応だった。

受講生からは、これまでの学生生活を全く塗り替える経験だったというような意見や、当日までの準備などを教員（筆者）がなるべく関与せず、さらに自主性を育てるように誘導するべきだという提案があった。前者は、知らず知らずのうちに、極力他人の干渉しないように学生生活を送ってきたが、そのような自分の周りの見えない壁を突き崩す経験であったということであろう。後者は、それまで受動的であった受講生らが一転して能動的になったことを示すコメントであった。はじめてのHL開催で、筆者自身が暗中模索だったこともあり、受講生らは当日まで不安を抱えていただろう。しかし、開催日の一日を通して、受講生らはそのような不安感を乗り越えて、短時間のうちに目をみはるような成長を遂げた。

留学生という、同世代であり、同

写真１　会場となった京都大学吉田泉殿外観

写真２　京都大学吉田泉殿一階

じ大学で机を並べてはいても、全く違った教育的・社会的背景を背負って生活している「本」との交流を、他の参加者らと共有することで、自分自身と他者に向けて心を開くきっかけとなったようだ。

さらに後日、図書館との協同で、テーマに関係のある本の展示とＨＬを組み合わせる企画案を提出した受講生もいた。

四　「ともに生きる友――京都で話題の本（人）貸し出しします！」

（一）開催の主旨と概要

二〇一六年は、受講生が五人と小規模なクラスであったため、受講生自らの関心をより深く深められるよう、何回も議論を重ねた上でテーマを設定した。最終的に、外見からは差異を判断することが難しい宗教マイノリティとエスニック・マイノリティの方々をと決まり、モスリムの方と、在日コリアンの方を「本」として招待した。

事前に、附属図書館内のラーニングコモンズにおいて授業を行い、館内の資料を使って関連する情報を調べ、自分たちが何を知らず、何を知らなければならないのかを議論した上で、「本」の方々との事前打ち合わせに向けた準備を行った。

前年とは違い、学外の団体に対して、受講生が直接交渉する必要があったため、事前に筆者が協力依頼文を作成し、受講生らはそれを基に趣旨説明を行って、協力を依頼しにいった。その結果、在日コリアンの方に関しては、在日コリアンと日本人の交流を目的として設立された「東九条マダン」に学生らが「本」の紹介を依頼し、朴実（パク・シル）さんに来ていただけることになった。

一方モスリムの「本」探しは、京都モスクへ協力を依頼し、ご快諾頂いたものの、日本語を話せる方が少ないということで、結局筆者の知人を辿り、同志社大学四年生（当時）のAさんにお引き受け頂いた。

当日は二回のセッションを入れ替え制にし、参加者すべてが双方の「本」を「読む」機会を持つ形で設定した。いずれも、受講生は司書を持ち回りで担当しつつ、「読者」としても参加した。また、学内の留学生や他大学からの学生・教職員も「読者」として参加してくれた。会場は二〇一五年と同様、古民家の学内施設を借り、やはり前期の学期末の七月一六日に開催した。

（二）「本」の紹介と「読者」らの反応

「本」のお二人のプロフィールと「読者」らの反応を、少し詳しく紹介しておく。朴さんは、一九四四年に生まれ、京都で在日コリアンが最も多く住む東九条で生まれ育った方である。一九七一年、日本人女性との結婚に際して「帰化」[1]し、新井実という戸籍名で日本国籍を取得した。その後お子さんが生まれたことをきっかけに、自らのルーツを子どもたちに伝えていきたいという思いから、「帰化」の際に強制された日本的氏名と、十指すべての指紋押捺に反対し、裁判をおこした。最終的に民族名を取り戻し、採取された指紋に関しては、係争中の一九九三年一月に帰化時の指紋押捺制度が廃止されたことから、和解の上、朴さん自身を含む二二万人以上の指紋原紙が破棄された。

在日コリアンとしての尊厳を回復するための一連の訴訟を行う一方で、朴さんは一九八六年に民族・民衆文化牌「ハンマダン」（一つの広場という意味）を結成し、一九九三年からは「東九条マダン」という集まりをはじめ、日本人とともに地域を盛り上げる活動を行っている。

朴さんの話は、日本社会に必死に合わせようとしたお兄様のご苦労や、一世であることで、そのお兄様の陰になってしまったオモニ（母）への思いにも及んだ。また、井筒和幸監督による映画『パッチギ！』（二〇〇四年）によって描かれている、一九六〇年代の京都の在日コリアンコミュニティの状況もお話いただくことができた。

朴さんという「本」の「読書体験」を通し、大学生が中心の若い参加者らの中には、在日コリアンであったり、広島の被爆者であった自らの祖父らと朴さんを重ね合わせて聞いたというコメントがあった。参加者の祖父らは、孫たちが差別を受けることのないようにという配慮もあって、多くを語らなかったという。朴さんの話を聞くことで、語られることがなかった祖父の苦労への理解を深めると同時に、辛い体験であっても話して下さった朴さんへの感謝の思いが、他の参加者らと共有された。いくつもの交錯する思いが引き出された豊かな「読書」体験であったといえる。

一方で、Aさんの場合は、インドネシア人モスリムの母と日本人の父を持ち、子どものときから、学校生活をスムーズに送るにあたって行ってきたことや、今後の展望などについて話して下さった。給食のメニューを事前に調べ、豚が含まれた料理が出される日は同じメニューを鶏肉に替えたお弁当を持参したこと、修学旅行の際は、事前に自分で各宿泊先にモスリムであることを連絡したこと、お祈りの場所の確保や、断食月の過ごし方など、いずれも同世代の「読者」らが何気なく通過してきた日常生活を、別の視点から振り返る「読書体験」となった。Aさんは当日、インドネシアのバティック（ろうけつ染め）と京都の絞り染めを組み合わせた服装で参加し、今後もインドネシアと日本の架け橋として活躍していきたいという抱負で話をしめくくってくれた。

「読者」らは、Aさんが自らの体験をさらりと笑顔で語る姿の裏に、Aさんの精神的な強さを見いだし、同世代の「本」を読むことで、自らについて考えていたようだった。

すべての「読者」が、双方の「本」を読んだことにより、二〇一五年と比較すると全体でのディスカッションの内容が深まった。

五　おわりに

二回のＨＬの開催を通して、見えてきた点を簡単にまとめておきたい。まず、ＨＬを司書課程の授業として開講することのメリットの一つとしては、資料の電子化とネットを通した情報の共有が進む現代社会において、紙やネット上の文字資料のみではなく立体的な体験から学ぶ知識を提供する体験型図書館を白紙から企画できる点であろう。

さらに、司書役として「本」との信頼を構築していく過程や、当日にいかに「本」にとって安全な空間を創り出せるかを検討することで、相手に対する尊敬や思慮深さを伴った、コミュニケーション能力が養成される。ＨＬを通して修得される体験型の図書館の検討、空間の活用、思慮深さを伴う高いコミュニケーション能力は、いずれも今後の図書館司書に不可欠な能力である。

さて、最後にＨＬのテーマ設定に関連して所感を述べておきたい。実は筆者は当初、ＨＬの実践の多くが「マイノリティへの偏見の解消」を目的とし、マイノリティ当事者として「本」の方々を招聘していることに違和感を持っていた。違和感を持った主な理由は、社会における包摂と排除の論理は複雑であるにもかかわらず、マイノリティとマジョリティという二項対立に基づいて、マジョリティの視点からマイノリティを選び出すことに起因していた。それでも、実際に開催するとなると、受講生らの希望もあってやはり「マイノリティへの偏見の解消」をテーマとして掲げることになった。

しかし結果的には、ＨＬでは、たとえ語られる経験の多くがマイノリティであることに由来するとしても、「読者」は次第に「本」個々人が持つ魅力に引き込まれ、「読者」へ伝えたいという、「本」らの熱意を受け止めることで、「読者」ら自身も、「本」や他の読者に対して胸襟を開いていける点が重要であることに気がついた。HLの場を通して、マイノリティとマジョリティという二項対立は解消し、身をもって社会の多様性と、個々人の複雑性を同時に理解することができたのである。

HLの意義は、自らの偏見を乗り越えるという大義もあるが、偏見ではなくとも、自らの心の中にあるささやかな壁の存在に気がつき、それを乗り越える力を得られる点にあるといえるだろう。短時間に醸成される濃厚な信頼関係の中で、自分自身を他者に開くことができるようになることは、自らを信じる力を身につけるということである。新たな出会いによってもたらされたささやかな自信は、ポピュリズムとナショナリズムが台頭する現代の社会生活の中で、錯綜する情報の信憑性を判断する力につながるといえる。

大学における通常の読書体験が知識を得ることを目的としているとすると、HLによる「読書体験」は、「本」や他の「読者」との交流を通して、自らのコミュニケーション能力、判断力を身につける機会である。このようなHLは、司書課程を含め、人文社会学系の学問分野に組み込むことで、新たな学びの可能性を広げてくれることは間違いない。

最後になるが、HLを一般の図書館で開催する場合を考えると、利用者が受動的に情報を受け取り理解するこれまでの情報フローに加え、体験を通して情報を得るという体験型図書館の一つのモデルとして位置づけることが可能であろう。

【注】

（1）朴さんご自身に書いて頂いた紹介文で「帰化」という用語がカギ括弧に入っていたため、それを踏襲する。これは、本用語が差別的であるという朴さんのお立場によるものと思われる。詳細は、朴さんが二〇〇四年五月二二日に多民族共生人権教育センターで行った講演「民族名で生きるとは」の記録を参照。【URL：http://www.taminzoku.com/news/kouen/kou0407_paku.html】（二〇一七年四月二五日アクセス）

コラム3

朝鮮学校におけるヒューマンライブラリー
――日本人大学生の気づき

齋藤眞宏

一　旭川大学齋藤ゼミのヒューマンライブラリー

ヒューマンライブラリー(以下、HLと略す)は、できる形で実施することが大切であるように思う。筆者は個人的につながりのある北海道朝鮮学校と市民団体の「朝鮮学校を支える会」に提案して日朝友好促進交換授業会の場を利用することにした。一年目は、ゼミ生三名が「本」、朝鮮学校高級部生とゼミ生約二〇名は三グループに分かれて「読者」となった。また「本」と仲の良い三名のゼミ生が「本」と「読者」をつなげる「司書」となった。各グループでは「司書」のファシリテーションで「本」を読みながら、時に「読者」も自分語りを行った。この「読書」タイムは一回二〇分で実施した。さらに意見や感情の共有の時間を設け、「総合司書」(ゼミ・リーダーが務めた)[1]が全体のまとめをした。翌年は朝鮮学校高級部からも「本」と「司書」役が出され、より相互的な場となった。

二　ゼミ生たちの気づき

ゼミ生たちの気づきは以下の二点に要約できる。

(ア)朝鮮学校高級部生も現在の日本社会で生きている同じ若者である

最初は何となくぎくしゃくした感じだった。「どうせ日本人(=私たち)を嫌っているのだろうな」(学生①)など日本社会における在日差別を意識もした。しかし交流が進むと徐々にそのような感覚は薄れた。進路やアルバイト、地元の話と言った共通の話題が心の距離を近づけ「その人って言う感じ」(学生②)になっていったという。

(イ)「他者」から学ぶ際の姿勢と努力の大切さ

ゼミ生たちは「他者理解」を「しなければならないもの」、あるいは「自然にできるもの」と捉えていたようだ。しかしHLを経験して他者理解のためには「姿勢」と「努力」が必要であることに気づいた。例えば違う意見を「理解できない」ではなく、相手がなぜそう思ったのか「考え直すことが大切なのだ」と思うようになった(学生③)という。また朝鮮学校生の「日本人学生を理解したい」そして「自分たちを理解して欲しい」という願いに共感し、これまでの「反日集団」という一方的なイメージが「ちっぽけに見えるようになった」（学生②）という。

一方で教室にいた一部の一般市民[(2)]の参観者の態度が学生たちには高圧的に感じられたようだ。朝鮮学校生の話をきちんと聴いて理解しなさいといった無言の圧力を感じ、質問や意見が自由にできなかったという声もあった。さらに積極的に関わった学生たちにとっては朝鮮学校生の「思い」に対する一部ゼミ生の無関心さも納得できなかったようだ。

三　最後に

当初は互いに遠慮が先立ち、表面的な会話に終始するのではないかと筆者は思っていた。しかし一部とはいえ「意味ある他者」に出会えたようだ。「自分（たち）を理解して欲しい」という純粋な願いを基盤に、朝鮮学校生が民族として生きる「痛み」とゼミ生たちの「生きづらさ」が協奏した結果であろう。HLは意味がある。「その人であること」を生かして他者と関わり共感が生まれ、新しい意味が生成されて更なる参加が生まれる可能性があるからだ。この過程は個人がより良く豊かに生きるためにも、より「人にやさしい社会」の創造のためにも重要である。昨今「主体的・対話的で深い学び」が提唱されている。それ自体に異論はない。しかし新自由主義の影響から、私たちは教育においても過程を軽視しあまりにも「成果」に焦点をあて過ぎていないか。この活動においてもアカウンタビリティを意識するあまり安易に予定調和的な結論に飛びつかないようにしていきたい。

【拙稿「朝鮮学校高級部生徒とのヒューマンライブラリーからの教職学生の気づき～自己探求と社会の多様性への意識を促すために～」（明治学院大学社会学・社会福祉学研究一四四号、二〇一五、一七五―一九三ページ）を簡略化した上で加筆・修正したものである。】

【注】

（1）当初は「図書館長」というアイディアも出ていたが、「本」と「読者」の双方の良さを引き出して、つながりを作るという意味で「総合司書」とした。

（2）日朝友好促進交換授業会は一般市民も参観できる。

第六節　多様性に寛容なまちづくり
――駒澤大学坪井ゼミのヒューマンライブラリー活動を通じて

坪井　健

一　はじめに

七年間、駒澤大学坪井ゼミは、地元である東京都世田谷区をベースに「多様性に寛容なまちづくり」の一環としてヒューマンライブラリー（以下、ＨＬと略す）をメインにゼミ活動を展開してきたが、その取り組みも二〇一六年度を持って終止符を打つことになった。[1] そこで、この間の坪井ゼミのＨＬの取り組みを総括し、「多様性に寛容なまちづくり」としてのＨＬの取り組みを紹介したい。なお、坪井ゼミ七年間の全活動は、毎年共同研究報告書（以下、「坪井ゼミ報告書」と略す）にまとめているので、それを参考にしつつ考察していきたい。[2] これまで七年間、九回にわたる駒沢大学坪井ゼミの開催履歴は図表1の通りである。

二　当初のＨＬ開催の問題点と特徴

最初のＨＬ開催の経緯は、別途、詳細に論じているのでここでは省略するが、開催当初の問題点を三点だけあげておきたい。

第一の問題は、まず「生きた本」が集まらないという問題である。当時はリビングライブラリー（Living library、和名「生きている図書館」）と呼んでいたが、認知度もなく二か月近く経っても一冊の本も集まらないという問題があった（坪井、二〇一二）。

図表1　駒澤大学坪井ゼミのヒューマンライブラリー直接開催の全履歴（2010年10月～2016年10月）

回	年月日	名　称	会　場	本の数	開催形態
1	2010年10月10日	第1回生きている図書館駒澤大学2010	駒澤大学	21冊（人）	単独開催
2	2011年9月11日	第2回生きている図書館駒澤大学&駒大高校	駒大高校	21冊（人）	高大連携開催
3	2012年11月3日	第3回生きている図書館駒澤大学2012	駒澤大学	11冊（人）	大学祭内開催
4	2013年9月23日	駒澤大学ヒューマンライブラリー研修会	駒澤大学	6冊（人）	研修会内開催
5	2014年8月30日	ヒューマンライブラリー@たまでんカフェ山下	たまでんカフェ山下	2冊（人）	街中で開催
6	2015年8月22日	第1回ぬくぬくハウス・ヒューマンライブラリー	ぬくぬくハウス	3冊（人）	民家で開催
7	2015年10月11日	第1回せたがやヒューマンライブラリー	玉川区民会館	15冊（人）	区内で開催
8	2016年8月20日	第2回ぬくぬくハウス・ヒューマンライブラリー	ぬくぬくハウス	3冊（人）	民家で開催
9	2016年10月2日	第2回せたがやヒューマンライブラリー	ボランティアセンター	10冊（人）	区内で開催

第二の問題は、「生きた本」と未知の一般人との対話の不安である。これは今も初めて開催する人にとっては最も不安なことであろう。坪井ゼミの最初のＨＬは、事前に新聞の全国紙二紙（産経新聞、読売新聞）に大きく写真入りで紹介されたので、その不安は倍加された。今考えると笑い話になるが、地元の警察署に出向き、事前に出動要請をしておいたぐらいである。幸い何もなく杞憂に終わってホッとしたのを覚えている（坪井ゼミ報告書、二〇一一）。

第三の問題は、開催費用の問題である。基本的にボランティア参加であるが、生きた本の方には交通費程度の謝金を用意するので、他の費用を含めて数万円程度の開催費用がかかる。我々は近くの商店街にポスターやチラシを置かせてもらうと共に協賛金のお願いをして回った。大学ゼミ活動として協賛金集めは実践教育の場にもなった。学生は、最初は要領を得ないＨＬの説明も何度も試みる内に、次第に相手に合わせて上手にできるようになった。これは飛び込み営業のノウハウでもあり説得的コミュニケーションの実践教育でもあった。つまり、協賛金集めは「生きた本」協力のお願いとは異なる対人コミュニケーションを学ぶ機会になっていた（坪井ゼミ報告書、二〇一二、二〇一四）。

以上のような問題はあるが、困難が大きければ大きいほど学びの機会も又大きい。

第二回目は二〇一一年であった。東日本大震災の影響で大学施設は使えなくなり、開催は無理かと思われたが、この逆境を逆手にとって、特色あるＨＬを開催することができた。

その一つは、付属高校出身ゼミ生のアイデアで区内の付属高校を借りて開催し、高大連携の取り組みにしたことである。つまり、高校の教室を対話室にして高校生にもスタッフに加わってもらったこと。もう一つは、震災支援のイベントとしての開催である。震災支援の中身は、ゼミ生自身が震災ボランティアをして、その体験を「生きた本」として「読者」に語ったことと、震災支援活動に参加した消防隊員や震災被害者に「生きた本」役をお願いしたことである。こうして臨機応変にテーマを変えて、人を繋げるイベントになることを証明できたことが、最大の収穫であった（坪井ゼミ報告書、二〇一二）。

さらに二年目は、ＨＬ活動の成果を経産省の社会人基礎力グランプリ関東地区大会で発表し、準優秀賞を獲得するというおまけまでついてきた（坪井ゼミ報告書、二〇一二）。もう一つＨＬの開催ガイドブックをつくろうという話になり、出版社社長の協力で一年目と二年目のゼミ学生の共編著という形で『心のバリアを溶かす――ヒューマンライブラリー事始め』と題した市販本を出版できたことも大きな成果である（坪井ゼミ編著、二〇一二）。

三　多様性に寛容なまちづくりを目指して――第三回目以降のHL

第三回目（二〇一二年）は、不特定多数の人が出入りする大学祭のイベントとして開催するという企画を打ち出した。限られた数の教室しか使えない窮屈な条件下で、大教室をブースで仕切り、一一冊の「生きた本」を確保して開催した（坪井ゼミ報告書、二〇一三）。このときは区内への知名度が少し上がり、自ら「生きた本」役をしたいと申し出てくれた区内の障害者が現れるといううれしいハプニングもあった。

以後は、単独開催よりHLの普及を目的とした活動に力を入れた。四回目（二〇一三年）は、その一環として「HL研修会」を開催した。研修会では、HLの「読者」体験をしてもらい、坪井の講義とゼミ生の体験談、「生きた本」体験者の話などを交えた研修内容である。それも軽食付き二千円という格安料金での実施である。参加者は事前予約制で、複数の関連学会や学術団体のメールニュースに配信し、関係者のメールやブログ等で拡散してもらったため研究者、教育者、実務家が多く参加し、九州（長崎）から東北（岩手）まで全国各地から二九名が参加してくれた。

特に有意義だったのは「生きた本」の方の体験談だった。「生きた本」の方にとってHLは、一般の人に自己開示できる数少ない機会であり、親密な対話ができる喜びがあること。さらに他のマイノリティの人たちと知り合う機会になり、情報交換や交流の機会になっていることなどが語られた。これは主催者には気づきにくいHLの効果であった。

また、「生きた本」は、「読者」に人生話を提供する一方的な関係ではないことも発見であった。「生きた本」と「読者」の交流は「生きた本」の方の一方的な自己開示でなく、読者の自己開示の機会になっていること（坪井、二〇一四）。つまり、「返報性の規範[3]」が働き、HLの対話場面では「読者」の心が解放され自己開示しやすくなる。特に「本」と「読者」が一対一の場合はそうした機会がいっそう多くなる。

研修会参加者は、その後、各地で自らＨＬを開催している。少なくとも筆者が知る限り受講者六人が各地で開催していた。これも研修会の成果としてうれしい結果である。

第五回目（二〇一四年）は、「世田谷区まちづくり大学生プレゼン大会」に参加して「ＨＬによる多様性に寛容な街づくり」を提案し、区民へのＨＬの認知度を高める活動を行った。一〇月に提案書を提出し、第一次審査を通過した八チームだけが一二月一一日の最終プレゼン大会で発表できるというスケジュールであった。

八月末に、東急世田谷線山下駅の片隅にあるコミュニティカフェで小規模な街中ＨＬをテスト開催した。会場は狭小で一二畳程度の広さしかなく、「生きた本」二冊で三〇分の対話を二回、スタッフを入れても最大一〇名程度しか入れないスペースである。「読者」は三～四名が限界である。小規模会場なので事前宣伝をしなかったが、「読者」は飛び込みで二名の参加があり、街中開催の可能性を強く感じることができた。

事前の提案書は、世田谷区内の地域活動の実態調査や統計資料などに基づいてＡ４判用紙一〇枚にまとめて提出した。その要旨を紹介すると、以下の通りである（坪井ゼミ報告書、二〇一五）。

「ヒューマンライブラリーによる多様性に寛容なまちづくりプラン」（要旨）

①　世田谷区の現状から――人口構成の多様性

世田谷区は八七万人が居住し、人口構成も外国人から障害者まで多様性に富んでいる。

小家族化・個人化が顕著で、世代間交流機会も狭くなっている。

②　世田谷区の市民交流の場の調査から見えてくるもの

六百か所以上ある区内交流施設の内一一か所を調査した結果、利用団体やメンバーの固定化、活動のマンネリ化があり、異文化、異世代間の交流があまり見られない。

③　現状分析と調査結果から見えた問題と課題、そして私たちの提案

区民交流活発化のためには、同質的な仲間を越えた異質な人々との交流を生み出す仕掛けが必要である。そこでＨＬによるまちづくりを提案する。

④　ヒューマンライブラリー（略称ＨＬ）とは何か

ＨＬは、世界七〇か国で開催されコミュニティづくりのツールとして利用されている。坪井ゼミでは五年前から継続的に開催し他の多くの開催支援をしてきた。

⑤　せたがやＨＬまちづくりプラン

図書館、コミュニティカフェ、空き店舗など多彩な形態で開催する。「生きた本」役は、区内から高齢者や障害者など自薦他薦で集める。ＮＰＯや社会福祉協議会にも呼び掛ける。

⑥　ＨＬの街中テスト開催の実践例

坪井ゼミは、八月末に「たまでんカフェ山下」で街中テスト開催を行い、狭い場所で開催できること。通行人も気軽に参加できるイベントになれることを立証した。

⑦　せたがやＨＬアソシエーション設立に向けて

設立準備会を立ち上げ各地でテスト開催し、学生や市民のボランティアを募る。そして、正式な団体を設立しＨＰを立ち上げて継続的に開催する。その結果、多様な区民交流を生み、多様性に寛容なまち、世田谷区を実現する。

このプレゼン大会の結果は、応募した二一チーム中、坪井ゼミを含む八チームが第一次審査を通過し本選のプレゼン大会に進んだ。本選では坪井ゼミ生四人がパワーポイントを使って発表し見事第一位、優秀賞を獲得した。講評では、世田谷区長が「HLは区民の関係性の結び直しの〈横串を刺す〉試みになる」と述べてくれ、坪井ゼミのねらいを的確に評価してくれたことが心に残っている（坪井ゼミ報告書、二〇一五）。

四　世田谷区内での実践活動――「ぬくぬくハウス」とHL

翌年（二〇一五年）は、前年のプレゼン大会の提案を実践することにした。そのために大学を飛び出し世田谷区内での街中開催を本格的に実施した。

当初は会場探し行き詰まり、HLを評価してくれた世田谷区長に協力をお願いできないかと、ゼミ長が「区長を囲む会」に飛び入り参加して直訴を試みた。区長の紹介でたまたま同席していた区民の方（温井さん）が自宅開放のプランを持っていて、自分の家でやらないかと声をかけてくれた（坪井ゼミ報告書、二〇一六）。後に、その方は「地域共生のいえ、ぬくぬくハウス」[4]を開設したが、その方と共催で八月に「第一回ぬくぬくハウス・HL」を開催した。これを我々はその年の本開催の宣伝のためのプレ開催と位置付けた。民家の居間と食堂を利用して三か所の対話スペースを作った。これまでのHLと趣きは異なり、狭いながらもアットホームな対話環境ができあがった。開催日当日は多摩川花火大会だったが、お宅の前が花火の打ち上げ会場だったため、最高のロケーションで花火大会も楽しめたというおまけ付きであった。

本開催は、同年一〇月一〇日玉川区民会館（等々力駅前）を借りて「第一回せたがやHL」を開催した。会場費はかかったが区の後援のおかげで安上がりで借りられた。区の広報誌やボランティア協会の広報誌などで区民に周知を図った。この開催では、「生きた本」を一五冊中二冊（人）を区民の方にお願いしたが、区民の「読者」は二割程度しかなく区民対象のイベントにしては、区民参加が低調で課題が残った。

翌年（二〇一六年）は、前年をほぼ踏襲する形で「第二回ぬくぬくハウス・ＨＬ」をプレ開催とし、本開催を世田谷ボランティアセンターに場所を移して「第二回せたがやＨＬ」を開催した。会場変更の理由は、世田谷ボランティアセンターが無料で会場提供してくれたこと。会場が区の中心地にあったことである（坪井ゼミ報告書、二〇一七）。

二〇一六年は「生きた本」を地元から集めることにこだわった。「第二回ぬくぬくハウス・ＨＬ」では、近所の知的障害者施設に伺い知的障害者の親に「生きた本」役をお願いした。本開催では、区内の障害者施設や団体、区内在住者・在勤者に幅広く協力を仰ぎ、「生きた本」一〇冊中六冊を区内に在住在勤の方にお願いした。

しかし、課題も見つかった。やはり、積極的に区内の団体や個人ネットワークを通した呼びかけをしないと、区民の「読者」参加者を増やすことは難しいこと。これまでＨＬの広報宣伝は、地元の広報誌も使ったが、多くはフェースブックやブログなどにたよった。それは関心を持つ幅広い人たちに届いても、地元コミュニティの成員には届きにくい、灯台下暗しである。

読者はともかく「生きた本」の協力者は、世田谷区内での認知度の上昇で区内の団体や個人の協力者が増えて当初の困難はなくなった。七年間にわたる地道な活動の成果と言えるだろう。

写真１　ぬくぬくハウスの対話風景

五　「架橋型」社会関係資本の強化に向けて

坪井ゼミは、第一回目から開催目的を「寛容で多様性のある社会を目指して、地域住民とマイノリティの方を結び付ける試みとして開催する」とうたっている（坪井ゼミ報告書、二〇一一）。第四回目二〇一三年の研修会を除いて、毎年、世田谷区や世田谷区社会福祉協議会の後援を得て開催し、地域貢献のイベントである点を強調してきた。

商店街への働きかけも地元への広報活動として位置付け、協賛金をくれた店には、会計報告を兼ねて開催報告書（簡易版Ａ４判四頁程度）を持って毎回お礼回りしている。そのため好意的な団体やお店も増え一万円寄付が恒例になった団体もあり、「去年は男子学生さんが来たが今年は女子学生さんね」といって気持ちよく寄付してくれる店も増えてきた。

ある依存症支援施設は「生きた本」協力依頼に対して、当初は警戒し非協力的だったが、何度か報告書を持ってお礼に伺ったおかげで、現在では積極的に「生きた本」の協力をしてくれるようになっている。その他にも協力的な団体が多くなり本探しのハードルは大変低くなっている。第一回目の学生の苦労と比較すると雲泥の差である。つまり、これまで信頼関係があまり醸成されてこなかったコミュニティで、ＨＬを通して大学生と地元商店街や支援団体という異質な集団間に小さな信頼関係やネットワークを生成したといえる。

学生による区内調査でわかったことの一つに、世田谷区内には多くの交流施設やＮＰＯ団体がありそれぞれ活発に活動を行っているが、仲間内の交流活動に終始しマンネリ化と停滞がみられたことである（坪井ゼミ報告書、二〇一五）。ある市民開放施設で学生が聞いた言葉、「いまの活動で十分満足しているので、この仲間たちと楽しくやっていきたい」といった言葉は象徴的である。つまり、現状満足で変化は求めない。新たな関係の結び直しを希望しない「タコつぼ型」の区民交流が多いことである。

こうした区民交流の在り方は、社会学的に言うと「紐帯強化型」社会関係資本ということになる。「社会関係資本」(social capital) とは、橋や道路などのハードな社会資本とは区別される人間関係や集団間の信頼や規範、ネットワークといったソフトな社会的資本ことをいい、人々の協調行動を容易にする社会的仕組みのことである。

この社会関係資本は、どのような関係構造に基礎を置くかによってその特性も異なってくる。同一集団内の同質的関係強化に貢献するのが、「紐帯強化型」(bonding) 社会関係資本であり、マイノリティとマジョリティの異質な人々の間の交流機会を増大させ、相互信頼のネットワークを築いて、全体の生活機会を改善してコミュニティの活性化に貢献するのが「架橋型」(bridging) の社会関係資本である[5]。

世田谷区の区民交流の実態は、同一集団内の同質的関係強化に貢献する「紐帯強化型」(bonding) の社会関係資本になっていることがわかる。我々がＨＬによる「横串を刺す」まちづくりを目指すという意味は、ＨＬが、異質な集団や人を繋げ「寛容性」を育成する活動であり、それがマイノリティとマジョリティとの交流機会を増大させ、多様性に寛容なコミュニティを創造し、ハイブリッドなコミュニティの活性化に貢献する活動になりうるからである。

つまり、多様性に寛容なまちづくりは、この文脈でいえば「紐帯強化型」から「架橋型」社会関係資本の強化へとコミュニティの構造的特性を転化し、コミュニティの質を改善する試みであるといえよう。

筆者は、今後は、新たに市民団体を立ち上げ、ＨＬを媒介とした「架橋型」社会関係資本の強化を目指したまちづくり活動を続けていきたいと考えている。

【注】

（1）活動終了の理由は、指導教授である筆者が定年を前にして新ゼミ生の募集を中止したことによる。

（2）坪井ゼミの共同研究報告書は参考文献に記載したとおりである。これらの報告書は駒沢大学図書館および国立国会図書館に納本しているので、そちらを参照されたい。

（3）「返報性の規範」（norm of reciprocity）とは、物に限らず精神的にも価値あるものをもらったらそれと同等のものを返すべきであるというお返しの規範である。安藤・大坊・池田『社会心理学』五二頁、参照。

（4）「地域共生のいえ」とは、一般社団法人「世田谷トラストまちづくり」が推進する民家活用の運動であり、現在区内に一九軒のオーナーが参加して開設している。各施設が独自のアイデアで多彩な区民交流活動を実践している。「ぬくぬくハウス」は一八軒目の施設である。

（5）「紐帯強化型」と「架橋型」の社会関係資本の区別はパットナム（二〇〇六）による。

【参考文献】

Putnam, P. D., 2000, *Bowling Alone*, パットナム（二〇〇六）柴内康文訳『孤独なボーリング――米国コミュニティの崩壊と再生』柏書房.

駒澤大学文学部社会学科坪井ゼミ二六期生一同（二〇一一）『共同研究 リビングライブラリーの可能性を探る――実践報告：第一回「生きている図書館」駒澤大学二〇一〇』（平成二二年度社会学科坪井ゼミ三年共同研究報告書）、駒澤大学文学部社会学科坪井健研究室.

駒澤大学文学部社会学科坪井ゼミ二七期生一同（二〇一二）『共同研究 第二回生きている図書館@駒澤大学&駒大高校――高大連携と震災支援を絡めた地域貢献イベントとして』（平成二三年度駒澤大学文学部社会学科坪井ゼミ三年共同研究報告書）、駒澤大学文学部社会学科坪井健研究室.

駒澤大学文学部社会学科坪井ゼミ二八期生一同（二〇一三）『共同研究 カンボジア国際交流とスタディツアー――補遺：第三回「生きている図書館@駒澤大学」二〇一二』（平成二四年度駒澤大学文学部社会学科坪井ゼミ三年

共同研究報告書）、駒澤大学文学部社会学科坪井健研究室.
駒澤大学文学部社会学科坪井ゼミ二九期生一同（二〇一四）『共同研究　駒澤大学ヒューマンライブラリー・サポートプロジェクト二〇一三』（平成二五年度駒澤大学文学部社会学科坪井ゼミ三年共同研究報告書）、駒澤大学文学部社会学科坪井健研究室.
駒澤大学文学部社会学科坪井ゼミ三〇期生一同（二〇一五）『共同研究　ヒューマンライブラリー・サポートプロジェクト二〇一四――世田谷、多様性に寛容なまちづくりプラン』（平成二六年度社会学科坪井ゼミ三年共同研究報告書）、駒澤大学文学部社会学科坪井健研究室.
駒澤大学文学部社会学科坪井ゼミ三一期生一同（二〇一六）『共同研究　第一回せたがやヒューマンライブラリー二〇一五――多様性に寛容なまちづくりの実践記録』（平成二七年度駒沢大学文学部社会学科坪井ゼミ三年共同研究報告書）、駒澤大学文学部社会学科坪井健研究室.
駒澤大学文学部社会学科坪井ゼミ三二期生一同（二〇一七）『共同研究　多様性に寛容なまちづくり――第二回せたがやヒューマンライブラリー二〇一六』（平成二八年度駒沢大学文学部社会学科坪井ゼミ三年共同研究報告書）、駒澤大学文学部社会学科坪井健研究室.
駒澤大学社会学科坪井ゼミ編著（二〇一二）『ココロのバリアを溶かす――ヒューマンライブラリー事始め』人間の科学社.
坪井健（二〇一二）「大学におけるヒューマンライブラリーの実践――駒澤大学坪井ゼミの取り組みから」加賀美常美代・横田雅弘・坪井健・工藤和宏編著『多文化社会の偏見・差別――形成のメカニズムと低減のための教育』（異文化間教育学会企画）、明石書店.
坪井健（二〇一四）「ヒューマンライブラリーの可能性を探る――『読者』『本』『司書』効果を中心に」松本誠一・高橋重郷編著『社会・人口・介護から見た世界と日本――清水浩昭先生古稀記念論文集』時潮社.
坪井健（二〇一七）「ヒューマンライブラリーから見た異文化間能力――コンピテンシーを育てる実践の立場から」『異文化間教育』四五号、異文化間教育学会.
長谷川公一・浜日出夫・藤村正之・町村敬志（二〇〇七）『社会学』有斐閣.

コラム4

世界は「本」でできている

萩原秀樹

とにかく、人の話は面白い。ひざ詰めで話せるなんて、そうあることじゃない。自分の勤務校でできたら、絶対にいいはずだ……そういうシンプルな思いが、ヒューマンライブラリー（以下、HLと略す）に参加するたび、私の中に強くなっていった。そして、実際に開催してどうだったか。

「お年寄りが一人亡くなるのは、一つの図書館がなくなるのと同じだ」と言ったのは元国連事務総長のコフィー・アナン氏だが、今回の「読者」が寄せたコメントにこの言葉を思い起こしたというものがあった。今あらためてこの言葉に思いを馳せ、すべての人は「本」になりうると実感している。そして、社会は一冊一冊の「本」の集合体だと気づいた。

○実践の経緯

①数年にわたり教員が各地のHLに参加。

②学内での開催を構想。有志で検討を重ねた上で、開催を複数回にわたり提案（二〇一五年）。

③意義、効果を実感してもらうため、二〇一六年六月に学内教員、職員を対象にミニ体験会を開催（「本」四冊、「読者」一四名）。

④体験会での「読者」の反応と「本」の意見、運営側の反省を踏まえ、学外に公開するHLの開催を再提案し、開催が決定（二〇一六年九月）。

⑤二〇一七年一月、開催（「本」一五冊、「読者」約五〇名）。

○目的

当校（日本語学校）の設立理念であるCross Cultural Communications（異文化間コミュニケーション）に沿った、異文化や多様性への適応力を高めることを基本とし、以下を目的とした。

・「読者」の深い認識の獲得

・「読者」のライフ（人生、生、命…）の質の向上

・（学内向けに）教員、職員の業務の質の向上

○「本」のタイプ

障害者やマイノリティにこだわらず、木工家具職人や時計職人など、メディアを通して知ってはいるが、実際には話を聴く機会の少ない方も招いた。

○「読者」からのコメント

「社会でいろいろな人と出会ったとき、違う観点で考え、行動できるのではないか」

「紙の本で読むのと違って、人間の本だとその人に共感でき、身近な事柄として実感できる」

「生きづらさは人によって違うと感じた」

「日本社会の変化を考えると必要なイベントだ」

「読者」のうち日本語教員は一五名を数え、「学習者との接し方につながる」との声が全員から寄せられ、「マイノリティへの接し方を考えさせられた。留学生もマイノリティだから」との声もあった。

○日本語教員、日本語学校に関して

日々異文化に接する日本語教員だが、HLはあらためて異文化接触のマインドを育てる機会となる。そしてHLは外国や外国人の枠を超えた広義の異文化に気づき、受け入れる場になり、同時に聴き方と問い方を学ぶ場にもなる。教員にはどうしても語りたがる性質があるが、本当に必要なのは他者の言葉に丁寧に耳を傾け、問いかける姿勢である。いわば、人への接し方を学べるのもHLなのだろう。

日本語学校という環境については、学外の「読者」からは「HLにふさわしい。違うものを受け入れる雰囲気があり、規模が大きすぎないのもよい」との声、「本」からは「社会のことがわかる人、大人として現実的な話ができる人が来た」との声があった。

○今後

「読者」だった外国人留学生は「本」から勇気をもらい、将来への展望をもったという。ライフの質の向上に貢献できる意味でも、学内の留学生に周知していきたい。また教員養成課程で学ぶ日本語母語話者の学生にも呼びかけ、現場で接する異文化＝外国（人）との観念からの脱却と、人間教育の一端を担う仕事だとの認識も求められたらと思う。

第七節　明治大学のヒューマンライブラリー

――一対一のヒューマンライブラリーを核にしたダイバーシティ・フェスティバル

横田雅弘

はじめに

明治大学ヒューマンライブラリー（以下ＨＬ）は、筆者のゼミナール教育の取組として毎年一一月最終日曜日に開催している。昨年第八回のＨＬを三年ゼミが主催して中野キャンパスで開催した。二〇〇九年に始めたときには、当時まだこの学部自体がスタートして二年目であったために、二年ゼミでの開催となったが、現在は三年ゼミが主催し、安定的な開催にこぎつけている。なぜＨＬを開催するのかについては、第五章で述べるとおり、ゼミとして開催することの教育としての意味を筆者が強く感じているからである。学生たちは、「本」になってくださる方々や地域で応援してくださる方々との強い絆をこのイベントを通して結んでいくのであるが、今では何人かの毎年参加して下さる「本」の方々と地域の方々と主催するゼミ教員（筆者）の三者がチームになって、毎年新しいゼミ生を受け入れるといった趣がある。ゼミの担当教員としては、たいへんありがたいことである。

本第七節では、このような形で規模も毎年拡大を続けてきた明治大学ＨＬを、その特色に焦点を当てて紹介する。第四章で述べるように、明治大学ＨＬは、二〇〇〇年にデンマークで開催されたもともとの目的である「偏見の低減」を基礎に置きながら、それ故に学生にとって自我関与の高いテーマを持つ極めて「まじめな」実践として、同時にロックフェスティバルで開催されてきた歴史を持つ意表を突く「ロックなイベント」の実践という両側面を備えており、このバランスがゼミ学生の全身全霊の学びを引き出すのに最適だと考えている。その明治大学ＨＬの特色を、次の三点にまとめて述べる。

一　一対一にこだわり、プライベートな対話空間をできる限り守る

明治大学ＨＬは、基本的に「本」の方々に一人一室を確保する。そのプライベートな空間で、「読者」には他者の存在を気にせずに三〇分の「読書」を楽しんでもらうのである。その意味では、とても贅沢な時間である。「本」の方々の中には、一対一ではなくて複数の「読者」がいてくれた方が話しやすいという人もおられるし、「読者」の中にも一人では緊張するので複数で借りたいという人もいる。その場合には複数での貸出しにしている。ただ、その数は少数で、前回では三四冊（人）の「本」のうち四冊にすぎない。もちろん、プライベートな空間という意味では、例えば夫婦や家族で借りたいという希望もあり、それはプライバシーが守られる環境と考えるので、そのような希望がある場合には、「本」の方に個別に対応してもらっている。

筆者は、一対一と一対複数はかなり基本的なところで違うものと考える。人は誰もが多様な偏見を持っている。偏見に気づかないことも多いし（薄々気づいていても無意識に「気づきたくない」ことも含めて）、偏見だから良くないと頭でわかっているために態度には出さないが、感情的なところでは受け入れていないこともある。もちろんその偏見を態度や行動に出して差別する人もいる。しかし、一般的に人は偏見を持っていることを認めたくない存在である。いわんや、知らない他者がいるところで自分の偏見が表出・露出してしまうのは避けたい経験であろう。従って、一対複数ではなしえないものがあると考える。

複数といっても、二人～五人程度であれば、大勢の中で話を聞くのとは違い、少し勇気を出せば質問もで

きるかもしれないが、質問のしやすさの程度という観点だけでは測れないものが一対一にはあるだろう。「本」の方の語りは、凄く面白いものであろうから、それを聴いて（読んで）くれる「読者」が一人ではもったいないと思うのも当然なのではあるが、そこに立ち上がる空気と空間は、場合によっては大きな違いを生む。「本」も一方的に聴衆に語りかけるのではなく、「読者」も自分自身に「本」の方のテーマを正面から引き受けてみようと考えるならば、やはり一対一が理想的ではないか。このことが典型的に現れるのは、「読者」もまた同じテーマを抱える当事者の場合である。特に外見から判断しにくい事柄が「本」のテーマになっていて、そのテーマを「読者」も抱えているが、それをカミングアウトしていない場合には、一対一でなければ対話が深まらないと思う。

二　公開で大規模に開催し、ダイバーシティ・フェスティバル化する

一対一で、しかも公開で大規模に行うのはたいへんである。いつも「読者」のアンケートには「本」を増やして欲しいとの希望が寄せられる。第一回の二〇〇九年では二〇冊の本で始まったが、年々増加して二〇一六年の第八回では三四冊にまで増えた。それでも借りる方は複数貸出（三人まで）を入れても最大で一度に四二人に限られる。七回貸出が可能であるが、一回分を費やしてミニ講演をしていただく「本」の方もおられるし、一度はお休みをとりたいという希望もあり、平均すると貸出は六回程度となり、「読者」一人が一冊しか借りなかったとしても、最大で二五〇人程度である。昨年は三〇〇人の「読者」が来場され、早く来場されていた方は数冊借りた方もおられるので、一〇〇人ほどは一冊も借りられなかったと思われる。何とも申し訳ないことである。しかし、「本」の部屋を用意する物理的な制約等から、そろそろお呼びでき

る「本」の数も限界に近い。新しい方法を模索中である。

とは言え、予約した「本」が借りられるまでの間、「読者」に手持ち無沙汰でお待ちいただくわけにはいかない。「本」を借りられない時間に参加してもらえるいろいろなイベントを用意している。そもそもヒューマンライブラリーは、文字等による間接的で認知的な情報ではなくて、実際に会って話すという直接的で情動的な情報も含むホーリスティックな体験の場を用意するアクティブラーニングの機会に他ならない。この観点からすれば、「読者」が実際に疑似体験をする場もヒューマンライブラリーに相応しい内容と考える。全盲の方のライフストーリーをお聴きする前後に暗闇カフェで全盲の体験をしてみれば、それらの経験はさらに深く心に刻まれるに違いない。

昨年の明治大学ＨＬで開催されたイベントは次のようなものである。

写真１　受付ロビーで「本」の予約やイベントスケジュールを確認

①　暗闇カフェ
学生は「ダイアログ・イン・ザ・ダーク」[1]イベントに参加して、実際に暗闇での活動を経験し、これを主催するダイアログ・イン・ザ・ダーク・ジャパンに許可を得て、実施経験のある獨協大学工藤和宏ゼミの学生さんにもお話を伺って、前回初めて学園祭（明大祭）とＨＬ当日に開催した。内容はおよそ次のようなものである。

a　受付で二人一組をつくり、一方の方は黒いティッシュを載せたアイマスクで視覚を遮り、もう一方の方はそのままで、暗闇体験する人と誘導者のペアになる。

b　ブラインドを下ろした暗い部屋に入場後、二ペアが学生のアテンド一名と五人でテーブルを囲み、お茶とケーキを食べながら、近くに飾られた絵画について誘導者が言葉で暗闇体験をしている方に口頭で説明する。

c　支払（シミュレーションのみ）をして終了。

学園祭では学生部長賞を受賞し、HL当日の開催では、アンケートで九七％の「よかった」評価を受けた。自由記述にはそのときの体験が具体的に語られていて面白い。

（視覚遮断者）頭の中でイメージしてからでないと動くのが怖い／ちょっとしたことでもスムーズにできないということにびっくりした／一言で「不思議」でした。一つ一つを確かめずにはいられなかったです／距離感をつかむのが本当に難しかったです／目が見えているために、普段とても多くの情報を無意識のうちに流してしまっていることがわかりました／感覚が立体的になって、包まれる感じがした／耳から入る情報量が多すぎて処理しきれない感じがした／視覚がなくなると、感覚がなくなるだけでなく、モノの見方、価値観が変わる可能性があることがわかった

（誘導者）サポートするのは余裕かと思っていたけど、とてもとても難しくて驚いた／見ていることを言葉で伝えることの難しさを感じた／相手が見えないからと、過剰にサポートしてしまうことがあった。結果、彼女自身の話す機会を奪ってしまった

② 義足体験

これは義肢装具士で切断者スポーツクラブ「ヘルスエンジェルス」を主催する臼井二美男さんと義足の方々を海に誘う活動もされている義足のサーファー／デザイナー長谷川義行さんに毎年開催していただいて大好評の定番イベントである。実際に膝に装着して歩いてみるのであるが、義足の振り出しなどにコツがいる。みなさん義足にアートを施していて素敵である。義足になったら仲間に入れてもらおうと思うだけで、そうなってもくじけない勇気が湧いてくる。[2]

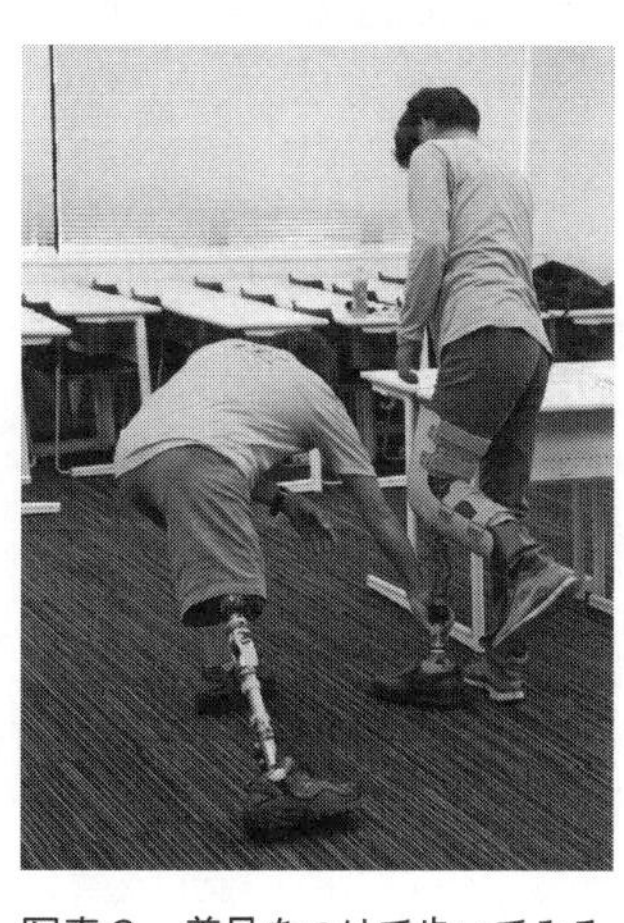

写真２　義足をつけて歩いてみる

③ 幻聴妄想かるた

統合失調症の方々の日常世界を描写した精神障害者の就労継続支援Ｂ型事業所「ハーモニー」制作の「幻聴妄想かるた」を、ハーモニーのスタッフや統合失調症の方々も加わって開くかるた大会で、これまで二回開催してきた。[3]

「て」：**て**レパシーがやってきて、自分の望みがすべてかなった

「む」：**む**りやり私は天皇にされるところだった

「や」：**や**はりかすかな声「待っています」「ついて来い」五反田から江の島まで歩いてしまう

写真３　幻聴妄想かるたは奇想天外‼

「わ」：**わ**たしが宇宙の支配者です

社会福祉法人「浦河べてるの家」が実践している「病気を治療し、社会復帰を目指すのではなく、悩み、弱さをそのまま受け入れ、問題だらけの人生を肯定する力の獲得を目指す」取組[4]と共通するありのままに生きることを受けとめる体験の場である。

④　障害者プロレス団体ドッグレッグスによる公開スパーリング

筆者は北島行徳『無敵のハンディキャップ――障害者が「プロレスラー」になった日』（一九九七）の、障害者がプロレスやって何が悪いか！　という主張に共鳴していたので、ドッグレッグスには是非「本」として参加してもらいたかった。以前は聾の写真家でドッグレッグスのメンバーでもある齋藤陽道さんに「本」になっていただき、二年前からはドッグレッグスのスーパーヘビー級と無差別級のチャンピオンである鶴園誠さんに「本」になってもらった。前回は、なぜ自分がプロレスをやるのかを話していただいただけでなく、同じくドッグレッグスのメンバーである中嶋有木さんと公開スパーリングも開催していただき、ルールの説明や技のかけ方の説明、そしてなんと来場者に技をかけてくれる実演まで飛び出した。

写真４　ドッグレッグスの公開スパーリング

⑤「本」の写真展・パラリンアート絵画展・口と足で描く芸術家協会絵画展

「本」の方々の写真展は、二〇〇九年に初めてＨＬを開催したときから実施してきた。ゼミ学生の中にポートレートの写真撮影を趣味にするトルコ人留学生がいたためである。撮影のためにアンプティサッカー（松葉杖サッカー）の練習試合を見に行ったりしたことで交流が進み、理解も深まった。その後はＨＬに毎回ご協力いただいている「見た目問題」解決ＮＰＯ法人マイフェイス・マイスタイルによる写真展、さらにプロの写真家とのコラボレーションなどで毎回開催してきた。昨年の第八回は、再びゼミに写真を趣味にする学生がいたので、中野の（株）フジヤカメラのプロ用機材をお借りして一四人の「本」を撮影した。特に、今回の写真展は中野マルイ店が写真の額装をして下さり、ＨＬ本番直前まで中野マルイ店内のギャラリースペースで展示会も開いて下さった。二〇一七年度には、明治大学和泉キャンパス図書館ギャラリーでの展示も決定している。写真展は、来場された方々が「本」を選ぶときの情報にもなるし、何よりその表情が写真に切り取られて表現されるインパクトも大きい。

写真展と同じ場所で展開した「パラリンアート絵画展」と「口と足で描く芸術家協会の絵画展」では、二七点の作品を展示した。写真展と合わせて、見ごたえのある展示になった。これらの展示が可能になったのは、学生が探してきた様々な機関との連携の成果である。このように各機関にヒューマンライブラリーについて知っていただき、つなげていくことも大切な活動の一環である。

写真５　口と足で描く芸術家の絵画展

⑥　ミニ講演会・ミニライブ

一対一のHLを大規模に開く場合に欠かせないのがこのミニ講演会である。多くの来場者は、「本」の貸出を待つ間、上記のような様々なイベントに参加するが、一番多くの方々が一度に参加できるのがこの催しであり、二回目から毎回開催している。「本」の方の一コマを貸出のかわりに三〇分の講演に使っていただく。このようなミニ講演（場合によっては音楽ライブ）が六本続けて開かれるので、いろいろな方の講演会が聞ける場になっている。「本」を個人で借りるのがメインではあるが、それだけだと少し重くなる。講演会や疑似体験を入れて、来場者の方々が一日を楽しく過ごしてもらいたいと企画している。

三　ゼミが地域の方々と一年がかりで準備し、毎年定例で開催する

ヒューマンライブラリーのようなユニークなイベントは、ランダムに開催するよりも、一年かけて地域の諸機関とじっくりと準備し、しっかり広報して定例化していくことで、地域に根ざすイベントになり、その地域の特色づくり（ダイバーシティを受け入れる地域／誰もが暮らしやすい地域等）、すなわち地域文化創造に貢献できるものと考えている。近年は企業の支援も受けられるようになってきたので、大学の地域連携・産学連携の実践としても定着してきた。

三年ゼミでは、企画班・広報班・ファンドレイジング班の三つの班が、中野区観光協会を中心にした地域の諸機関と初期から連携する。ここしばらくはこの形でしっかりと定着したイベントに育てていきたい。

おわりに

実践編では、当日の様子を簡単にご紹介することとしたが、その中で学生が何を学んだのか、またこのイ

ベントの意味や効果はどこにあったのかなどについては、理論編の第四章と第五章にまとめているのでご参照願いたい。このイベントはキャンパスのある中野の地域にかなり根付いてきたが、それによって開催の意義や可能性はさらに広がってくる。全体像としてこのイベントを考えると、秘めたる可能性はまだまだ大きい。

【注】

（1）ダイアログ・イン・ザ・ダーク・ジャパンが常設の会場をもって開催しているイベントで、盲の方が暗闇空間を案内してくれる。

（2）『転んでも大丈夫：ぼくが義足を作る理由』臼井二美男、ポプラ社、二〇一六、『義足ランナー――義肢装具士の奇跡の挑戦』佐藤次郎、東京書籍、二〇一三、そして、義足は隠すのではなく、美しいのだと表現する写真集『切断ヴィーナス』越智貴雄、白順社、二〇一四などが参考になる。

（3）『新・幻聴妄想かるた』（二〇一四）はハーモニーから購入できる。

（4）『べてるの家の「非」援助論』（べてるの家、医学書院、二〇〇二）など関連する多くの文献がある。

【引用・参考文献】

北島行徳（一九九七）『無敵のハンディキャップ――障害者が「プロレスラー」になった日』文藝春秋．

第二章　日本におけるヒューマンライブラリーの実践Ⅱ《団体編》

第一節　誰でも参加しやすい生きている図書館を目指して
――ブックオブ・りーふぐりーんの取り組み

高田光一

一　はじめに

筆者は「ブックオブ・りーふぐりーん」という名前の市民団体で「生きている図書館」という名前でヒューマンライブラリー（以後ＨＬと略す）を開催している。二〇一一年に初開催し、その後七年間、年一回から二回開催し、現在（二〇一七年四月）まで一一回開催してきた。

現在まで続けてこられたのは、多様な個性と素晴らしい言葉を操る「生きた本」の方々と、ＨＬの運営に協力してくれたスタッフやサポートスタッフで手伝ってくれた明治大学、駒澤大学、獨協大学やその他の大学生や大学院生の皆さん、そしてイベントまで足を運んでくださった読者の皆さんのおかげである。

今回、このような本に執筆をさせていただくという機会を与えてもらい、感謝の気持ちと共に市民団体としてなぜＨＬを開催するに至ったのか、市民団体としての立場で長く続けてこられた理由、これからＨＬに興味をもって始めてみたいという人のために、何ほどか役立つことを期待して筆を執らせていただくことにした。

二 「生きている図書館」開催のきっかけ

市民団体とはいえ、実質一人で立ち上げた団体である。ＨＬを実質一人で運営する市民団体を設立するきっかけは、今は亡き父親が難病のパーキンソン病になったことである。当時、父は一人暮らしをしていたが、難病のパーキンソン病になったことがわかり、私は実家に戻り母親と二人で父の介護を行うことにした。そして、当初は、軽く見ていた父の介護だったが、実際には想像を絶するものであった。

通常、脳からドーパミンという信号がでて、私たちの体を動かすのだが、パーキンソン病になると、ドーパミン信号が行き届かなくなり、その結果、手足が動かせなくなったり寝返りを打てなくなったり、体温調整や嚥下機能なども下がっていくという難病である。

このような状況では、介護者は患者の体の汗を拭いたり体位交換など二時間おきに行うことが必要になり常に寝不足になりがちである。これらの介護が積み重なり、私はとうとう介護うつになってしまった。介護うつになると、周囲に対して関心がなくなり目的地以外の景色が映らず、やる気もうせて感情の起伏も激しくなり、さらに職場や周囲の友人に八つ当たりをして周囲からも反発を買うことが多くなり、その結果、当時は職場の人間関係は最悪の状況になっていた。このような状況に陥り、職場でも家でも逃げ場を失っていた当時の私は、このまま死んでしまえばどんなに楽になるだろうかと考えるようになっており、出口の見えない暗闇に落ち込んでいた。

そのような状況から脱することができたのは、ある時、職場と家のみの往復から逃げたことである。当時の生活に嫌気がさしていた私は、逃げ道として綾瀬川の清掃ボランティアや路上生活をしている方への配食サービスなどの活動に参加した。その中で私はいろんなことを学ぶことができた。

綾瀬川の清掃のボランティアでは、自身の病気に向かい合いながらボランティア活動をしている人に、私の悩みや愚痴を聞いてもらい自分自身の力で物事を解決する方法などを教えて頂いた。また配食サービス活動では、様々な理由で路上生活をせざるを得ない人がいること。路上生活をしている人を、一方的に怠け者や社会の競争から自ら降りてしまったとか、何の根拠もなくその人にラベル付けして判断することが必ずしも正しくないこと。また結果が全ての社会においては、そこに至る過程が無視されがちであるが、実は前記したボランティア活動では、人と接していく際に人生の過程の理解が重要なカギとなっていることを知ることができた。

さらにHLの活動に足を踏み入れる決定的な出来事になったのは、うつ病の治療先で出会った同じうつ病治療をするためにカウンセリングルームの待合室にいた同病の患者さんたちの存在であった。

学習障害など発達障害やアルコール薬物、ギャンブル依存、買い物依存などの様々な経緯からうつ病になった方がそこにいました。その中で皆さんに共通しているのは、自分がうつ病になったことを会社や友人などに話せないでいることである。その理由は自分の病気に対して、同僚や友人の反応に偏見があるのではないかという恐怖心があるからである。彼女、彼らは自身の病気を理解してもらうために、同じ病気を持つ者と話ができる場所を求めて通院して来ているということあった。

そのときにあることを思い出した。それはテレビで放送をしていたドキュメンタリー番組で当時まだリビングライブラリーと呼ばれていたHLの活動内容の特集番組を見たことである。その番組を見た時は、凄いイベントだけど自分にはそんなことはできないし無理だと思っていて、あまりやろうという興味も沸いてこなかった。その程度の印象しかなかったイベントであるが、改めて考えると、もしかしたら居場所づくりのヒントになるのではないかということが閃めいた。

三　いざ旗揚げ！　そしてＨＬ活動

二〇一〇年の一〇月、市民団体を旗揚げすることを決意した。私にＨＬを運営する素質があるのか、それを肌で感じる必要があると思い、同じ月にＨＬを開催していた駒澤大学と獨協大学のＨＬに読者として参加した。

そのときに借りた「生きた本」の方は、駒澤大学では犯罪被害者の家族の本の方、獨協大では自衛隊の本の方を借りた記憶がある。

ＨＬの運営方法や「生きた本」の方たちを知って、自分でも運営が可能であるという自信も少しできた。その際に運営に関して自分で決めたことが一つあった。

それは職場の人脈を使わないこと。職場の人脈を全く使わず自身の肩書きをなくしてゼロの状態でどのくらいの人脈を作れるのか。そういったチャレンジをしてみたいということも、私が市民団体の旗揚げの決意の要因の一つであった。

団体旗揚げ後の一回目開催は、二〇一一年の五月、地元の川口ではなく東京の小岩で記念すべき「生きている図書館」第一回目のイベントを開催した。まだ、人脈もなかったので「生きた本」の方は四冊だけで「読者」は一五名程度であった。このように最初は、苦労の連続で人なし金なし人脈なしで、行政ボランティアセンターの無料の会場に貸し出し申請しても通ることがなく、有料の会議室などを借りてイベントを開催せざるを得なかった。

団体の活動が軌道に乗り出したのは、四回目からで、以前のＨＬ活動が認められたのか、地元の川口市が運営する「かわぐち市民パートナーステーション」という会場が無料で使えるようになったことである。会場の借用資金が必要でなくなり、経費負担がかなり軽減されたことで資金的に楽になり、運営がスムーズに進むようになった。その運営の注意点については次に述べたいと思う。

四　失敗から学ぶ団体運営

当初は「生きた本」の方に対し、どのように接していけば良いのかという悩みがあった。初めの頃は、私自身の経験不足から、今では考えられない様々な失敗があった。例えば、ある女性の本の方に対しては、名前を間違えて怒らせて書庫に並ぶのを拒否されたり、ある女性の本の方はDV、パワハラ、ドクハラ、セクハラなどの経験のある方でしたが、その女性の本候補の方の背景を知らないまま私一人で会ってしまい、不安にさせてしまった。私の配慮を欠いた行為で心の絆を結ぶことができず、当事者を不安にさせたのである。こうした恥ずべき失敗をいろいろ経験してきたことで、一人一人の個人の人生の物語を理解することに細心の注意を払うように心掛けるようになり、失敗から学ぶことができた。

では、その失敗の克服方法はどのようなものか。その一つはあることがきっかけで運営方法を変えたことだった。旗揚げ当時は、役割分担を決めていて代表以外に副代表や事務局長、渉外部門担当など、一般的なＮＰＯと同じような役職や活動内容

写真１　記念すべき「生きている図書館」第一回目の様子

の分担を決めていた。任期二年で改選することにし、一度担当が決まったら二年間は役職を責任をもって担当してもらうために会則や定款なども作った。

当時のメンバーは、学生や職場や別の活動で知り合った難病患者さんなどが大半を占めていて、当然、この市民活動以外にも学業や仕事、別の活動を個々のメンバーはもっている。私の団体運営の経験不足もあり、前述の規則に従って責任をもって担当して欲しいと公然と要求し、本会の活動規範を盾にメンバーの個々の個人的な都合をないがしろにしたことがあった。これらの問題が如実に現れたのは、二〇一二年の六月に千葉大で開催した「生きている図書館」第三章（第三回）だった。当時の運営メンバーに千葉大学大学院生がいた経緯から、千葉大の大学院棟を借りてＨＬイベントを開催した。

千葉大学での開催に踏み切った理由は、地元の川口やその付近で会場を借りることができなかったことと活動拠点を地元の川口に置くのか、大学などの教育機関を借りて出張形式でＨＬ開催するのか、私の中で揺れ動いて定まっていなかったからである。こうした運営方法についての私のゆらぎは、地元のメンバーに心身と金銭面で負担させることになり、ほとんどが離れてしまった。当時のメンバーは埼玉県川口付近の難病患者さんや埼玉県や都内の学生さんで占められていたからなおさらである。

当日は、急遽、友人にお願いして急造メンバーでの運営だった。そのために広い千葉大の敷地を把握しきれず、会場までの導線や人の流れやタイムスケジュールによるイベントの流れなど、事前シミュレーションをしないまま臨んだイベントだった。

結果としては、市民団体として千葉大学でＨＬを開催できたこと。このＨＬの「生きた本」二名を当日参加していた明治大学生に紹介し、明治大学ＨＬのお手伝いができたことなどで一定の評価はしているが、開催会場までの案内看板や場外スタッフなどを配置することができず、来場する読者への配慮を欠いたＨＬイベントとなり散々な結果であった。

また、イベント後の参加者アンケートや私の団体のホームページにメールで当日の「読者」からお叱りを頂き、自分勝手な運営をしていたと反省させられた。また、その当時運営メンバーだった難病患者さんの一人が、HL開催直前に病気で亡くなったことも、当時の私は二重に心身面での痛手となり、これ以降の展望が見えなくなり、自身の才覚のなさに嫌気がさして、この時点ではHL活動を辞めようと思っていた。

実際に運営メンバーには今回を最後にHL活動はやらないと話していたし、次回以降に借りる予約をした会場もキャンセルし、HL開催を辞める準備をしていた。

このまま何もなければ千葉大学での第三章（三回目）を最後にHL活動を辞めていた。ではなぜ思い留まったのか？　それは残ったメンバーや「生きた本」の方からの励ましの言葉があったからである。「折角ここまで培った人脈を捨てるのはもったいない」「少しずつ、改善していけばいいじゃないの」などである。また、メールでお叱りを頂いた方は、それ以降の会にも足を運んで下さり、何か励ましのようにも感じ私のモチベーションを上げることに繋がった。

このような言葉が私に勇気を奮い起こさせることになり、もう一度だけやってみようという気持ちが高まり、その後、何度かHL運営経験を積むに従い少しずつ自信を持つことができるようになった。また運営スタッフへのお願いの方法も、運営全体をすべてのスタッフにお願いするという従来のシステムを変えた。

つまり、運営の一部分のみを各スタッフにお願いするようにした。当時から運営協力してくれたのは大学生が多く、当然、学生には学生同士の付き合いや学業やバイトがあり、学生には学生なりの忙しさがある。その忙しい生活の中、気軽に運営に参加してもらうにはどうするか？　その答えはそのワンポイントごとに手伝ってもらうというように発想を転換したことだった。それが今も行っているワンポイントサポーター制度という運営方法である。

例えば、新規の「生きた本」候補の方との打ち合わせに、その「生きた本」候補が女性の場合は、女性のワンポイントサポーターとして同行をお願いするという方法を取り入れた。女性ワンポイントサポーターはＨＬ活動で知り合った大学のゼミ生や、別の活動団体の方、他の「生きた本」の方にも同行サポーターをして頂いた。

女性の「生きた本」候補の方に対しては、このように女性の同行サポーターの存在が必要不可欠であることを、先述した失敗で学ぶことになり、以降のＨＬでは初めて「生きた本」になる女性の方との打ち合わせには、必ず同行してもらうようにした。

この効果は抜群で、ほとんどの女性の「生きた本」候補の方は、余程のことがない限り、「生きている図書館」（ＨＬ）のイベント当日には書庫に並んで頂いている。聞き取る力や優しく柔らかな雰囲気などサポートメンバーから、私もたくさん学ばせて頂き、私自身の成長に大きな力になったように思う。

五　名前の由来について

「ブックオブ・りーふぐりーん」という名前には、常に新鮮な気持ちと物事を始める際に初心を忘れることなく希望に満ちた心を忘れない気持ちを持ち続けるという意味も込めている。イメージとしては緑色の新芽という意味合いを込めてこの団体名にした。しかしながら、新しい芽は英語表記するとスプラウト（Ｓｐｒｏｕｔ）ということになるが、どこかの炭酸飲料のような名前なので単純な単語合わせで「りーふぐりーん」というこの名前になった。また、りーふぐりーんの緑色の葉っぱは、みんなが日々の生活に疲れて涙の雨を流したときに、ほんのひと時でも雨宿りができる場所でもあると同時にその緑色の葉っぱを伝って人の繋がりの橋渡しも兼ねたいという意味も含めている。
みんなの居場所づくりのほんの一握りでもいいので、そのお手伝いができたら、この上ない幸せであることと、常に感謝の気持ちを忘れずに運営を続けていきたいという気持ちがこの団体の名前には含まれている。

六　市民団体の利点について

これもよく聞かれることであるが、市民団体であることの利点は、まず既存の大学などではできないことがあるからである。例えば、大学では、大学の授業内容（例えば、国際英語学科などは留学や、グローバリゼーションなどの国際社会における人の多様性などといった学術的考えなど）と関連する内容でＨＬの運営を行う場合があり、その授業意図に沿った「生きた本」の方を書庫に並べることはできても、反対にそれに適さないような方は「生きた本」として呼べない場合がある。大学などの教育機関がその教育方針に沿ったものを忠実に行って運営すると、無意識のうちに敷居を設けることになり、ある種の柵のように感じることがある。

では、豊富な人材や大規模な講堂や教室を使って開催する大学のＨＬと、どのような差別化を図った運営を行っていくか。そのように考えた時に、市民団体は「生きている図書館」と銘打った活動をしている。その名前の通り「市民の生きた図書館」らしく多様な本を置いて、「大学図書館」（ＨＬ）のように「生きた本」の選定にこだわることのない方法で運営することを考えた。

まずは、大学のＨＬでは埋もれてしまうような、個性に富んだ「生きた本」の方を書庫に並べること。例えば、ローカルヒーロー、戦わないヒーロー、労働組合の方、不当解雇で団体交渉をした方、漫読パフォーマーなどである。その他にイベントの最後にアトラクションとしてミニライブや、ファッションショー、ヒーローショー、大道芸などを行うようにした。これらに代表される多様な個性に富んだ本を並べることで大学図書館（ＨＬ）との差別化を図り、おもちゃ箱のような楽しいＨＬにすることができた。

七　日本のＨＬの盲点とは

実は日本でＨＬを開催している多くが大学などの教育機関であることが、盲点であると意外と気づかれていないことも知ることができた。それは、開催場所の大学などの教育機関へ行くことが敷居が高いと、「読者」「生きた本」運営を考えている方の中に、二の足を踏んでいる方がいるということである。

その理由は、家庭の事情、例えば貧困家庭で学費を捻出することができず、大学への進学を諦めてしまったり、様々な理由があり中退をしてしまった人が一種のトラウマのようなものを抱えてしまい、大学の門を潜ることがとても敷居が高く感じてしまうというものである。私はこれをアカデミックアレルギーと呼んでいる。

これらの問題を知ることができたのは、ある本の方や読者の感想文、また私自身が他の大学などのＨＬに参加してみて自身が抱いていて、違和感から感じ取ることができたことだったのだが、今後どなたでも参加しやすいＨＬを作っていくことを考えた場合、これからは、大学開催のＨＬも大学キャンパスの外で開催するといった工夫も必要だと感じている。

写真２　書庫に並んだ行田市のローカルヒーロー（上）と戦わないヒーロー（下）

八　ＨＬを行うには何か資格は必要か？

私の市民団体によく連絡をくれる方で、「ＨＬを行うには何か資格は必要か？」というような質問があるが、結論から言うと特に資格は必要ないと思う。一つだけ言えることとして、その「生きた本」候補になる方に対してどの側面に興味があるのか？　カテゴリーだけに興味があるのか？　それともその方自身の人間性や生き方などに共感しているのか？　これら「生きた本」になって頂く方の人生観を運営側の司書としてどう捉えるか、要するにその人自身にどのくらい興味を持って接することができるかということが大切と思う。

例えば、その「生きた本」候補の方が別の団体や個人で何かの活動をされていたらその活動に参加してみる。あなたのことがとても興味がある、あなたと話してみたい、話を聞いてみたいという気持ちを持って接することが、ＨＬ運営の中での「生きた本」の方との接し方として大変大切なことであると感じている。

「長く活動を続ける秘訣は？」という質問もよく聞かれるが、実は私自身も秘訣は何かわからない。あえて言えるとしたら、毎回、自分の中での目標の敷居を低く設定してそれを段階的にクリアして行くことだろうか。例えば、旗揚げ当時は、一回だけでなく、二回以上は開催することを目標にしていた。その目的がクリアされたら、次はあと二年は活動を続けよう、それが達成されたら次は三年、次は五回（年）以上のＨＬのイベントを開催しよう……。そのようにいきなり高い目標は設けずに、低い目標を設定して段階的に目標を挙げて肩の力を抜いて楽しみながらの活動を行ったことが、いつの間にか六年にもなる長い活動になったのだと思う。

Ｑ　ＨＬはマイノリティのためのイベントか？

Ａ　ＮＯである。

理由は、ＨＬを簡単に説明すると「あなたに興味があるから話を聞いてみたい一緒に語り合おう！」というのがＨＬの活動の根本ではないかと思う。要するに誰でも「生きた本」になれて、どんな場所でも開催できるのがこのイベントの強みであると言える。

デンマークのロスキレという町でロックフェスティバルのブースの一角で始まったように、アカデミックな視点から始まっていないのが、それを物語っていてこのイベントに気軽にいつでも参加できるのがＨＬの素晴らしさでもあり面白さで、少人数で話すのを楽しむことで相互関係を築くことができる巧妙な仕掛けもされている魅力的なイベントであると思う。

偏見を取り除くこともこの活動の一つの目的でもあるが、この目的のみに力が入りすぎると話し手さんをマイノリティという一部分を切り取って、ラベル貼りをしてしまうことで押しつけがましくなり、逆に偏見を増長させることにもなるので、まずはこのイベントに足を運んでもらい体験をしてもらうことが大切なのではないかと感じている。参加される方が自身で聞いて感じ、そこから何かを感じ取る、偏見が少なくなる人もいれば、逆に増える人もいるのは、その結果の一つである。

一番怖いのは、無理解以上に知らないことである。知ってもらうことで参加した人たちの記憶の中に刻み込まれ、次の何かを考える機会を設けていく、これがＨＬの面白さではないかと思う。

では最後に、私から一言ですが、これから運営をしたい方、してみたいけど方法がわからないとか足踏みをしている方がおられましたら、是非とも当団体にご一報ください。そして、ＨＬの運営をみんなで一緒に力を合わせてやりましょう！

コラム5

「東京にしがわ大学」の生涯学習講座として

松本　健

　私は、「東京にしがわ大学」（以下、「にわ大」と略す）の生涯学習講座としてヒューマンライブラリー（以下、ＨＬと略す）を開催した。講座の会場は、明星大学のボランティアセンターである。このような開催方法をとったのは、私自身がもつ人のつながりのネットワークをつなげ橋渡しすることで、ＨＬのような多様な人との対話イベントにつながりにくい人が参加できるようにするためである。ＨＬにつながりにくい人とは、ＨＬに参加してみて居心地の悪さを感じるような人だといえるだろう。

三つのつながり

　私は、生涯学習講座としてＨＬを開催するために、私が持っている三つのつながりを活用した。一つ目は、大学院生として所属していた駒澤大学坪井健ゼミで、大学生が中心となりやっていたＨＬ実践活動に携わることでできた、ＨＬゼミ活動のつながりである。ＨＬゼミ活動のつながりから、「本」探し、ＨＬの運営スタッフを見つけることができた。

　二つ目は、東京都多摩地域を拠点に、趣味的な生涯学習を通じて多様な人をつなげる活動に携わることでできた「にわ大」のつながりである。「にわ大」のつながりからは、インターネットや新聞折り込み、フリーペーパーなどを使った広報により地域の人の「読者」を集めることができた。

　三つ目は、かつて学部生として通っていた明星大学のつながりである。このつながりから、ＨＬの会場として明星大学ボランティアセンターを使えるようになり、学生の「読者」を集めることもできた。

　このように、三つのつながりをＨＬ開催のために使わせてもらうようになった。ＨＬ開催という目的を持った上で三つのつながりにアクセスしたことで、これまでとは異なる関係性を結ぶことができたことは、私にとって貴重な体験だった。

「にわ大」生涯学習講座としてのＨＬ

　生涯学習講座としてのＨＬは、明星大学ボランティアセンターを会場に、多摩地域（以下、地域と略す）の人と学生が参加するかたちで開講することにした。開催の規模は「本」四名、地域の人と学生からなる「読者」は約二〇名、日時は、地域の人と学生が集まりやすい土曜日の一三時から一六時、対話回数は三〇分を三回である。「本」は、ＨＬゼミ活動のつながりや、社会福祉協議会を通じて、海綿状血管腫、ゴシック＆ロリータ、薬物依存症、眼瞼下垂症の四名を集めた。そのうち二名は地域の人である。

　ＨＬ終了後、参加者にアンケートを行った。ここでは、「読者」の三種類の感想を紹介する。一つ目は、「まったく知らないのと、こういう機会で一度お話を聞くことができた後では、印象の持ち方が違くなれる」「その人自身に短時間で大きく近づけた」というように、この対話が「読者」にとって有意義な時間だったという好意的なもの。

　二つ目は、ゴシック＆ロリータの「本」に対する学生「読者」で「ロリータの服について、とても勉強になりました」という趣味的な関心からくると思われる感想を持つ人から、「（ゴシック＆ロリータの話を聞いて）のりこえていく気持ちの強さが伝わりました」というファッションのような趣味的関心だけではない何かを受け取った人もいたというもの。

　三つ目は、地域の人の「読者」のひとりが「正直、いきなり知らない人の話をきく、ということにとまどいました」という戸惑いをもったというもの。このように知らない人との話に戸惑いを持つ人は、冒頭で示したＨＬにつながりにくい人といえるだろう。この「読者」が、普段、趣味的な生涯学習を開催している「にわ大」の広報を通じて参加したことからもそうみることに無理はないといえる。

　この「とまどい」を持つ参加者がいることは、そのＨＬが開かれた活動か否かをみる指標になるだろう。私は、これまでのＨＬ実践経験からそう思う。

第二節　地域福祉を考えるきっかけとして

――立川市社会福祉協議会流のヒューマンライブラリー

杉本雄祐

一　はじめに

立川市社会福祉協議会（以下、立川社協と略す）の中にある市民活動センターたちかわでは、ボランティアやまちづくりに関わりたい方々の支援機関として、相談受付や情報提供に留まらず、出前講座やつながりづくりのために懇談会を開催するなど、その時代のニーズをキャッチし、事業に反映させながら様々な取り組みを行っている。中でもボランティア活動やその他地域活動への参加のきっかけとして、体験プログラムの開催や市民学習の場づくりにも力を入れており、それらの場をきっかけとして、これまで多くのボランティアや地域福祉の担い手が誕生している。

そんな中、平成二七年度に『生活困窮者自立支援法[1]』が施行されることとなり、立川社協としてはこの法律を根拠とした係を創設する等、大きな組織改正を実施する契機となった。同時に、市民活動センターたちかわとしても、そういった時代背景やニーズに対して何か取り組めることはないかと検討するきっかけとなっている。

そこでまず、市民や企業職員等から成る、市民活動センターたちかわ運営委員会にて検討することとなった。何度か検討を重ねていくうちに、生活困窮者が生活困窮に至る要因として、様々な疾患や障害を抱えていることが原因であることが多いということがわかった。そこで、生活困窮に至る原因となる疾患や障害を取り除くことはできないが、その問題を抱えている人々の存在や生きづらさを、市民に知ってもらうことは可能ではないかという結論に至った。

続いて、どういった取り組みをすれば、市民に周知できるかを検討することになった。これまでにも、障害当事者の方等をゲストスピーカーとして迎えての講演会等を行うことはあったが、それでは大きい二つの課題がクリアできないことがわかった。一点目は客層の固定化である。これは福祉制度自体の課題だが、制度が必要な当事者でなければ福祉制度に触れる機会が少ないのが一般的である。そのため、講演会等を実施しても、関係機関やリピーターの参加が殆どであり、新規の参加者は一部だけというのが通例となってしまっている。また、二点目は、一度に周知できる疾患や障害の分野が限られてしまうことにあった。シンポジウム等の方式を採っても、多くて四名程のパネリストであるため、シンポジストが抱えている障害に興味のある人しか参加しないことが考えられた。広く関心を持ってもらうためには、『課題を抱えている人の話を多数聞けて、福祉に興味のない方でも参加したくなる取り組み』を目指す必要が出てきた。そこで、当時の運営委員の一人から提案されたのが「ヒューマンライブラリー（以下、HLと略す）」という手法であった。まだ日本では取り組み事例としては少ないが、近年注目されている手法であり、取り入れることで、多様な層の参加者が見込めるのではないかと提案された。確かに「人を本に見立てて貸し出す」という話題性と仕組みにより、若年層の新規参加者を獲得できる可能性があることや、「生きた本」を数多く確保すれば、より多くのマイノリティを知ってもらうことができるという結論に至り、全員一致で「HL」の開催が決定となった。

実施の方向性が決まった後は、まず事務局として、「HL」をもっと深く知ることから始めた。調べてみたところ、都心や都内近郊で開催事例があり、直近に川口市においてNPO法人が開催するという情報が得られたため、早速、当時の運営委員と二名で視察に伺うことにした。この視察での体験は、「HL」の可能性を実感できた良い経験となった。〝「読者」と「本」による一対一の対話方式〟と聞いていたが、「本」であるマイノリティ当事者との対話する距離が想像以上に近く、緊張感を持って話を聞くことができた。何より、講演会とは比べものにならない程、話への没入感があるため、マイノリティについて、より深い理解が得られるのではないかと考えた。実際に私は「ＬＧＢＴ当事者でもあり、ＡＩＤＳ当事者の体験談」を読書したが、ＬＧＢＴやＡＩＤＳに対して自分なりの勝手な理解をしていたことに気づかされ、疾患やマイノリティを正しく理解することの大切さを実感することができた。また、参加者も若年層が殆どであったため、社協のイベントに新たな層の参加者を巻き込むことが可能であると確信を持つことができた。体験後には、その「ＨＬ」を運営されている事務局の方から、実施までのプロセスや大事にしたこと等を取材させていただいた。その中で、「ＨＬ」の当日運営として、駒澤大学の坪井ゼミが協力してくれていることを教えてくださり、その場でゼミ生と顔つなぎまでしていただくことができた。

その後、調べた結果、駒澤大学の坪井ゼミでは「ＨＬ」を日本で先駆的に取り組んでおり、坪井ゼミ自らの開催はもちろん、これから開催を考えている団体向けに開催支援を行っていることが判明した。初開催ということもあり、ぜひ協力してもらいたい一心で坪井ゼミに問い合わせを行ったところ、快く協力を仰げることになった。後日、駒澤大学の坪井教授のもとを訪問し、直接話を伺い、立川社協での開催の目的や構想について相談している。坪井先生は、マイノリティについて、より深い理解を読者に与えることができる以外にも、地域や福祉について考えるより良いきっかけになり、支援者を増やすことが考えられると、「ＨＬ」の新たな可能性についても示された。

二　実践方法の特徴

（一）本について

「ＨＬ」の開催に当たり、最も重要な作業が「生きた本」の確保である。なるべく多様で話題性に富んだテーマを選ぶことも重要であったが、それ以上にこだわったのは〝マイノリティの身近さ〟であった。マイノリティが身近にいることを理解することで、参加者に〝自身が暮らす地域の問題〟という意識が芽生えると考えたためである。そこで、市民活動センターたちかわで行っている、市民活動団体登録支援制度に着目することにした。これは市内で活動している市民活動団体を対象として、情報提供や助成等を行っている制度で、当時、約一五〇の団体が登録していた。その中には、依存症や障害当事者団体も登録しており、このつながりを生かし、「生きた本」への協力を各団体に依頼することとなった。

まずは声を掛ける団体をピックアップし、団体の活動先や事務所に出向いての趣旨説明を行うこととした。そこで、ただ一方的に協力してもらうのでは心から賛同してもらうことができないと考え、「本」として参画することに、どのようなメリットが団体に発生するのかを明示することにした。一つ目のメリットとして、「本」の選出団体として広報誌やパンフレット等に掲載することや、会場に団体のパンフレット等を設置することを約束した。また二つ目に、「一対一の対話方式」という仕組みを活用し、〝大勢の前では話し慣れない方でも、安心して話すことができるため、団体としても今後の担い手を育むステップになる〟ことを説明に加えることにした。そのため、結果としては声かけしたほぼ全ての団体に協力いただくことはできたが、それでも初開催という不安は、事務局を含め拭えない状況であった。

その不安を取り除くため、開催前に改めて「ＨＬ」の説明会を行い、「生きた本」同士で〝お互いを読み合う〟時間を設けることにした。実際に体感していただくことが、一番効果があると私たち自身が身を以って体験していたためである。これにより、「ＨＬ」の仕組みや効果をしっかり理解していただき、「最初は良くわからなかったけど、良い取り組みだということがわかった。」と前向きに協力していただくことができた。最終的に、市民活動団体以外にも、市内在住在勤のマイノリティ当事者等にも協力してもらい、一一団体一四冊（名）の「生きた本」を集めることができた。

「本」の種類としては、他の「ＨＬ」では、依存症患者やホームレス経験者、ＬＧＢＴ等の「本」が多い傾向にあるが、立川では、障害当事者の経験談や、その親や支援者の体験談等を「本」にしていることも特徴的だと言える。

三　その他実践方法の工夫や設定

（一）集めた本の種類

①元路上生活者、②知的障害者の家族、③アルコール依存症回復者、④ひとり親家庭の親、⑤中途失聴当事者、⑥精神障害者の家族、⑦視覚障害当事者、⑧薬物依存症回復者、⑨引きこもり経験者、⑩てんかん当事者、⑪身体障害当事者

「本」の冊数については、感触として少なく感じていた。当日の会場の規模にも関わるが、一番は「ＨＬ」のデメリットが、読書ができる人数が限られてしまうことにあったためである。そこで、特定の「本」については、最大四回の貸出し回数のうち一回を「ミニ読書会」として五名の読者を募ることとしている。

（二）開催場所について

開催に当たり、頭を悩ませたのは開催場所であった。「本」を集める前から検討していたが、新しい試み

であるため、大々的に実施したいという思いもあり、「駅から近くて読者が何気なく来所できる場所」での開催を目指していた。しかし、社協という存在や機能をもっと市民に知ってほしいという運営委員の意見と、他の場所を借りても個室が少ないということもあり、社協が設置されている立川市総合福祉センターで開催することに決定した。

㈢　開催日時について

開催日の設定については、他の大学や団体で開催する「ＨＬ」と合わせて設定した。傾向として一一月〜一二月に開催している団体が多く、毎週末に都内各所で開催されていることが判明したため、立川のみならず「ＨＬ」という取り組み自体の関心を高めるため、同期間に設定することとした。

㈣　広報について

「ＨＬ」の周知については、これまでの市報や独自の広報誌に掲載するだけではなく、様々な媒体で発信する必要性があった。そこで、ここでも坪井先生にご協力いただくこととなった。坪井先生は、他の大学や団体で実施している「ＨＬ」の事務局の方々ともネットワークを持たれており、その方たちに向けて周知協力を依頼することにした。そうすることで、立川市のみならず、より広い範囲で「ＨＬ」という取り組み自体の関心を高めることに繋がると考えたためである。それ以外にも、シリーズ形式で「生きた本」をブログで紹介したり、地元ラジオ局の一コーナーで紹介してもらう等の工夫をしている。

（五）当日運営について

当日運営について一番頭を悩ませたのは、受付方法であった。初回ということもあり、当初は完全予約制を採る予定でいた。しかし運営委員会で協議を重ね、場所はあくまで「図書館」という設定であり、その設定を大事にしたいと考え、事前予約制は採らないことにした。また、精神的な疾患を抱える「本」であれば、当日貸出しできなくなる状況も考えられ、実際、視察を行った「ＨＬ」でも同様の事態が起こっていたためである。結果としては、当日受付にて申込みをしてもらうこととし、開所時間内に遅れてきた人にも貸出しできるよう配慮することにした。そのため、プログラムを前半の部と後半の部で区切り、それぞれ三〇分前からの受付開始としている。受付時には、前述のように「図書館」であるということを強く意識したかったため、「読者」には「読書カード」を受付時に作成し、誓約書と引き換えに発行している。

続いて貸出プログラムについて検討した。これについては、併せて部屋割りや「本」のスケジュールとも関わることであるため、何度もシミュレーションを繰り返し行った。「本」

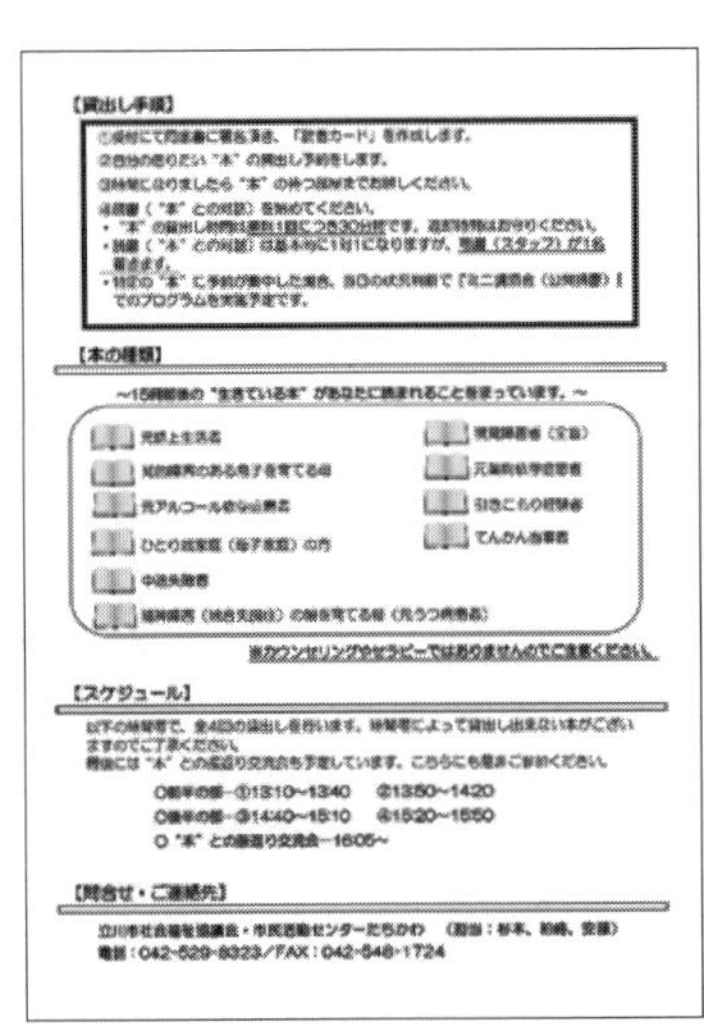
【スケジュール】
①13:10～13:40　②13:50～14:20
③14:40～15:10　④15:20～15:50
16:05～
電話：042-529-8323／FAX：042-548-1724

「参加者募集！！」
ヒューマンライブラリー＠立川
～生きた本との対話～
日時：12月13日(土)　13:00～17:00
12:30～
14:30～

になっていただく方には〝最大四回あるうちの何回まで貸出可能か〟〝個室でなくても読書可能か〟〝その他どういったことに配慮すればよいか〟事前に聞き取りをした結果を用いてプログラムを作成している。部屋割りについては、使用できる会場や個室に限りがあったため、広い部屋においては、ブースを設けて、間仕切りで仕切る等の対応を施し、「ＨＬ」独特の緊張感を損なわないよう工夫した。また、身体障害者の「本」の方については、なるべく会場の移動が少ないように調整している。

そして、当日の運営で欠かせないのは人手の確保である。運営職員とは別途、司書役や受付役、その他諸々の人手が必要であったため、「読者」と並行して、運営の手伝いをしてくれるボランティアを募集することにした。市民活動センターでは前述の通り、年間を通して様々なボランティア活動へのきっかけづくりの場を提供している。ここでも、受付や会場設営といった、初めてボランティアをする方向けのプログラムを提供することにした。また、司書役については坪井先生にご協力いただき、坪井ゼミ生一〇数名が協力してくれることとなった。

その際、司書役である坪井ゼミ生と「生きた本」が、当日までお互いのことを知らないままであることに不安があった。そこで、開催当日の午前中を使い、「生きた本」と司書役の懇談の場を設けることにした。ただ打ち合わせを行うだけでは、かえってプレッシャーがお互いにかかってしまうことが懸念されたため、「読者」を除く全員で顔合わせを行い、会場や貸出し時間の確認を行った後に、昼食を一緒に取って懇親を深める場を設定した。今では、この時間が「ＨＬ」を開催するに当たって重要なことであり、この場を設けたからこそ、事務局・運営委員・「生きた本」・ボランティアスタッフ・司書役の全員が一致団結して取り組むことができたと感じている。

四　ＨＬの成果

（一）第一回目開催時の結果（平成二六年一二月一三日開催）

開催当日の集計結果としては、ほぼ全ての「生きた本」が貸出され、定員六四名中六一名の方にご参加いただくことができた。中でも当初の狙い通り、若年層の参加者が多かったことには驚かされた。これまでの社協が開催してきたイベントでは若くても四〇代の参加者が殆どであり、その多くがリピーターの方であった。しかし、「ＨＬ」には、一〇代～二〇代の新規参加者が多く、全体の約四割近くを占めている。要因としては、まず「ＨＬ」独自の固定のファンがいることが挙げられる。事実、「読者」へのアンケート調査では、他の団体や大学が開催する「ＨＬ」への参加履歴のある方が約四割を占めていたことがわかっている。その中でも全員が複数回「ＨＬ」を体験していることから、固定ファンである可能性が高いと思われる。また、明治大学や明星大学で行われた「ＨＬ」にて立川の取り組みの存在を知ったようで、他団体への広報協力の効果も見て取れた。

「生きた本」の種類や冊数については、今後の課題を残す形となった。障害関係団体からの選出が多かったためか、「中途障害の方の話を聞けて参考になった。」「支援の参考になりました。」など、既に支援者として関わっている「読者」が多く、高い満足度が伺えた。しかし、一方で「目当ての本がなかった。」といった声もあり、種類や冊数を増やす必要性を感じる結果となった。

また、最もこだわった「マイノリティの身近さ」については、残念ながら立川市民の参加者は全体の約四割程度に留まる結果となっている。しかし、アンケートには「こんな近くに依存症の方がいるとわかり、驚いた。」「各マイノリティの特徴がわかったので、今後は街行く人の中でも気にかけていきたい。」といった回答が見られており、少ないながらも、確実に、立川市の地域課題について考える時間を提供することができたと感じている。

また、「読者」だけでなく「生きた本」にも後に変化が現れた。「生きた本」の一人である元路上生活者の方が、この活動を機にボランティアに目覚め、地域の高齢者の見守り活動や受診同行等に取り組むようになり、その活動は地元新聞でも取り上げられている。今や関係諸機関の間では貴重な人材だと認識されている。

（二）第二回目開催時の結果（平成二七年一二月一九日開催）

この翌年に二回目の「ＨＬ」を開催した。特に実施方法や開催場所等は変更していないが、一回目の反省を生かし、「生きた本」を増刷（員）して臨んでいる。種類としては性同一性障害当事者と障害者支援団体の職員を追加している。結果としては、前回にも勝る「読者」が集まり、定員六九名中六六名の方にご来場いただくことができた。周囲の認知度も初回より高まっており、地元のイベント紹介サイトや地元新聞社から取材を受けている。また、今後自ら「ＨＬ」の開催を検討している「読者」の参加もあり、イベント自体への関心も高まりつつあると感じている。後にその「読者」からは、川崎市で「ＨＬ」を開催したという報告を受けている。しかし、残念ながら二回目の開催時にも、立川市民の参加率は前年度と同程度という結果となっている。この結果については、引き続き改善して取り組みたいと考えている。立川市の社会福祉協議会として、地域福祉の推進を行う以上、「マイノリティの身近さ」を伝えることは捨てられないこだわりだと考えている。

五　おわりに

「ＨＬ」を開催することで、立川市内に福祉に関する理解者を増やし、共生社会の推進を図ることが可能だと考えている。それには、上述の通り、立川市民の参加率を増加させることが必要であり、大きな課題でもある。今後も「ＨＬ」の特性を生かし、地域福祉の推進に関わる新しい担い手を発掘できるよう、試行錯誤しながら取り組んでいきたい。

【注】

（1）生活困窮者自立支援制度：経済的に困窮し、最低限度の生活を維持することができなくなる恐れのある人に対し、自立の促進を図るための措置を講ずることを定めた法律。各自治体やその委託を受けた機関が、就労に関する相談や、住居確保に必要な費用の給付等を行う。

第三節　市民活動、そして日本語教育の現場から
――ヒューマンライブラリーNagasaki実践報告

宮崎聖乃

一　はじめに

ヒューマンライブラリーＮａｇａｓａｋｉ（以下ＨＬ長崎）は長崎市を中心として二〇一三年から開催されているヒューマンライブラリー（ＨＬ）である。ＨＬ長崎実行委員会が主催、運営者となって実施しており、「社会の多様性に気づくこと」、「対話を通して相互理解を深めること」を目的とした市民活動である。ＨＬ長崎では半年に一度、定期開催を行っているが、本稿では主に、二〇一三年から二〇一六年に行われた定期開催の実践報告と、筆者の勤務する長崎外国語大学において、ＨＬ長崎の「本」に協力してもらって行った留学生対象の日本語科目における小規模ＨＬの取り組みについて報告したい。

二　ＨＬ長崎について

（一）第一回までの準備期間

ＨＬ長崎実行委員会は、長崎市のＮＰＯいろは塾の会員を中心として二〇一三年二月に結成された。ＮＰＯいろは塾は、もともと日本語教師が中心の団体であったが、二〇一二年の日本語教育学会教師研修のＨＬをきっかけに、長崎におけるＨＬ開催に向けて準備を始め、広く様々な人々に参加してもらうために、ＮＰＯいろは塾とは別に実行委員会が組織された。日本語教師の他に、会社員、自営業、主婦、学生などが参加

している。

第一回の開催に先立ち、ＨＬ長崎実行委員会では月一度の定例会、四回の勉強会、三回の会員向け小規模ＨＬを行った。

一回目の会員向け小規模ＨＬは、二名の「本」（イスラム教徒、義足生活者）と五名の「読者」（ＨＬ長崎実行委員会会員）で開かれ、二回目は四名の「本」、三回目は五名の「本」と少しずつその規模を大きくしていった。この会員向けＨＬは小規模ではあったが、後のＨＬ長崎開催のために果たした役割は大きく、この段階なくしては、ＨＬ長崎開催は不可能であったと思われる。この小規模ＨＬの果たした役割は大きく二つである。

第一に、体験してみることができたことである。実行委員は一人を除き、実際にＨＬに参加した経験がなく、長崎や近隣の県などでもＨＬの開催はない。この小規模ＨＬを行うまでは、会員の中に「対話がうまく進むのか」「そもそも何らかの成果が得られるのか」といった声もあった。小規模ＨＬは、会員がまず体験してみることを目的とし、回を重ねるうちに、会員の中で、様々な困難や解決すべき課題はあるにしても、やってみる価値のある取り組みであるという意識が固まっていった。

第二に、「本」を探し、「本」との関係づくりの端緒となったことである。ＨＬにおいて「本」を探すこと、「本」になってほしい人に参加をお願いし、信頼関係を築き、「本」の最初の読者となって、「本」の語りを引き出していくことは、主催者・運営者の大きな役割である。この過程を小規模ＨＬの開催によって、実行委員は繰り返し経験することができた。またこの時期を通して「本」との繋がりが強まり、第一回の小規模ＨＬで「本」となった二名のうち一名は、その後もずっと「本」として参加しており、もう一名は海外へ転出したが、その後も支援者として、毎回のＨＬにコメントを寄せている。三回行った会員向け小規模ＨＬに参加した「本」の多くは、その後のＨＬ長崎にも計画段階から参加し、また積極的に広報にも携わっている。「本」

となった人たちが、開催当日だけのゲストではなく、運営者としての役割も果たすというＨＬ長崎の大きな特長の一つはこの時期に作られた。

また、この開催準備期間中に、長崎県福祉協議会「ふれあいのあるまちづくり県民運動　ボランティア活動振興・助成事業」に助成金の申請を行い、二〇一三年度の二回のＨＬ長崎開催に向けて二〇万円の助成金を受けることができた。これは、初めて開催するにあたり、目的意識、社会的意義の再認識といった意味で、資金的援助以上のものとなった。その後ＨＬ長崎では、企業や個人から支援金を募ったり、クラウドファンディングを使っての資金集めなどを行って現在までに一〇回のＨＬ長崎を開催した。

(二) 定期開催と一回の特別開催

【参加した人々】

ＨＬ長崎は参加する「本」も「読者」も多くは長崎県およびその近郊の居住者である。「本」はそれぞれの回で最少六名から最多一〇名、「読者」数は毎回二〇～三〇名で、セッション数は概ね六回である。このような規模で二〇一三年一月の第一回からほぼ半年に一回開催され、二〇一七年二月までに八回の定期開催と「ながさき・愛の映画祭」でのオープニングイベントとしての開催を合わせて九回となった。参加した「本」は三三名、「読者」はのべ二二一名となった。

参加した「本」は以下のような人々である。

義足生活者／性同一性障害／シングル介護者／性的少数者／在長崎外国人／自宅で開業（パステルアーティスト）／ムスリム（イスラム教徒）／造形遊び指導者／元ショーパブダンサー（ニューハーフ）／中途失明者／見た目問題（やけど）／イクメン／ベトナム人シスター／指定難病／日本語教師／図書館司書／建築士／

ケアマネージャー／認知症介護指導者／銀行員／小学校の先生／料理人／調剤薬局薬剤師／占い師起業家／がんサバイバー／難病指定になっていない難病患者／軽度視力障害者／ルーツ不明者／不登校経験者／元DV被害者／「兄」自死遺族／コーダ／外国人の妻を持つ夫

「本」となった人たちは、主に運営委員や会員向け小規模HLを含め参加経験のある「本」の人の紹介によって、参加するケースが多かった。また「読者」も最初は、関係者からの口コミによって来場するケースが多かったが、回を重ねるうちに、新聞やSNSによって知り来場する人も増えてきた。

【場所】

HL長崎の会場となったのは以下の六か所である。

A、長崎県勤労福祉会館会議室（第一回）

B、長崎松が枝国際ターミナルホール（第二回〜四回）

C、長崎外国語大学マルチメディアライブラリー（第五回「職業編」）

D、長崎市平和会館ホール（第六回）

E、長崎市立図書館多目的ホール（第七回、第八回）

F、長崎セントラル劇場（ながさき・愛の映画祭）

第一回は公共の施設の会議室を複数借り、さらに室内をパーティションでブースに区切り、セッションの場とした。「本」と「読者」のプライバシーに配慮しこの方法を採用したが、開催後、「パーティションを使っても周りの声が聞こえ、話しづらかった」などの意見や、「本」からの「個々のセッションよりも、開催全体への配慮が効果

写真1　長崎県勤労福祉会館会議室

的では？」との意見も出たために、第二回よりBの長崎松が枝国際ターミナルホールに場所を移すとともに、パーティションを使わず、テーブル同士の距離を広くとったオープンスタイルで開催した。これに伴い「読者」にプライバシーを遵守する旨の同意書の提出を義務づけることとした。Bは二〇一〇年にオープンしたばかりの国際観光船のターミナル内のホールであり、片面が海に面した全面ガラスの会場で、非常に広く、開放的な雰囲気は「本」にも「読者」にも好評であった。「自分の話は受け止めてもらえるのか」「深刻な話を聞くに違いない」と緊張して臨みがちな両者にとって、開催場所の選択は重要なポイントであることを実感した。もちろん運営者にとっても、一目で会場の状況が把握できる場所での開催は、スムーズな運営を行う上で効果的であった。以後、ＨＬ長崎ではオープンスペースでの開催となったが、Ｂの会場は、外国客船の増加に伴い、使用が困難になったため再度場所を移すこととなった。

Ｃの長崎外国語大学マルチメディアライブラリーはこの回のＨＬ長崎が「職業編」として、高校生や大学生といった「読者」を想定

写真２　長崎松が枝国際ターミナルホール

写真３　長崎市立図書館多目的ホール

し開催されたため、筆者の勤務する大学の図書館（マルチメディアライブラリー）を借りて開催した。

Ｄの平和会館ホールは長崎市の被爆遺構や資料館、追悼記念館などが多い地域にある。観光客も多く、Ｂに比べるとアクセスも便利であり、長崎市に暮らす人にとっては名前を聞いただけでおおよその場所がわかる施設であるが、実際にはなかなか訪れる機会のない場所でもある。この地域は長崎市民にとって特別な場所であり、「気軽に」訪れる場所とは言い難い。この場所での一般参加者は九回を通じて最も少なく、開催場所の選択がＨＬへの参加のハードルを上げてしまったのではないかと思われる。

交通のアクセスが良く、開放的な雰囲気で、オープンスペースでの開催が可能な広さのある会場を探すのは、非常に困難なことであったが、運営者で会議を重ね、いくつかの会場を見て回り、第七回からはＥの長崎市立図書館を会場とした。長崎市の中心部にあり、二〇〇八年に開館した比較的新しい図書館で利用者も多い。ＨＬ長崎が会場とした多目的ホールは、広さこそＢの長崎松が枝国際ターミナルホールに及ばないものの、雰囲気やアクセスの良さなど、「読者」や「本」にも好評であった。また図書館での開催によって、今まではほとんどいなかった通りすがりの「読者」が参加するようになった。これは図書館の利用者が当日図書館内に貼られたポスターや開催中のＨＬ長崎を見て参加することがあったからである。これは、より本当の意味でのオープンスペースでの開催に近づいたもので、現時点では「本」にも「読者」にも好評だが、今後、本当に通りかかった人が誰でも参加できるようなさらにオープンなＨＬを目指すのであれば、「本」と主催運営者の間で、プライバシーの保護や「本」の安全安心について十分に議論を交わす必要があるだろう。現時点ではＨＬ長崎は今後もここを会場として開催していく予定である。

（三）成果――「本」としての参加者に注目して

準備期間からHL長崎に参加した「本（第五回の職業編を除く）」には、一、ほぼ毎回参加している「本」、二、複数回の参加後、参加しなくなった「本」、三、不参加の後、また参加し始めた「本」がいる。一の「本」が最も多いが、その中にもブックリストを参加ごとに内容を新たにする「本」や「本」としての立場が変わった人もいる（例：指定難病者→虐待経験者）。

HL長崎では、新しく参加する「本」は、参加経験のある「本」や「読者」からの紹介であることが多い。第五回開催だけは「職業編」としたため、参加した「本」が他の開催と大きく違っているが、その他の回では前回参加した「本」に一名か二名の新しい「本」が加わっての開催が多い。一方で、都合がつかず参加できない「本」や何らかの理由で参加しなくなる「本」もいる。

全九回のうち、第五回職業編を除いた八回に参加した「本」は二四名となり、そのうち三分の一の「本」が四回以上参加している。第四回の開催から始めた「本」を対象としたアンケート調査によると、初参加の「本」は、「誘われて」参加を決めた人が多く、「イベントの存在を知り、話すことにより自分にプラスになると思ったため」、「長崎の人にも性的少数者はけっこう普通だよって知ってもらいたかったから」、「読者として参加して自分を見つめ直すきっかけをもらったので自分のため」、「回復の第一歩になると思うから」といった理由を挙げている。

二回以上参加した「本」に対するアンケートの回答では、「前回話をすることで自分を見つめ直すきっかけになった」、「自分の今の状態、今後の自分のあり方が見えてくる」、「語ることによって起こる予期せぬ精神的な効果に期待しているから」という理由に加え、「楽しいから」、「皆さんに会いたいから。（他の）本の方とも読者の方とも久しぶりに会いたいです」、「自分のことをありのままに話せる唯一の場だから」、「本やスタッフの皆様にまたお会いしたいからです。自分の成長を確認してほしい、確認したいから」といった記述が見られた。

初回の参加動機から見ると、ＨＬ長崎では多くの「本」が、話すことを自分のためと捉え、参加を決めているようである。実際に参加し、二回目以降に参加する動機として、多くの「本」が挙げているのも、ＨＬ長崎によって自分を振り返ることができ、話すことが「本」自身にとってプラスであったということである。この点に加え、二回目以降の参加動機として多くの「本」が挙げているのは、ＨＬ長崎で構築された人間関係への肯定的な評価である。ＨＬ長崎が、自身の内面の変化に及ぼす影響とともに、「読者」や運営者と繋がっていくことが繰り返し参加する「本」にとって大きな参加動機となっているようだ。

また「読者」に対するアンケート調査においても、参加動機や参加後の感想として「前回お話を聞いた「本」の方のその後が聞きたかった」、「前回聞いた「本」の方の話を聞いてみて、その「本」の変化を見れたことも私にとって貴重なことだなと思いました」といった記述が見られた。

ＨＬ長崎に参加している「本」の中で、一旦不参加となったが、再度参加することとなった「本」がいる。第一回と第二回の参加では、「見た目問題」の「本」として参加し、その後不参加となったが、一年後、「見た目問題：摂食障害」として参加した。当初は外傷を負い、外に出ることができなくなった自分が、どのようにして自信を取り戻し、社会との接触を取り戻していったかを語っていたが、語るうちに外に出ることができなかったのは、外傷のためだけではなかったことを認識せざるを得なくなったという。それはその「本」にとって「語れない部分」であり、これを認識したために次のＨＬ長崎は不参加となった。「語れない部分」とは外傷を負った原因が自傷によるもので、ＨＬに参加したことで、自らを傷つけずにはいられなかった自分の内面と向き合わずには語れないと思ったと言う。運営者はその後もこの「本」とのやり取りを通じ、「本」自らが積極的に環境を変える努力や自分と向き合う努力を続けていることを知ることができた。一年後、その「本」は、「見た目問題」と同時に「虐待」や「摂食障害」について語る「本」として参加した。「自分を偽らず正直に話すことで客観的になり、行動を変える決心ができた。で、実際、やれた。」というこの「本」によると、「自分の変化をしっかりと感じられる場所」であり、「自分の今の状態や今後の自分のあり方が見えてくる」ことがＨＬ長崎への参加の動機である。「語ること」によって、「語れない部分」を認識し、その部分と向き合っていくこととなるのは、ＨＬ参加が「語り手」の内面に及ぼす大きな影響の一つではないだろうか。

また語ることを試み、語れたという経験が、今まで語れなかったことをさらに語ろうという動機になる場合もある。「難病患者」として参加した「本」がそれまで他者にほとんど語ることがなかった家族による虐待経験を語る「本」として参加した例もある。いずれの場合も複数回参加した「本」に共通して見られるのは、参加するたびにさらに自分自身に対する理解を深めようとする意識と、ＨＬへの参加をその場限りとせず次回の開催や、自分の日常につなげていく意識、そしてＨＬで築かれた人間関係への意識であると思う。「本」の一人は「安心して本当の自分を語れる場所があることが外に向けての勇気になる」と語っている。「人」を貸し出すＨＬは、「本」、「読者」、主催・運営者も回を重ねるにつれ変化し成長し、また互いの関係性も変化していく。そういった意味においても「生きている図書館」であることを強く感じる。

三　ＨＬ長崎の「本」、留学生の「読者」というＨＬの試み

（一）目　的

筆者の担当する留学生対象の日本語科目に「アクティブ日本事情」という科目がある。これは「日本の文化や社会に対する理解と関心を深める」こと、「異文化について学ぶことで自文化に対して客観的に見るこ

とができるようになる」こと、「多様な日本語話者と日本語によるコミュニケーションを行うことで、実践的な日本語コミュニケーション力を身につけ協力的なコミュニケーションができるようになる」ことを目標としている。この科目の学習活動の一つとしてＨＬを取り入れることで、日本社会だけでなく自国の社会の多様性への気づきと受容の機会とすることができるのではないか、自分の知識や経験、固定観念による判断を保留して他者の話を聞き理解する訓練となり、様々な立場に立って考え、他者の立場に配慮しつつ、自分の意見を発信できる力を養うことができるのではないかと考え、ＨＬ長崎の「本」による留学生を対象とした小規模ＨＬを計画した。留学という経験が言語や知識の習得だけでなく、社会の多様性への気づきと受容の機会となることを期待したものである。

（二）実践方法の特徴

日本語母語話者の「本」と日本語学習者の「読者」という限定的な言語環境におけるＨＬであり、留学生対象日本語科目一セメスター全一五回のうちの一回で実施した。受講生は日本語初中級から上級の留学生一五名前後、受講生の母語は中国語、韓国語、英語などの多言語クラスでの実施である。この試みでは「本」の数を三名とし、受講生は三名すべてと対話することとした。通常のＨＬでは「読者」は読みたい「本」を選んで対話を行う。しかし今回は「本」の数を三名とし、受講生は五名ごとのグループとなり、三名の「本」すべてと対話することとした。これは九〇分という限られた時間の中でできるだけ多くの「本」と対話してもらいたいと考えたからである。

当日、「本」として参加したゲストスピーカーは、「義足生活者」、「難病」、「元ショーパブダンサー（ニューハーフ）」、の三名で、「本」としての呼称（「　」で示したもの）は自称である。これらの「本」はＨＬ長崎でも「本」として参加しており、HLそのものは初めてではなく、過去に参加したHLでは少数ではあるが外国人の読者もいたが、「読者」が全員外国人というのは初めてだった。

当日は一回あたりの対話時間を二十五分、一名の「本」に対する「読者」の数を六名までとし、対話時間を三回設定した。受講生はそれぞれが毎回の対話で話したい「本」を選ぶこととしたため、毎回同席する学生が変わる。これは学生間での考え方の違いに気づく機会も増やしたかったためである。また授業の最初と最後に、受講生、「本」の双方にアンケートを行い、「本」はさらに授業後に三〇分程度の振り返りのディスカッションを行った。

(三) 成　果

受講生に対し、対話前後に「『本』の人たちや「本」とのセッション（対話）について、今、どんな気持ちですか。」という質問を行った。対話前では「期待」、「新しい経験・知識をもらいたい、もらえると思う」、「興味・興味深い」、「聞きたい」、「楽しみ」、「興奮」といった期待感を回答した受講生が九名、「緊張」という言葉を使って回答した者や「どのような対応をしたらいいかわからない」といった、緊張や不安を表明した者が七名、「どきどき」という緊張や不安とも期待とも取れる回答をした者が一名、「本」に対する「敬意」や「感謝」を回答した者が二名いた。

対話後は、「本」や「本」の語った内容に対する【肯定的な感想】が多く、「強い」、「フレンドリー」、「頑張っている」、「すごい」、「元気」、「面白かった」、「楽しかった」、「勉強になった」、「心が強くなった」など九名が述べている。そのほかに「いろんな人間がいる」、「違う人といろいろ話すのが大事」、「ちょっと違う見方ができるようになった」、「日本社会に対する理解の助けになった」など【多様性への気づき】を述べた受講生が四名、「自分も頑張らなければ」、「自分はどれだけわがままでしたか」、「人生に感謝したい」、「私の困難さは小さい」など、【自身の立ち位置への気づき】を述べた者が六名いた。この他「『本』の人の気持ちがわかりました」、「悲しさや辛さなどの気持ちを感じられるような気がする」という【共感】を述べた者も二名いた。

対話前後の受講生の回答から、多くの受講生が不安と緊張と期待をもって対話に臨み、「本」やその話から強い印象を受け、自らを振り返る者もいた様子が伺われる。これらの回答は、一名を除き日本語を用いて行われた（一名は英語にて回答）ため、多くの受講生にとって自分の意見や感想を十分に説明することは困難だったと思われるが、ほとんどが単語や一文だけではなく、複数の文による回答をしていた。受講生の日本語のレベルにはばらつきがあるものの、みな真剣に回答したことがわかり、それはこの体験が受講生にとって印象的なものだったことを示唆していると思う。しかし、否定的な感想や抵抗感、複雑な感情などは表現しにくく、あえて表明しなかった、あるいはできなかった受講生もいたかもしれないことは否定できない。

このHLを計画した段階でもっとも危惧していたのは、明らかな抵抗感や嫌悪感などを持って臨む受講生がおり、結果として「本」や他の受講生を傷つけるということになるのではないかということであったが、実際はそういったことはなく、全体として大変積極的で友好的な雰囲気であった。しかし、常にこのような状況で行えるという確証はなく、特に今回のように受講生側に、対話する「本」の選択権がない場合は注意が必要だと思われる。受講生が、自分が対話したい「本」を選べるようにすることも、授業内HLにおいて現実的な方策であろうし、HL実施までの学習内容や授業の組み立ては重要であると思う。

一方授業終了後行った「本」による振り返りでは、「（対話前は）心配していたが、思った以上に伝わったと思う」という意見や「こんなに一生懸命だった（伝えようとした）のは初めてかも」、「こちらの話はわかってもらえたとは思うが、（受講生が）言いたいことがうまく言えなかったようで残念だった」という意見が聞かれた。また「日本人の『読者』と違いましたか。」という質問に対しては「反応がはっきりしている」、「質問がストレート」、「熱心でずっとこっちを見つめていた」などの感想が聞かれ、「また参加したいですか」という質問に対しては全員が「したい」と答えた。

「本」との振り返りの中で印象的だった感想の一つに「今まで、笑い話としてや面白おかしくしか話せなかったことを今回は『悲しかった』、『大変だった』というふうに率直に話し、それがよかったと思う」というものがある。これは、受講生の日本語力という制限があったために、いつもより率直に簡潔に話す必要があったからだと思われるが、結果として自分の伝えたい情報をより明確にし、「本」の自己開示や自己への再認識を促すことになったようである。対話中には、絵を描いて説明したり、身振り手振りが大きくなったりすることも多く、そのようにしてコミュニケーションの手段を模索する過程において、「本」自身が強く伝えたいと思うことが明確化され、「本」自身の気づきへと繋がっていったのかもしれない。また、振り返り中、「単純に、伝わるとうれしいということを改めて実感した」という意見が何度も聞かれ、このことが「本」にとって非常に印象的だったことも伺われた。通常のＨＬなら、話を聞きたいと思って訪れる「読者」と少なくとも言語的には意思の疎通に問題のない状況でコミュニケーションが行われる。しかし、このＨＬでは聞きたいと思っている保証のない「読者」と限定的な言語環境でコミュニケーションが行われた。このことは、通常のＨＬ以上に伝えられた際の喜びをもたらしたようである。

留学生を「読者」としたＨＬの試みは、受講生に身近な社会の多様性を現実的に感じ、それについて理解し考える機会を与えたと思う。受講生の振り返りを見ると、受講生が「本」の話を聞いて理解したこと、あるいは理解しようと努め、不十分であったとしても自分なりの理解を得て、考察したことがうかがわれ、日本語教育においてもHLが多様性への気づきと受容を促し、「理解する力」や「考察する力」を育成するのに有効である可能性を示している。しかし、一方で「発信できる力」の育成にとって有効であるかは明確ではない。「本」による振り返りのディスカッションでも「(受講生が）言いたいことがうまく言えなかったようで残念だった」という意見が聞かれた。このことから日本語教育におけるHLでは、HLで得たものをどのように発信していくかという、「発信する力」に重点を置いた活動に強固に結びつけていく必要があると思う。例えば「発信する」学習活動として受講生が企画、運営するクラスや学内でのHLの実施なども検討すべきだろうし、学外の活動へとつなげていく支援も必要かもしれない。いずれにしてもこのような多様性への気づきと受容を基盤に置く「理解する力」、「考察する力」、「発信する力」の育成は、言語教育だけでなく大学におけるグローバルな人材の育成という視点からも大きな可能性を持つのではないだろうか。

四　まとめ

HL長崎実行委員会は二〇一七年に設立から五年目となり、二〇一七年八月には一〇回目となるHLを計画している。四年あまりの活動を通して強く感じているのは、続けることのおもしろさ、大切さである。HL長崎は「本」、「読者」、主催・運営者が流動的であり、スタッフが「本」として参加したり、「本」がスタッフとしての役割を果たしたり、「読者」が次の回では「本」になることもある。そのため「本」、「読者」、主催・運営者の関係が近く、計画から振り返りまでいろいろな意見の交換が毎回の開催で行われ、そこで築かれた参加者同士の近しい関係性は「本」や「読者」や、主催・運営者の変化や成長に影響を及ぼす。このようにして誤解や意見の相違を越え、気づきを繰り返しながら回を重ねていくことは大切であると思う。一方で携わる人々の中での自己満足に終わらず外に向かって広げていく努力を続けることも大切な課題である。「読者」

や「本」をはじめとするＨＬ長崎に関わる人々を増やしていくだけでなく、離島や過疎化地域での開催も計画していきたい。

【引用参考文献】

ヒューマンライブラリーＮａｇａｓａｋｉ実行委員会（二〇一三―二〇一七）『ヒューマンライブラリーＮａｇａｓａｋｉ開催報告書』（第一回―第八回）．

宮崎聖乃（二〇一四）「多文化共生を目指す取り組みとしてのヒューマンライブラリー――市民活動としてのヒューマンライブラリー実践報告」長崎外国語大学『長崎外大論叢』第十八号、一八五―二〇〇．

宮崎聖乃（二〇一五）「留学生を対象とした日本語科目におけるヒューマンライブラリーの試み――実践報告」長崎外国語大学『長崎外大論叢』第十九号、一三一―一四二．

コラム6

個人でも開催できるヒューマンライブラリー

清田美香

二〇一六年三月二七日に北鎌倉の円覚寺境内塔頭龍隠庵で「ヒューマンライブラリー at 円覚寺」を開催した。日本では教育機関やNPOを中心に開催されている印象が強いが、私は、ヒューマンライブラリー協会（HLO）の公認を得て、個人で開催した。

ヒューマンライブラリーを知ったきっかけ

学者でもなく、NPOにも所属していない私が、なぜ個人でヒューマンライブラリー（HL）を開催したのか。私は二〇一三年までごく普通のOLだったが、体調を崩したことをきっかけに退職してからは、フリーランスの翻訳家兼作家秘書を務めていた。そして、二〇一五年のある日、知人が「今度人前で話すので来てください」とHLに誘ってくれた。迷うことなくこれに「読者」として参加したところ、私自身の大きな変化を感じることができた。私が出会った「本」のテーマは、今までは他人事として捉えていたのにもかかわらず、話を聞いた瞬間から身近に感じ始めたのだ。物事を今まで一面的にしか見ていなかった自分でも全く違う角度から捉えることができるのだと気づかされた瞬間だった。

協力者を見つけるまでの道のり

この感覚を他の人にも体験して欲しい！　それなら自分でも開催してみようと考えた。初めて参加したHLの二日後、ライフ・キャリア教育プロデューサーとして活躍する友人に話を持ちかけた。彼は私のアイデアを多角的に見てくれる心強い存在だ。私の仕事のパートナーでもある作家にも協力を依頼し、会場となる龍隠庵の手配も彼のお陰ですんなりと決定した。ここまで半日しか要さなかった。幸運なことに私の周囲にはフットワークが軽い人たちが多い。

本集めと準備

その後は四週間かけて「本」を集めにかかった。HLOのウェブサイトに記載されていることを参考に、「一般論として耳にするバックグラウンドを持つ人だが、日常では直接触れることが少ない『本』を集めようと考えた。すると、未亡人、鬱に悩む人、複数の生活拠点をもつ多拠点居住者、在日中国人という多岐に渡る「本」が集まった。どのように見つけたかは単純だ。いろいろな人に声をかけたのだ。友人からスタートし、様々な集まりに招待された際にも初対面の人たちにＨＬの紹介をしつつ、協力者や参加者を募った。これは結果的にＨＬの広報にも繋がった。他にも、友人同士の口コミやＳＮＳ（特にフェイスブック）を活用した。地道ではあるが、臆せず話したことが効果的だった。

開催後の反応

開催後、「読者」からは概ね好意的な意見を頂くことができた。「読者」からは「身近に感じられた」「自分も向き合っている事柄で共感した」「勇気をもらった」「励まされた」などの感想があった。「本」からも「自分を振り返る機会になった」「話を聞いてくれるのはありがたい」「また参加したい」との感想が寄せられた。

一方、運営の課題としては、「読者」が集まりすぎた時の対処、季節柄会場の寒さ対策などが寄せられた。また今後の「本」には多言語、幅広い年齢層をカバーし、より充実した内容を展開すること、ボランティアとしてＨＬの運営にかかわる意識が各人によって異なるので、運営の責任者としても各人に細かい役割指示が必要だと感じた。

結論

ＨＬの主催にあたっては頭の中だけで難しく考えず、素直にすぐ動き出すことが大事だと感じた。そのためには、最初から詳細なアイデアを練るよりも、まずは誰にでも臆せず話して協力者を得ることが優先順位としては高い。開催前は私が個人でＨＬを開催することへの否定的な意見もあったが、「本」および「読者」からポジティブな意見が寄せられたのを考慮すると、成功したと言えるだろう。興味と少しの勇気があれば誰でも始められ、参加者全員にポジティブな影響が与えられる、それがヒューマンライブラリーの良さである。

第四節　承認の場を生み出すヒューマンライブラリー
――ヒューマンライブラリーｉｎ新潟の実践から

佐藤裕紀

一　はじめに

筆者は、新潟県にある医療福祉系の大学に勤める教員である。縁あって、二〇一五年にヒューマンライブラリー（以下、ＨＬと略す）：ｉｎ新潟二〇一五を学生スタッフと共に企画し、当日は新潟市近郊に就労、在住の本の方一一名にご協力いただき、三五名の来場者にお越しいただいた。本稿では、まず、この実践に至った経緯、次いで当日までの準備と当日の企画内容、こだわり、また実践を通じた来場者や本の気づき、そして開催後の展開を述べる。それにより、実践をして感じたＨＬの意義と課題を示したい。

二　デンマークでの出会い

筆者がＨＬを知ったのは、二〇一二年から二〇一三年にデンマークのコペンハーゲン近郊にあるデンマーク教育大学に研究員として在籍していた時である。偶然読んだデンマークの公共図書館を紹介した書籍の中で、ＨＬ（当時はリビングライブラリー）が紹介されていたのだ。

特に興味深かった点は、多様な背景を持っている「生きた本」と直接語り合うことで、自分の持つ偏見に気づき、考える対話の場を生み出している点、そして、社会的な課題を扱う本取り組みの第一回が、若者を中心とした北欧最大のロックフェスティバル「ロスキレ・フェスティバル」で開催された点であった。

残念ながら、滞在中にＨＬに参加する機会は持てなかった。但し、ＨＬ協会の代表ロニー・アバゲール（Ronni Abergel）氏と面会し、助言をもらうことができた。彼によれば、①図書館の魅力の一つは、多様なジャンルの本があり、偶然の出会いがあることである。その点で、日本での実践は、いわゆる福祉、障害や疾患などに重きが置かれており、偏りがある傾向がある。しかし、ＨＬでは「偏見や誤解を持たれがちな」全ての人々が「本」の対象となりうるということであった。また、②デンマークには対話の文化がある一方で、日本人は、比較的シャイな人々も多く、いかに対話を円滑に促進できるかが課題であるという。

その後帰国し、明治大学のＨＬへの「読者」として参加したことや、各実践者の方々から報告書を送っていただいたことで、実践に向けての最低限の知識を得ることができた。

三　大学祭の企画としてスタート

新潟でのＨＬ実施の直接的なきっかけは、「毎年一〇月に行われる大学祭を盛り上げたい」という学生の声を二〇一五年四月に受けたことだ。学生から、何か面白い企画はないかと相談を受け、「医療福祉系の大学だし、大学祭でやってみても面白いかも」とＨＬを紹介した。トントン拍子で話は進み、大学祭でやるための学生スタッフを集めようということになった。まだ私がゼミを持っていないため、有志のプロジェクトとして行う形をとったところ、一通のスタッフ募集メールに対して、一〇名以上の学生が説明会に来てくれた。説明会に参加した学生の動機は様々であった。例えば、「ボランティアへの興味があった」、「本や図書館が好きでライブラリーという名称に反応した」、「自身もマイノリティを感じていた」、「新潟を知りたい」、「新しい何かをしたい」、「友人に誘われて」等であった。

また企画を実施する際には「お金」の問題が当然生まれるが、この点に関して、私たちは恵まれていた。

大学内の公募の研究助成金に採択され、そこから捻出をすることができたためだ。

こうして、スタッフ、お金という要素をクリアする形で、五月から順調に進み始めたかに見えた取り組みであるが、その後には多くの壁が待ち受けていた。

四　大学祭での開催の取りやめ

準備の過程で、まず、イベントを説明する際の表現の問題の壁にぶつかった。学生たちは、「マイノリティ」、「誤解や偏見を受けているかもしれない人々」という視点のもと、関心のあるテーマを挙げ、「本」候補の方との交渉を開始した。その過程で、「本」としての参加依頼をした当事者の方や支援団体の方から、「そのような単発のイベントで偏見がなくなるとか相互理解ができるほど甘くはない」というご指摘や、「そもそも、私はマイノリティなのですか？」という問いを投げかけられることもあった。

当初、無意識に「当事者にとって良いことをしている」と半ば思っていた学生もおり、このイベントの目的や、そもそもマイノリティとは何か？　偏見とは何か？、そしてイベントの目的について幾度も悩むこととなった。そして最終的には、今回の実践のねらいとして、①「読者」にとって、自分の知らない世界、多様な価値観、生き方と出会い、自分の生き方を振り返る場、②「本」にとって、自分の経験や活動、想いといったライフストーリーを伝える場、③マイノリティとは何か？　自分の考え方や社会について新たな気づきを得る場という三点とした。

次に、リスク管理という壁にぶつかった。先に結論を述べると、八月上旬に、大学祭での実施を取りやめる判断をし、再度、開催日時と場所を検討することとなった。

ＨＬは多様な背景を持つ人が「本」となり、「読者」と一対一ないし少数で語り合う実践である。公共の図書館のように広く一般の人々に開かれたものである一方で、豊かな対話のためには、プライバシーを守ることや、安心して語り合いに没頭できる場を作ることが大事である。

このようなＨＬには、潜在的なリスクがつきまとう。例えば、「多様な背景のある『本』と『読者』の間でトラブルがあったらどうするのか」、「不特定多数の『読者』が来る中で、例えばあるテーマの『本』を意図的に傷つけようとする『読者』が来たらどうするのか」といった指摘に、どのように対応できるであろうか。

確かに、ＨＬでは、読書カードを発行する際に、「読者」に「『本』を意図的に傷つけないこと」等、ルールの順守や、氏名・連絡先の記載をお願いすることで最低限のリスク対処はしている。しかし、万全かといえばそうではない。また、多様な背景を持つ「本」自体への偏見の声にも、開催にあたっては、対応が求められることもある。そういった様々な意見、対応が求められる状況の中で、大学が主催する公的な行事である大学祭での実施は、取りやめるという判断を下した。

五　新潟というこだわり、対話の場の工夫

大学祭での実施は取りやめたものの、学生たちのイベント実現への意欲は高く、自分たちで上記のリスクを引き受けることを覚悟し、有志団体による開催という形式で実施することとした。そして一一月一四日(土)一〇時三〇分～一六時に、新潟駅から車で五分ほどの距離にある会場で「ＨＬｉｎ新潟」を開催することができた。構成は、大きく分けると三つであった。

まず、ＨＬとして、一一名の「本」の方にパーテーションで区切った各ブースに待機していただき、「読者」は受付で本のカタログを読み、興味のある「本」を選び、二〇分間（延長で最大三〇分）の対話を行う取り組みを行った。ちなみに「本」のタイトルは、「新しい性の公共をつくる！」、「病気になって得たもの、失っ

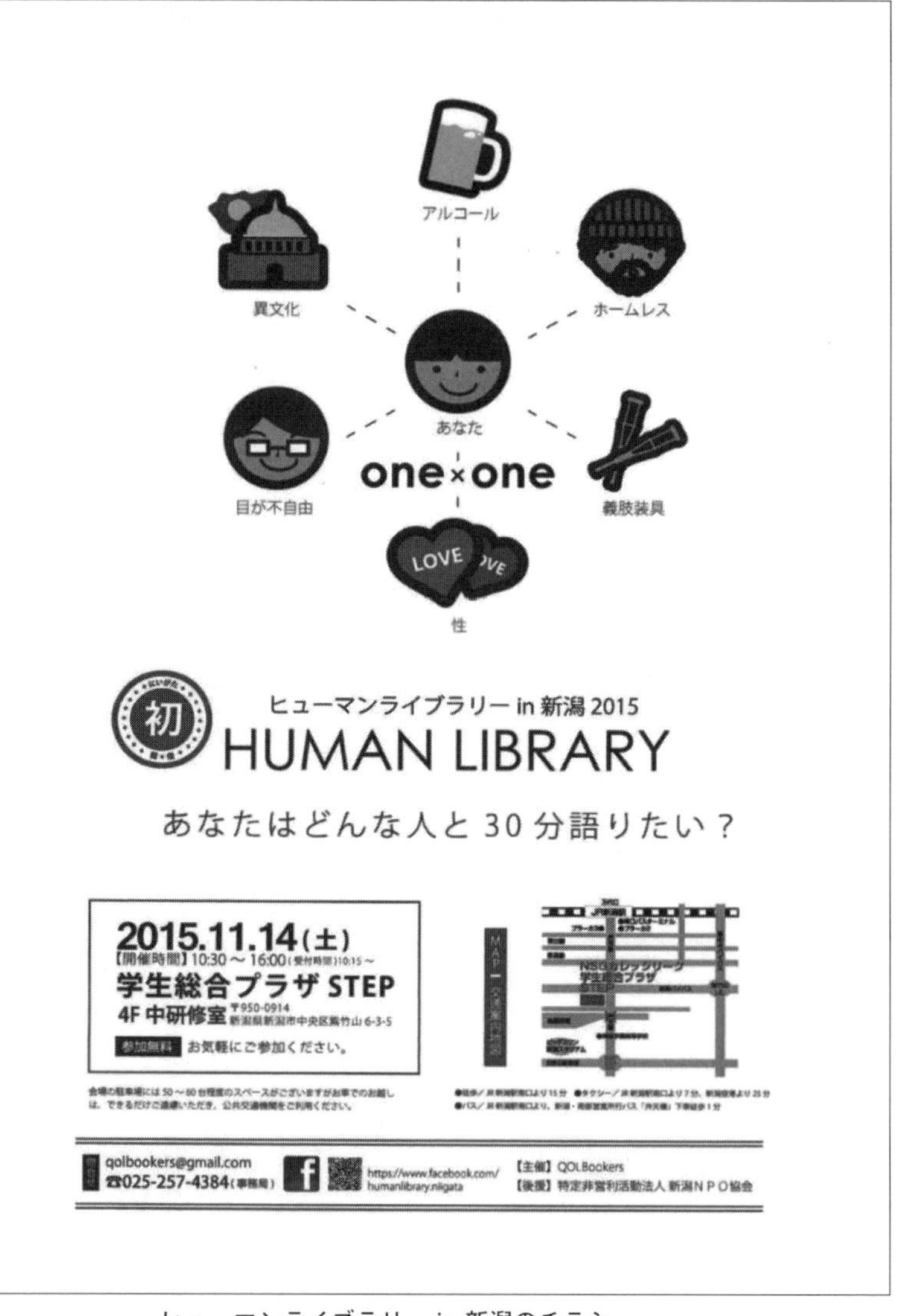

ヒューマンライブラリー in 新潟のチラシ

たもの」、「ホームレスだった四年間」、「アルコール依存症・ひきこもりからの回復」、「がんと生きる」、「イスラム教、その知られざる世界」、「在日コリアンたちの暮らしぶり」、「ひきこもりって悪ですか？　自己責任ですか？　ご迷惑ですか？」、「女から男への性転換」、「盲導犬と一緒に生きる」である。

二つ目に、午前中に一般社団法人ホワイトハンズの坂爪真吾氏より『思考をカタチにするためには』、午後には、月乃光司氏より『アルコール依存症・ひきこもりからの回復』という講演会を企画した。ＨＬは、基本的には一対一での語り合いが主で、参加人数に限りがある。そのため、講演会という形で、多くの方に参加してもらえる企画も大切であると考えたためだ。

三つ目として、トークセッションという企画も行った。これは、ＨＬ当日の「読者」や「本」の気づきを、自分以外の他者と共有する意図があった。具体的には、スタッフ、「読者」、「本」の希望者で一つの円になり、司会から「参加した感想」、「本を経験してみてどう感じたか？」と問いを投げ、あとは立場に関係なく自由に対話を展開していく取り組みであった。

ここで、今回のＨＬｉｎ新潟の特徴を挙げたい。まず、一点目は、「本」を新潟市近郊に在住、就労している方に限定した点である。これは、自分たちが暮らす身近な地域に焦点を当て、地域にも多様な人々が暮らしており、見えている部分と見えない部分があることを感じてもらいたいという意図があった。また先行事例のヒアリングから、「本」が固定化してきているという話も伺っ

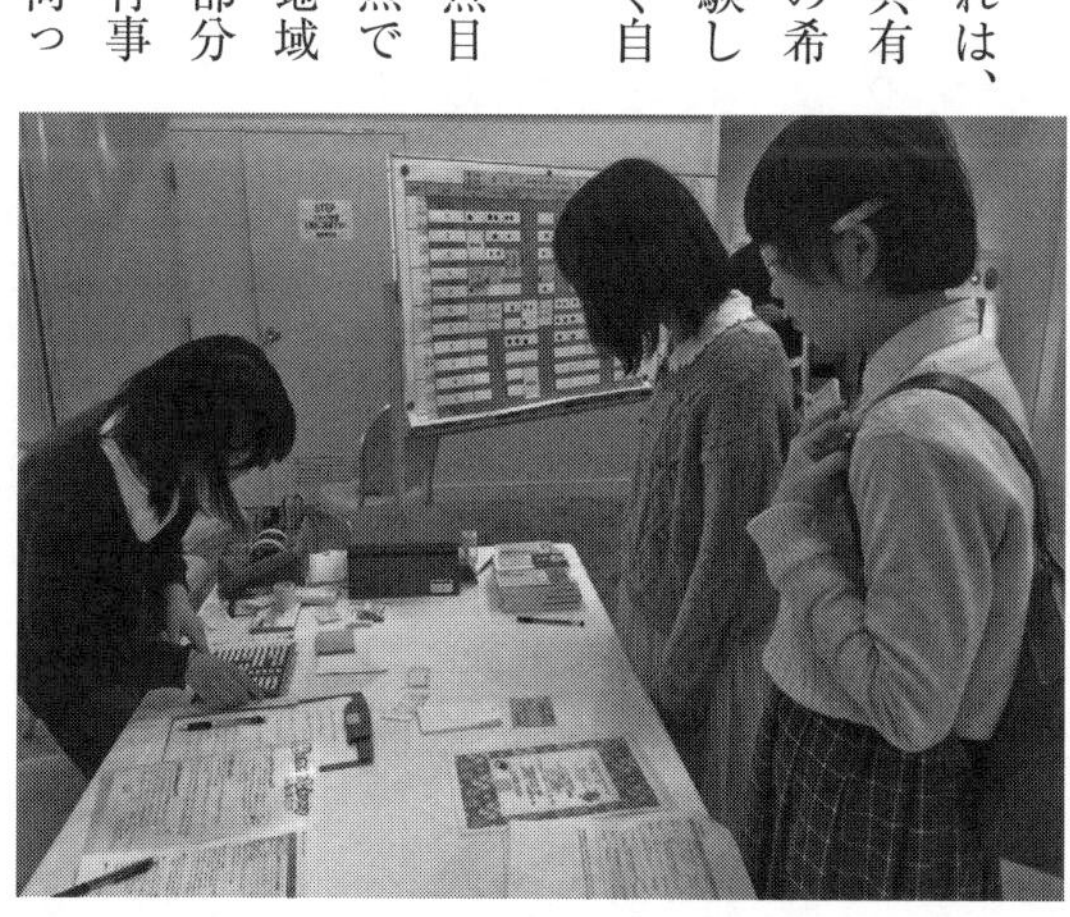

当日の受付の様子

ていたため、様々な地域で既に「本」として活動されている方よりも、新潟で暮らす人々の中から「本」になってくださる方を探すことに意義を感じたためである。

結果として、「本」となってくださった方々は、一部の方以外ＨＬを知らない方々であった。それでも、学生の粗削りな熱意に対するご厚意や、イベントへの関心から、一一名の方々が参加をご快諾してくださった。

二点目として、有志のプロジェクトとして行ったことである。ゼミではなく、学科を越えた有志の学生と教員により企画を行った。また必要な予算は学内の研究費を獲得して充てることができた。イベントのチラシは、新潟市内の専門学校の協力を得て作成した。

三点目として、対話への一層の配慮を試みたことである。学生たちは、自分たちでＨＬの模擬体験会を行っている。その経験から、ただ人と人が向かい合えば対話が生まれるわけではなく、その場の環境や、人の性格やコミュニケーションの技量にも大きく左右されること、そして人によっては「質問されたくない話題」もあることに気づいた。実際に、「本」の方との準備の中で、「この話題は避けたい」という声もあった。

そこで、事前に「本」の方に「質問されたくない話題」を聞き、本番でその「本」を借りた「読者」には、「○○さんには××の話題はご遠慮ください」というカードを渡した。また、「本」と「読者」が対話する卓上に、まずは挨拶をしましょう、自己紹介の例、終わったらありがとうと言いましょう、等を参考までに記した簡単な「対話の進行例」を設置した。

六　多様な人々が承認され語り合える場

さて、イベント本番である。ラジオへの出演、新潟の新聞への記事掲載等、外に対しての発信も一部行ったが、正直、企画の内容を準備することに手いっぱいで、十分に広報ができたとはいえなかった。それでも、雨にもかかわらず三五名の来場者があった。

「読者」の半数以上は二〇代の大学生で、主催者や「本」の方のつながりから、人づてにイベントを知った人が多数を占めた。来場した動機としては、「企画の内容に魅力を感じたから」や「企画の趣旨、目的に共感したから」というものが多く、内容や趣旨に魅力を感じ、強い関心のもとに来場している方が多いことがわかった。

他の開催事例の話を聞いていても、HLは、一度参加してみないとその面白さや魅力はわかりづらい。だからこそ、もちろんメディアを見て来る人もいるが、内容を理解している人が直接説明をし、関心をもった人が来るか、一度参加したことがある方が、周囲を誘ってきてくれるような形で広がっているケースが多いようである。

では、今回のイベントの「読者」、「本」の方はどのような感想を持ったのだろうか。「読者」アンケートから、『本』との距離が近くとても親しみを覚えた」、「実際に聞かなければわからないことを聞けて良かった」、「視野が広がった」、「以前は○○（障害や疾病等のカテゴリー）の人、とカテゴリーでその人を見ていたが、ある人の構成要素の中にその要素がある、という認識に変わった」、「そのテーマや、マイノリティに関して知る機会となった」、「知らない世界は関係がない、という図式をたった二〇分で壊すインパクトを感じた」といったものがあった。

また、ほとんどの「読者」は、今回の企画に満足しており、「次回の開催があれば参加したい」という声が多数を占めていた。

結果として、一一冊という「本」の数に対して、今回の来場者数は概ね適切であったように思える。実際にアンケートでも、「本」の数、種類について約九割の来場者が「適切であった」と回答している。仮にこれが五〇名以上になってくると、当然一人あたりが借りられる「本」の数も限られてしまう。

一方で、今回は「本」の負担軽減とわかりやすさという理由で、対話の時間を二〇分と休憩一〇分で、三〇分を一区切りで回転していく形態としたが、対話の時間が二〇分という点は、五割以上の来場者が「短かった」と回答しており、改善が必要であろう。

また、HLの良さとして、「多様な生き方に触れることができる点」、「身近にはいない当事者の人から直接話を聞ける点」、「一般的な症状等の知識ではなく、『本』となっている人の人格や気持ちを感じられる点」、「一対一で本人がそこにいるため、自分の関心、ペースで話を聞ける点」、「互いの本音や悩みも語り合える点」等が挙げられていた。「本」の方の感想からも、「自分が外に対して作っていた壁に穴を開ける場」、「語りによってアイデンティティ刷新の機会となる」、「自分の人生への肯定的な意味づけが後押しされる」といった声が聞かれた。

筆者は、「読者」や「本」の感想にもあるが、「語り合える」という点に大きな魅力と意義を感じている。「本」が自身の経験を「読者」に語り、「読者」も自分の聞きたいことを聞き、自分のことも語り合う水平方向のコミュニケーションにより、二人による、再現できない一回限りのライブな対話が生まれる。「本」との対話の中で、「読者」は自分との差異だけでなく、むしろ共通点を見つける。

しばしば「本」の方から聞く話として、「読者」からの「お悩み相談室のようになる」ということが挙げられる。どうやら、「読者」として「本」の方の話を聞く中で、「本」の方と共通した自身の悩みや、課題などを吐露するようだ。「ここでなら吐露できる」、「話しても大丈夫だ」そう思えるから、人は悩みや弱さを吐露することができる。「本」との対話という行為の中で、そこに安心できる承認の場が生まれているのである。

また、「本」となる方々は、生きづらさを抱えた経験や、何らかの身体的、精神的、または社会的な課題を抱え、支援の対象として見られることが多い。その点で、ＨＬは、対話の中で医療や福祉の現場での支援者と被支援者という立場に揺らぎを与える取り組みである。語り合いの中で、「読者」に自分の経験や考えを主体的に語ることや、「読者」の悩みや語りに耳を傾け、相談に応じることもある。そこでは、支援・被支援やマイノリティとマジョリティという固定的な線引き・アイデンティティから自由になれるのである。

「本」として協力してくれたＡさんは、精神的な疾患を抱えて施設でリハビリをしており、施設の職員の方と同伴で来られた。当日までの打合せでは、負担の面から、半日で帰るかもしれないという話であった。しかし、当日はイベントを最後まで楽しんでいただけたようだった。

Ａさんに話を伺うと、当日までは、どんな人が自分を借りに来るのか、上手く話せるのかと非常に緊張をしていたそうだ。また職員の方によると、Ａさんは、何度も自主的に、自分が語る物語を紙に書き、修正を重ねてきたという。当日は、「相手が自分と一対一で、自分の話に興味を持って聞いてくれて、質問をしてくれる。とても疲れたが、対話をするのが楽しかった。」ということであった。

野口（二〇〇二）は、アルコール依存症のセルフヘルプ・グループを例としながら、他者に「語る」ことの意味を述べている。それによれば、私たちは日々、他者に自分を語りながら生きている。自分の過去の失敗談や成功談、些細な出来事や悩みを「語る」ことで、自分の経験の意味や、アイデンティティを刷新しているという。ある時は悲しい事実や失敗の事実だったことが、「語り」を誰かに聞き取ってもらうなかで、事実の意味が変わり、肯定的で前向きな意味へと変わっていくこともある。そして、そのためには語りを聞いてくれる人が不可欠であるという。ＨＬの「読者」や「本」の方の話を聞くと、確かにそのような語りの価値を感じることができる。

七　誰もが本になりうる

二〇一五年の開催のあと、ＨＬ ｉｎ新潟は開催されていない。その理由は、まず先にしっかりと仕組みを整えたいと思ったためである。具体的には、複数の教員で立ち上げるプロジェクト研究センターという大学内の仕組みを活用し、シティズンシップ教育実践研究センターという研究プロジェクトを開始した。そして、平成三〇年度に一年生を対象とした『シティズンシップ教育入門』という科目を開講する準備を行っている。この科目では、学生たちが自分の周囲の「困った」や課題、想いを他者と語り合うこと、当該テーマに関する学びを深め、自分のプロジェクトとして提案すること、また学生を学内や地域での様々な活動への橋渡しすることを意図している。

誰がＨＬの「本」として適切であるのか。これは各ＨＬの方向性を左右する大きなポイントであろう。私は、誰もが「本」になりえるし、かけがえのない物語を持っていると思っている。とはいえ、単に地域の偉い方の話を聞く、社会人と話せば良いとは思わない。もし、ＨＬの趣旨を反映するとしたら、自身の中にある「弱さ」や、自身の中にある「マイノリティ」、「生きづらさ」、「違和感」、「課題」に焦点を当てることだと思う。そして、自分の語りが他者によって耳を傾けられ、自分を受け入れてくれる場を持つことは、社会に対して積極的に関わっていくための土台であると考える。そういった場づくりを、上記の科目、そしてＨＬ等のプロジェクトを今後行うことで実現していきたいと考えている。

以前、性的少数者の方が、自分の住んでいる地方では生きづらさを感じ、東京に上京する内容のテレビ番組を見た。その方にとって、東京は多様な価値観を地方よりも受容してくれる（少なくとも自由がある）場に映ったようだ。確かに、東京などの都市部よりも地方の方が、多様な価値観、生き方が許容される余地が乏しいように感じる。その意味でも、ＨＬのような場が地方にこそ必要であろう。

八　まとめ・今後実践をされる方へ

最後に、今回の実践から感じた課題・注意事項について記したい。まず、「マイノリティ」、「偏見」といった言葉は、しばしば相手にネガティブな印象を与える。「本」の方への交渉や広報の際に、これらの言葉を使用するのか否か、どのように表現するのかといった点に思慮が求められる。筆者たちは、極力別の言葉、表現で言い換えられるところは言い換えた。

二点目として、安心と余裕のある対話の環境づくりに特に配慮する必要がある。これは、当日、視覚障害のある「本」のＢさんの「見えないということ」に対するこちら側の配慮と対応が十分ではなく、不安を与える結果となってしまった反省でもある。事前に、全ての「本」の方に、対話の場にスタッフが必要かどうかを確認すると、Ｂさんは希望されていた。しかし、ヘルパーさんが横にいらっしゃる状況からこちらで勘違いし、結果的にスタッフが対話の場には同席しない状況となってしまった。

もし目が見えれば、自分の目の前に人が来たこと、どのような容姿、雰囲気か把握することができる。しかし、Ｂさんからすると、挨拶もなく突然目の前の椅子に座る音が響き、不安を感じながらも挨拶をするが、「読者」の挨拶が返ってこず、どのような人が目の前にいるのか全くわからない状況での対話を強いられる形となってしまったのだ。豊かな対話のためには、安心して対話をできる環境・ルールづくりとその共有が何より大切であると痛感したエピソードである。

そして、「本」の方との一対一での対話は、濃密な時間でもあるため、自分の中での気づきを咀嚼する時間が必要である。対話の場以外に、良い意味で息抜きができる空間や、時間的な余裕を設計に組み込んでおくことが望ましいと思われる。

三点目として、デンマークのHLが音楽文化の祭典で開催されたように、開催する場を、できれば、福祉関係の分野に囚われず、より一般に開かれた場でお祭りのような形や、アートのイベントのような形で実施できると望ましいと思う。

一方で、一般に開かれたイベントとするのであれば、誰が来るかわからないという点についてのリスク管理について対応が求められる。

最後に、HLという枠、形式に過度に囚われないことが大切である。HLは、主催者の意図、目的を実現するための一つの方法であり、目的に照らして、多様な形があって良いと思う。例えば、「HL」という、多くの「本」を一度に集める単発のイベント以外にも、「ヒューマンブックトーク（仮）」として、特定のテーマの特定の「本」の方による語りの物語を、読書会のように皆で共有し、語り合う催しを行うことも良いだろう。

それぞれが、HLに惹かれた本質は何かを問い、もしそれを違った形、より発展した形でできるならば、「正しいHL」という形式に囚われずに、まずはやってみることをお勧めしたい。

【引用参考文献】

齋藤純一（二〇〇〇）『思考のフロンティア 公共性』岩波書店．
斎藤環（二〇一五）『オープンダイアローグとは何か』医学書院．
佐藤裕紀、新潟医療福祉大学シティズンシップ教育実践研究センター（二〇一六）『地域資源を活用したシティズンシップ教育の実践――HLin新潟二〇一五開催報告書』新潟医療福祉大学シティズンシップ教育実践研究センター.
野口裕二（二〇〇二）『物語としてのケア――ナラティヴ・アプローチの世界へ』医学書院.
吉田右子（二〇一〇）『デンマークのにぎやかな公共図書館――平等・共有・セルフヘルプを実現する場所』新評論.

コラム7

多様性を認め合う社会に

吉川真以

二〇一六年八月。私たち、特定非営利活動法人シブヤ大学（以下シブヤ大学）は、渋谷で開催される「超福祉展」というイベントで、区内の福祉作業所のコンテンツを担当させていただくことになった。まずは区障害者福祉課の担当者と、渋谷作業所連絡会の方と一緒に目的から整理していったところ、「工賃アップ」と「障害者に対する理解を深める」という二点を叶えたい、ということになった。前年開催された同イベントでは、作業所で作られている菓子や製品の販売を行い、売り上げアップに繋がったという実績があったため、「製品の販売」は継続することになった。では、「障害者に対する理解を深める」という目的は、なにをどんな形で表現したら良いか。そこで出たのが、ヒューマンライブラリー（以下、HLと略す）のアイデアだった。

家族や身近に障害者が居れば、障害の有無はそれほど関係のないことに気づくと思うが（実際私の姉も障害者だ）、普段障害者と関わることが少ない人からは「どう接したらいいかわからない」という声も多く聞く。そこで、とにかく「会って話す」ということをやりたいと思った。製品を販売している隣で、作業所の人たちが、どんな想いで製品を作っているのか。また、日々どんな暮らしをしているのか。「読者」として来た人たちに、「わたしたちは何も変わらない」ということを実感して欲しい、というのが狙いだった。

早速、渋谷作業所連絡会を通して「本」役になる人を探し始めた。しかし、時はちょうど相模原障害者施設殺傷事件が起きたばかりの頃である。施設側も「どんな人が来るかわからない」と不安に感じるところがあったり、スタッフが足りないなど様々な理由で、結局五つの施設がHLに参加することになった。そのほか、シブヤ大学と繋がりのある方々を中心に「本」役の交渉をし、二五コマ、合計一九人の方々にお願いすることができた。

やはりHL自体が、まだあまり浸透していないということもあり、メールや電話で説明するも伝わりづらく、直接交渉する必要があったため、告知のギリギリまで奔走することになった。

開催半月前の一〇月下旬、シブヤ大学のホームページで告知を行い、延べ六〇名の方々に「読者」としてご参加いただいた。約六割が女性で、年代別で見ると、二〇～六〇代まで、幅広い方々にご参加いただいた。一人の「本」役に対して三人までの「読者」が聞くスタイルだったが、時間が経過するにつれ通りすがりの人も参加してくれるようになり、後半はその場の判断で六人ほどの「読者」が聞いている班もあった。アンケートの結果、九五％の人が「本役の人に対する理解が深まった」と答え、同じく九五％の人が「また参加したい」と答えた。当初心配していたトラブルも無く、笑顔で終わることができた。

開催してみて一番驚いたのは、「読者」が得るものと同等またはそれ以上に、「本」役が得るものがとても大きい、ということだった。ある施設長からは、こんなことを言われた。

「障害者は、いままで自分のことを誰かに語る機会がほとんどなかった。今回、自分が伝えたいことをまとめて、それを真剣に聞いてくれる人がいて、質問もされて、それがどれほどの自信に繋がるか。これからも是非続けて欲しい」。

ＨＬ開催後、再び施設を訪れたとき、「本」役をつとめた人から「またやらせて欲しい」と声をかけられ、大変嬉しかった。どうやらその影響はまわりの人にも伝播しているようで、「わたしもやりたい」と楽しみにしている人もいる。障害の有無にかかわらず、わたしたちに必要なのは「認められること」なのだと、強く実感した。

多様性を認め合う社会にするために。今後もこの活動を続けていきたい。

第五節　人と人、人と本とをつなぐために

——横浜市中央図書館の取り組み

小原亜実子

一　はじめに

横浜市中央図書館では、平成二七年一二月五日（土）と平成二八年一二月四日（日）に「見えない、見えにくい障害を知る　ヒューマンライブラリー＆講演会」と題して、ヒューマンライブラリー（以下、ＨＬ）を含むイベントを開催した。このイベントは、横浜市中央図書館で実施している障害者支援事業の一環として、「読者」が、「生きている本」と対話し、障害のある人に関わりを持つ人の講演会を聴き、さらに図書館資料を読んで知識を深める中で、多様な価値観に触れ「個性とはなにか」「差別とは何か」に気付き、偏見や差別のもとを考えてみる機会となるよう開催したものである。そのため、開催日には、「広く障害者の福祉についての関心と理解を深めるとともに、障害者が社会、経済、文化その他あらゆる分野の活動に積極的に参加する意欲を高めること」を目的として設定された障害者週間（毎年一二月三日から九日）から選んだ。

これから、実施概要、参加者や「生きている本」の感想など、当館での実践を通して得られた成果や課題から、公立図書館でＨＬを実施する意義について紹介する。

二　公立図書館の機能

図書館とは「図書、記録その他必要な資料を収集し、整理し、保存して、一般公衆の利用に供し、その教養、

調査研究、レクリエーション等に資することを目的とする施設」(図書館法第二条) である。そのなかで、公立図書館は、日本図書館協会「公立図書館の任務と目標」にあるように、「乳幼児から高齢者まで、住民すべての自己教育に資するとともに、住民が情報を入手し、芸術や文学を鑑賞し、地域文化の創造にかかわる場」であり、「公費によって維持される公の施設であり、住民はだれでも無料でこれを利用することができる」施設である。このことから公立図書館は、資料を収集し、乳幼児から高齢者まですべての人々に対して、調査研究や教養を深めるため、レクリエーションのためにその資料を提供する施設であり、その役割から、様々にある社会教育施設と比較しても来館する人の数が多く、平成二七年度社会教育統計 (社会教育調査報告書) によると、「一施設当たりの利用者数」は、平均五万五二三四人で「公民館 (類似施設を含む)」「博物館 (類似施設を含む)」「社会体育施設」と比較して一位となっている。

三　HLを開催した背景

(一) 図書館における心身に障害のある人へのサービス

横浜市中央図書館では、図書館利用に障害があり、特別なニーズのある人向けのサービスの一つとして、障害者支援事業を実施している。ここで行っている主たる業務は、視覚情報を利用することが困難な人に対して、視覚情報を触覚情報や聴覚情報に変換した資料などを提供すること、心身に障害があり図書館に来館することが困難な人に対して、資料を配送することといった当事者向けサービスである。具体的には、当事者向けサービスでは、資料の収集・提供、障害のある人からの調べごと相談・読書相談の対応、障害のある人にご参加いただける図書館見学ツアーなどを行っている。

また、視覚による情報を得ることが困難な人等の読書について、広く市民に伝えることで、障害があっても読書に親しめることを知っていただくとともに、その方法が周囲の人から当事者に伝わるよう、当事者の周囲の人に向けたサービスも行っている。具体的には、展示や家族、支援者等向けのイベントの実施、関係機関による各種調査への回答という方法で取り組んでいる。

（二）障害理解のための情報提供

このような中で、平成二六年に、障害のある人もない人も参加できる「図書館の使い方講座」を実施した。このイベントには、障害のある方だけでなく、家族や支援者、さらに障害者支援に関心のある人にも参加いただき、イベントに参加された人から、「障害のある人の生活についてもっと知りたい」という要望をいただいた。このことから、障害理解につながる情報に対する需要を知ることができた。さらに、平成二八年四月一日に『障害を理由とする差別の解消の推進に関する法律』が施行されるのを機会に、「障害」について広く知っていただく場を設けることへの必要性が高まってきたことも重なり、障害のある人もない人も共に参加できるイベントの開催に力を入れることにした。

イベントの形式として、ＨＬを選んだ経緯は、「障害」について考えるきっかけを提供するにあたって、図書館資料を紹介するのはもちろんのこと、人を身近に感じる中で「障害」に関する気づきを得ていただきたいということから、障害のある人から、直接、経験などのお話を聴くことができる機会を提供したいと考えたところに始まる。その中では、気軽に質問できる環境も大切と考え、大勢に向けた講演会ではなく、少人数制で対話できる場にすることとした。これは、障害のある人と一個人として接することで、ステレオタイプなイメージなど先入観で判断される部分が軽減され、差別を解消する糸口の一つとなるのではないかと考えたためである。そして、質問の機会があることで、「これを聴いては相手を傷つけるのでは」といった心のひっかかりに気づくことができ、そのひっかかりが何から生まれるものなのかを考えるきっかけとなると考えたからである。さらに、「障害」といっても、個人個人で、環境の違いや考え方の違いがあることも知っていただきたいと考え、複数の人からお話を聴ける場にしたいと考えたところ、このような目標を達成するためには、ＨＬの形式が有効であると考え企画した。

四　方法

横浜市中央図書館では、ＨＬと併せて、障害福祉に関わる人による講演会を実施した。これは、「生きている本」のお話とともに障害福祉に関わる人のお話を聴くことで、「読者」が、自身の視座を見つけやすくなるのではと考えたためである。

また、その過程で生まれる疑問などを解決するために、必要な資料を選び、手に取っていただきたいということから、「生きている本」や講演会に関連する資料のリストを作成し、図書館資料を展示した。このように、「ＨＬ」と「講演会」と「図書館資料」から知識を得られる場を提供することで、体系的で主体的に「障害」について理解を深めていただける機会につなげたいと考えている。ここから、実施までの準備について紹介する。

（一）テーマを決める

ＨＬは、社会的マイノリティに属する人から直接話を聴き、心の中にある偏見に気づくということそのものので一つのテーマとしての力を持っており、特段テーマを設定する必要はない。しかしながら、当館のＨＬは、テーマを設定している。「障害」を主たるテーマとしている理由は前述したが、その中でも「見えない、見えにくい障害」とした理由は、まず、図書館利用に障害のある人について知っていただきたかったためである。図書館利用の障害は、「活字で書かれた資料を読むことが難しい」「コミュニケーションがとりづらい」「外出が難しい」といったことから生じるものなどがあるが、その中でも、当館の障害者支援事業は、視覚に障害のある人向けのサービスを端緒としている。そのため、まず、視覚に障害のある人に「生きている本」になっていただくことを考えた。さらに、視覚に障害のある人を示すシンボルとして白杖があるように、その人だけを見ると、一見して障害があるとわかりにくい人がいらっしゃる。例えば、視覚に障害のある人や聴覚に障害のある人、心臓や腎臓など内部に障害のある人、てんかんや高次脳機能障害のある人などである。外見からは見えない、見えにくい障害を抱える人には、配慮や手助けの必要性が周囲の人に気づかれにくいことがあり、それによって、課題が生じることや周囲の人に誤解をされやすいことがある。目に見えず捉えることが難しい障害について知っていただくことで、日常の中で見過ごしている、配慮や手助けを必要としている人に気づくきっかけになればと考え、「見えない、見えにくい障害」をテーマとすることにした。

（二）「生きている本」に依頼する

過去二回のHLは、外見から「見えない、見えにくい障害」をテーマとし、外見からは気づかれにくい「障害」のある人で、図書館利用の障害の原因となりうる障害のある人に「生きている本」になっていただけるようお願いした。併せて、横浜市内で活動をされている人を中心にご参加いただくということにも留意した。そのため、「生きている本」になってくださる人を探す際、区役所等に協力を依頼した。このことにより、市内の障害者支援施設に協力いただき、横浜市内で活動をされている人に「生きている本」となっていただくことができた。

「生きている本」となっていただく人とは、開催前に、実際にお会いして打ち合わせをした。そこでは、イベントの趣旨をお話しし、ストーリーの組み立てや広報用の紹介文、読者の人数などを相談するとともに、当日、使用する会場の雰囲気が伝わるようにも努め、参加いただくにあたって必要なサポートについても相談した。これまで開催したHLの「生きている本」のタイトル、カテゴリーは、次のとおりである。

○平成二七年度

・「見えているの？　見えていないの？」（視覚に障害のある人）
・「聞こえない私の日常――私と世の中のつながり方」（聴覚に障害のある人）
・「失った〝声〟を取り戻すということ」（喉頭摘出した人）
・「私は〝怖い人〟ではありません！」（統合失調症患者）

○平成二八年度

・「弱視の私がつくるおいしい生活」（視覚に障害のある人）
・「埋もれた言葉を探すには」（高次脳機能障害／失語症の人）
・「夢はノーベル文学賞？」（統合失調症患者）

（三）障害福祉に関わる人による講演会

何かを学ぶためには、一つの視点からだけではなく、複数の視点から対象について知ることも有効である。そこで、「生きている本」の視点だけでなく、障害福祉に関わる人の講演会を併せて実施することで、考え方を整理する手助けになるのではないかと考え、障害福祉に関わる人による講演会を実施することにした。横浜市は、区ごとに地域福祉保健計画を策定するなど、福祉に力を注いでおり、ケースワーカー等、直接当事者に関わる職員がいる。これまでの二回の講演会では福祉に関わる本市職員を講師として、支援者の視点や福祉制度に関する講演会を併せて実施することで、入門としての知識とともに、経験に基づく支援の視点や最近の福祉の動向、市が行っている取り組みについて伝える場にもなった。

(四) ブックリスト・資料展示

ＨＬや講演会を通して生まれた疑問や課題を解決する方法の一つとして、図書館を利用する方法があることを紹介するため、資料を展示し、ブックリストを作成、配付した。展示資料は、ＨＬや講演会に沿った内容の資料のなかから、基本書や統計資料を紹介するとともに、休憩時間に眼を通すことを想定して、短い時間でも必要な情報を得られるよう、目次や索引が付いている資料、項目立てが明確な資料を中心に展示し、児童書からも選んだ。さらに、支援を必要とする人と支援者が結ばれるよう、近隣の支援施設のチラシを配付し、今後の図書館利用につながるよう当館のチラシも配付した。

(五) 当日の構成

平成二七年度実施時には、参加者にＨＬと講演会の両方を聴いていただけるよう、また「生きている本」の休憩時間を多く確保できるよう構成したが、参加者から、すべての「生きている本」からお話を聴きたいという要望があり、平成二八年度は、ＨＬを連続して実施した。「生きている本」の貸出時間は、「生きている本」と相談し、各回三〇分とし、その中で「生きている本」からのお話を二〇分程度、質疑応答を一〇分程度としていただいた（図表1）。

また、一回の対話では、「生きている本」一名に対して「読者」は四名程度までとした。

＜平成27年度＞

時　間	内　容
10時から10時30分まで	開場・「生きている本」への申込受付
10時30分から11時まで	ＨＬ
11時から11時10分まで	休憩・講演会受付
11時10分から12時10分まで	講演会「見えない障害とその支援を考える」（講師：本市職員）
12時10分から12時30分まで	休憩・「生きている本」への申込受付
12時30分から13時まで	ＨＬ

＜平成28年度＞

時　間	内　容
10時から10時30分まで	開場・講演会受付
10時30分から11時30分まで	講演会「障害のある人もない人も～共に暮らす社会に向けて一人ひとりができること～」（講師：本市職員）
11時30分から13時まで	休憩・「生きている本」への申込受付
13時から13時30分まで	ＨＬ
13時30分から14時まで	休憩・「生きている本」への申込受付
14時から14時30分まで	ＨＬ
14時30分から15時まで	休憩・「生きている本」への申込受付
15時から15時30分まで	ＨＬ

図表１　ＨＬのタイムテーブル

＜利用時の注意＞
次のご案内を必ずお読みいただき、ご了承の上、お申し込みください。
1「生きている本」との対話は、時間内に終了してください。延長はできません。
2 図書館職員、「生きている本」、同席の方に許可なく、スマートフォンなどによる会場内の撮影、録音、録画はできません。
3 読者として知り得た「生きている本」の個人情報を、許可なくＳＮＳ、印刷物等のメディア上に公開しないでください。
4「生きている本」を大切に扱ってください。「生きている本」が身体的、精神的に苦痛を感じた場合、「生きている本」が回答をお断りすることがあります。また対話を中止させていただくことがあります。
5 他の読者の迷惑になる行為はお控えください。
6 その他、職員から指示がありましたら従ってください。

図表２　利用時の注意

五　参加申込み

当館のＨＬは、事前申込み制をとっている。その理由として、会場を図書館内の事務ゾーンとしており、入館方法に案内が必要なことや入館いただける人数に限りがあること、特別なニーズのある人にも参加していただけるように会場準備をする必要があること、対応する職員数や配付資料数などの事前調整が必要なことなどがある。

事前申込の段階では、個々の「生きている本」についての申込みは受付けず、参加時間帯についてのみ申込みいただき、どの「生きている本」と対話するかは、対話開始一五分程度前に、会場で申込んでいただくこととした。これは、「生きている本」の体調等によって、話す内容が事前の広報と異なったり、お休みとなったりということが起こった場合にも対応できるようにするためである。

また、読者には、ＨＬを利用するにあたり、「利用時の注意」（図表2）を確認していただき、署名をいただいた。この「利用時の注意」は、チラシにも記載し、事前に伝えるようにした。

写真１　資料展示の様子

写真２　ブックリスト

六　成果と課題

（一）「読者」からの感想

障害のある人、その家族、福祉関係者、教員、図書館関係者など障害の有無にかかわらず幅広い層の人に参加いただくことができ、「生きている本」を中心として様々な視点から障害をテーマに対話できる場となった。参加者に、「満足」「ほぼ満足」「やや不満」「不満」の四段階で評価していただいたところ、回答くださった人全員から、「満足」「ほぼ満足」という評価をいただいた。自由記述では、「『生きている本』がどのような『障害』に直面し、生活するためにどのような工夫をしているのかが聴けた」「弱視といっても、いろいろな見え方があることが理解できた」など、「生きている本」個人に眼を向けるとともに、同じ障害を持つ人々について想像するきっかけにもなったようだ。

また、「障害からの回復の意味等が印象に残った」「何が『見えない』のかが少しだけ『見える』ようになった」「『見えない障害』は、社会の奥底にあってなかなか支援の手も届きにくいが、そういう所にしっかりと目を向けていく必要性を感じた」といった声をいただき、ステレオタイプにとらわれない「障害」の受け止め方に気づいていただける場となった。

（二）「生きている本」からの感想

「『生き字引』という言葉もあるので『生きている本』と呼ばれることに抵抗はなかった」という声とともに「参加する人の感じ方、考え方が様々。多様な人からの質問にも答えられるよう対応を変えないといけないと感じた」「参加者数が少ないので、講演会で大人数に話すより、息遣いなど相手の反応がよくわかって、理解されているかをつかみやすかった」「個人の意見であることを伝える必要があった。他の人が話すと、同じ障害があっても状態も感じ方も違うと思うということを伝えるように気を付けた」といった声をいただき、「生きている本」が、「読者」の反応を感じながら語ることができる場となったことが伺えた。さらに、「生きている本」になって、「読者」に語るにあたり、過去の経験を振り返り、当時感じていたことを思い返すきっかけとなったとの声もいただき、「生きている本」にとって得るものがあったことがわかった。

また、「支援者の講演会があったので、障害の概論について理解が得られていて話しやすかった」という声もいただき、講演会を行ったことは、「生きている本」の助けにもなった様子であった。

(三) テーマを決めることのメリット、デメリット

メリットの一つ目は、図書館資料の紹介をしやすくなったことである。多岐にわたる分野の資料を収集している図書館では、資料を紹介するにあたって、テーマを絞ることで、視点が定まり、課題を解決するための資料を選びやすくなった。二つ目は、テーマに基づきＨＬと障害のある人に関わる人の講演会を体系的に結び付けることができ、内容に広がりを持たせることができたことである。

反対に、テーマを設定したことのデメリットもある。最も大きな課題は、「障害」に縛られることである。タイトルに「障害」が付くことで、「障害」に関心のない人には、参加しづらい印象を与えた恐れがある。気負わず参加できるよう、タイトルや構成を工夫するなど検討する必要がある。

七　ＨＬを実施して気づいたこと

会場レイアウトを検討する際「静まりかえった部屋で話すことは緊張する」という声があり、空間を共有

できるよう一部屋に複数のテーブルを配置し、当日に臨んだところ、「読者」から「発達障害があり音が気になるので、集中して聴けるよう静かな会場にして欲しい」という要望をいただいた。そこで、講師と調整し、急きょ一部会場レイアウトを変更して開催した。事前に検討し準備することは必要だが、要望に合わせて柔軟に対応することも欠かせない。この経験は、企画事業だけでなく、日常の業務にも生かすことができるものである。

八　まとめ

（一）公立図書館でＨＬを実施する意義

公立図書館は、年齢などの制限なく、多くの人が利用する場であり、「マイノリティ」に関心のある人もない人も来館する場所である。これは、ＨＬを開催するのに適した場の一つであると考えられる。しかしながら、公立図書館で、ＨＬを実施したと聞くことはまだ少ない。

当館が、ＨＬを開催したことで得られたものは、読み解くために、知識や経験を必要とする資料や、図書としてまとめることが難しい情報について、「生きている本」と対話する中で理解を深めて頂けたことであり、そこから「図書館の本」を利用するきっかけを提供することにもつながったことである。これにより、人と人、人と本を結びつける場となった。

また、ＨＬを開催する中で、障害者支援関係部署や地域の障害者支援施設が、協力くださり、地域の図書館として、障害者支援事業を実施する上で大切なつながりを得ることもできた。さらに、「障害」により、特別なニーズがある人もそうでない人も、参加者として、運営側として、参加していただくこともできた。

ＨＬを実施したことで、「読者」には、「生きている本」との対話から、差別や偏見のもとに気づくととももに、他の「生きている本」にも関心が生まれるきっかけを提供できた。そして、「生きている本」には、「読者」との対話を通して、過去を振り返り、多様な価値観に触れる場を提供できた、このことが障害の受容や精神的回復につながればと考える。

ＨＬを通じて、同じ社会に生活する一人一人に関心を持ち、相互に理解しようとすることで、誰もが生活しやすい街へ発展していく一助となればと考える。このことは、公立図書館が地域の情報拠点としての役割を果たすことにもつながるのではないだろうか。

（二）今後の課題

これまで実施してきたＨＬは、「生きている本」の人数を三名から四名としており、「読者」が、どの「生きている本」を借りるか、選択できる余地が少なかった。人数が少ないことで、会場となる部屋の数が少なくても、落ち着いた空間の中でＨＬを開催できるなどのメリットもあるが、今後は、読者が積極的に「生きている本」を選んで借りることができるよう、会場を図書館以外に設けることを視野に入れ、会場づくりに工夫して、一回の開催でお招きする「生きている本」の人数を増やす方法を考えたい。

また、現在は、事前申込制をとっているが、このことにより、参加に対するハードルが上がってしまう恐れがある。気軽に参加していただけるよう、開催方法を検討する必要もある。

（三）図書館を成長させるために

図書館は、資料を保存・提供している場所であり、様々な知識と照らし合わせながら、新たな知見を広げていくことができる場になることができる。その場を利用者に提供する方法の一つとして、人と人、人と本とをつなぐＨＬは有効である。

また、二〇一〇年に実施された「公共図書館における障害者サービスの実施状況の調査」によると、「障害者のためのサービスを実施している図書館」は、六六％程度といわれている。障害者サービスを実施している図書館もそうでない図書館も、図書館利用に関する特別なニーズを常日頃から捉えようとすることは大切なことである。ＨＬを開催することで、普段は来館しない人もしくは来館していても声を聴くことのない人からも、お話をうかがう機会を得ることができた。ＨＬは、図書館の機能を伝え、より使いやすい図書館にするためのヒントをいただくきっかけにもなる。今後も、ＨＬの開催回数を重ねることで、「生きている本」をお招きし、さらに、これまで「生きている本」としてお招きした人とも引き続きつながりを持つことで、「生きている本」の蔵書数を増やし、生きている図書館の機能を充実させるよう取り組んでいきたい。

【引用参考文献】

（１）日本図書館協会図書館政策特別委員会（二〇〇四）「公立図書館の任務と目標」.
（２）文部科学省（二〇一七）「平成二七年度社会教育統計（社会教育調査報告書）の公表について」.
（３）シード・プランニング（編）（二〇一一）「平成二二年度『公共図書館における障害者サービスに関する調査研究』報告書」.

コラム8

障害者の地域生活を考える交流会
――誰もが安心して暮らせる地域を目指して

芳村夏未

一　はじめに

平成二八年三月一八日（金）、玉川地域社会福祉協議会事務所の主催で、「ヒューマンライブラリー@奥沢」を開催した。当事務所では、様々な障害について知り、地域に住む人々の相互理解を深めることを目的とし、毎年標記の交流会を開催している。内容については、その年ごとに異なるが、開催が障害者差別解消法の施行を目前に控えた時期であったこともあり、担当者としては、地域住民に対して、障害への理解をより深める内容にしたいと考えた。事業内容の検討を進める中で、ヒューマンライブラリー（以下、ＨＬと略す）の目的や考え方に共感し、当協議会が数年前よりＨＬの企画の後援をしていた駒澤大学社会学科坪井先生へ協力依頼したところ、坪井ゼミ・坪井研究室としての協力をご快諾いただき、事前準備中の助言はもとより、ゼミの学生の協力（当日の司書役や受付、アンケート集計等）を得ることができた。

二　「ヒューマンライブラリー@奥沢」の開催

当協議会ではＨＬを実施した経験がなかったため、駒澤大学坪井健ゼミ著『ヒューマンライブラリー事始め』を参考にしながら、準備を進めていった。準備を行う中で、特に重点をおいたことが二点ある。

一点目は、会場の選定である。担当者としては、参加者がリラックスした雰囲気の中で安心して対話を行っていただくことを第一に考えた。その結果、地域のコミュニティの活性化・再生を目指して様々な活動が行われている「シェア奥沢」（世田谷区奥沢）での開催となった。「シェア奥沢」のオーナーには、会場の利用だけでなく、広報（シェア奥沢のフェイスブックへの掲載）にもご協力をいただいた。

二点目は、「本」となってくださる話し手を集めることである。当協議会は、地域住民がお互いに支えあうことのできる仕組みづくりに取り組んでいることから、できる限り、身近な地域で生活している方に「本」となっていただきたいと考えた。そこで、日頃からつながりのある玉川地域障害者相談支援センターの相談員や地域活動団体の代表者、当事者団体等に声をかけた結果、身近な地域にお住まいの方や近隣施設に通われている四名の方々（視覚障害当事者・身体障害当事者・知的障害のある息子を育てる母・精神障害者）に、開催日当日「本」となっていただくことができた。

開催日当日の流れは、話し手一名に対して、「読者」は四～五名で設定し、二部制とした。その後、「読者」や「本」となっていただいた方、スタッフも含めた全員で振り返り・意見交換の時間を設けた。

三　「本」と「読者」からの感想

「本」と「読者」に対するアンケート結果より、「本」である話し手側については、話すことで気が滅入った・傷ついた等のマイナス的な感想はなく、「本」として日頃感じている自分の気持ちを話すことができてよかったという感想がほとんどだった。また、「読者」側については、参加する前と後を比べたときに、ＨＬに対する印象が明るくなった・身近に感じた、という感想が多数だった。このことにより、「本」である話し手と「読者」が直接対話することで、「本」と「読者」の相互理解が深まったことは、当協議会として初めてＨＬを開催して得た大きな成果である。

四　まとめ

現在、当協議会では、世田谷区が推進する「地域包括ケアシステム」の地区展開にあわせ、相談支援体制の確立や、地区の実情に応じた新しい福祉サービスの創出・仕組みづくりに取り組んでいる。今後は、誰もが暮らしやすい福祉のまちづくりの推進に向け、当事者やその家族の生の声を地域の方に伝えていく手法として、ＨＬを活用していく他、関係機関・団体との連携の下、個別支援を視野に入れた地域支援を行っていきたいと考えている。

第三章 海外におけるヒューマンライブラリーの実践

第一節 ローンセストン市のヒューマンライブラリー
――成功したプログラムを振り返って

ナタリー・サーバント（Nathalie Servant）
（橋本博子 訳）

一 ローンセストン市のヒューマンライブラリー（以下、ＨＬ）の目的

私は、二〇〇七年末にオーストラリアのシドニーで行われた安全に関する全国会議に出席し、数年前にニューサウスウェールズ州のリズモーでＨＬを始めることに成功したサビナ・バルトルウェイト（Sabina Baltruweit）の発表を聞いた。当時、私は、ローンセストン市の地域社会計画および安全担当職員で、「認知上の安全」（人種的偏見、社会的差別、「見かけ」の異なる人々に対する漠然とした恐怖など）という、一般的にはあまり表に出てこない分野における地域社会の潜在的な可能性を育てる新しい方法を模索していた。「現実の安全」（交通安全、自動車盗難など）のために行っていた他の取り組みを補完する手段を求めていたのである。ＨＬが安全の最も捉えがたい側面に地域で取り組むプログラムであるのみならず、地域社会の人々が

社会を変える鍵になるということを、国際的かつ専門的に承認してくれるものだとわかった。そして、ローンセストンでも二〇〇八年にHLを始めたのである。

ローンセストンは、州都ホバートに次ぐタスマニア州第二の都市で、二〇〇七年の人口は約六万四千人であった。タスマニアはオーストラリアの美しい島で、経済成長の鈍化や高齢化などの問題はあるが、地域の安全に関してはさほど問題がない。オーストラリアの主要な国際空港や港から離れていて、世界の社会的変化から守られていたのである。しかし、変化の兆候はあった。二〇〇六年から二〇一一年の間に、ローンセストン市では海外からの移住者が二九・六％増加し、同時期に、地域社会の「認知上の安全」に関係のある問題が増えていた。

テレビや新聞で見る、他の場所で起きていることによって、人々は社会や世界を理解し、子どもや家族や友人など、他の人々にも影響を与える。そのような理解が、筋の通らない恐怖感を生じさせる集団的な「現実」となりうるのは危険である。そんな「現実」が広がる前に、この問題に取り組む革新的な手法を見つける必要があった。

このような状況で取り入れられたHLの手法は、ローンセストンでは今でも地域社会の調和をより確かなものにするための予防的手法であり、以下のような目的をもっている。

- 地域社会の特定の個人や集団に対する差別につながりやすい偏見について、人々の関心を高め、前向きな対話ができるようにする。
- 地域社会に関わることなのだから、受け入れとまではいかなくても、個人的、社会的、文化的な違いについての相互理解を促進する。
- 人間の多様性を認めて祝福する。

・ほとんどの人が潜在的に持っている「他者への恐れ」に対する自覚を促し、「認知上の安全」を強化する。

・すべての人に発言権を認め（多様性の受け入れ）、帰属意識と市民の誇りを育てる。

・市民社会と公的機関がともに行動し人権を促進できるように力をつける、より大きな運動への出発点となる。

二　HLの手法の特徴と課題

ある集団の人々に対して距離があると、ステレオタイプ（固定観念）をもちやすいが、直接的で個人的な交流があると、そのようなステレオタイプは維持しにくいという点にHLの力がある。もし、HLが相手を尊重する経験、前向きでかつ内省を促す経験を提供できれば、そのような経験を持続させられる可能性はとても大きい。人が恐れや偏見を駆り立てられるような状況に置かれた時に立ち戻る「デフォルト」（初期設定）経験になるだろう。この誠実で謙虚な気持ちから生じる「人間同士」の「対面の」経験は、HLの鍵であり、かけがえがないものである。

ローンセストンでは、HLが市の新たな取り組みだったため、地域社会計画課から職員一人がつけられ、年間二千ドルの予算が与えられた。ほかにも、地域社会で活躍するリーダーたちが、独立した小規模の委員会を立ち上げ、このプログラムを今日の姿に発展させたのである。それは、成功と失敗を重ねながらであったが、確かな基準として機能しうる方法論に支えられていた。私たちは、他の国や地域でどのようにHLを運営しているかを調べ、ローンセストン市でHLを促進するために、どのような資源とネットワークがあるかを評価し、実行した。当初は、「本」が互いのことを思いやり、自らの差異を超えてつながることのできる人々の「ひとつの大きい家族」のようになるとは、想像さえしていなかった。

ローンセストン市のHLは、「読者」がこちらに来て参加してくれるのを待つのではなく、「読者」のいるところにこちらから出かけて行く。その結果、夏祭り、収穫市、地域の集会所、街頭イベントや展示会などすべてが、違うタイプの「読者」を集めるのに素晴らしい場所だとわかってきた。学校の授業期間中は、多くの地元の高校（生徒は一六―一八歳）を訪れる。時間割にHLを組み込んでくれる教員と連絡を取るが、私たちの役割は、「本」の方々の都合を確認し、プログラムを学校に届けることである。HLのセッションの前には、私たちが何者で、何をするのか、HLの概要を生徒たちに伝える。そして、二〇分ごとに別の「本」と対話できるように、生徒三名ずつの、多くとも四名までのグループをつくる。ひとつのセッションで、通常、各グループが四人の「本」と対話する機会がもてるように時間を配分する。セッションの終わりには、すべての「本」と生徒たちが再び集まって、「多様性」を祝福する時間をもつが、そこでは短いまとめをして感想などを聞く。さらに、次の授業の最初にもHLの経験を振り返る機会をもうけるよう教師に勧めている。その反応は概してとても肯定的で、教師はその次の年にも私たちが学校を訪問する時間をつくるために連絡してくれる。このような出会いは、創作的な作文を書く授業（英語のカリキュラムに組み込まれる）の出発点にもなる。そのときに参加した「本」の方々にも読んでもらえるよう、生徒の作文のコピーを受け取ることもある。HLは、他者を尊重し理解し共感する気持ちを、相互に促進する。「読書」は、快適で安全で、ある程度私的な場面で行われる対話である。お互いに話して聞くという均等な機会があると受けとめた人々の間に交流が生まれる。「読者」はその過程を通してリラックスし、人と交流するための社会的能力を活用するのである。

HLの手法は、人に力を与えてくれる。それは、知らない人と直接会って、身近でない話題について話すという期待があれば、相手に対して完全に無関心でい続けることは、誰にとっても困難だという単純明快な理由による。どのＨＬのセッションでも、最初に生徒たちが見せる警戒の度合いは、大変興味深い。ウォーミングアップをして心を開いてリラックスした段階に至るまでは、体のしぐさも硬く、深い関心を示すこともなく聞いている。しばらく「ためらう」生徒（読者）もいる。「本」の方々は、どの新しい対話にも生じる、このような最初の緊張状態を語ってくれる。「読者」は、連続して二、三人の「本」と出会うと、次第にリラックスして自信と力をつけ、新しい「本」に容易に関わり、楽しめるようになるようだ。安全な環境において、出会いの最初に起こる自然なストレスを経験し乗り越えなければならない過程は、ＨＬの経験全体にとって重要である。このようにして、毎回のＨＬの活動では、リラックスし、差別的でない言語を使い、相手に共感するスキルを強化する時間を「読者」に提供しながら、「読者」が三〜四人の「本」と出会えるように時間設定をする。

ＨＬイベントの間に、感動的な事象が起こっているのに気づくことがよくあるが、それは「全く不思議な力」としか言いようがないもので、ＨＬが「読者」に力を与えるのを示している。このような瞬間を他の「本」よりも自然に引き起こすのが得意な「本」の方々がいるようだ。ローンセストン市ＨＬの三人、エディとアデルとガンターは、そのような「本」である。エディの「本」としての題名は、「私に配られた札――人生とはトランプゲームのようなもの。配られる札は選べないが、その札をどう使うかは自分で決められる」で

写真１　ローンセストン市ＨＬの「本」と委員会メンバー。2017年６月７日に地元の高校で行われたＨＬにおいて、左からエマ、ロス、ノエル、ガンター、ウィザード（犬）、アデル、ナタリー、サラ。

ある。エディは、売春や薬物中毒など、たいていの人が悲惨な人生話というような経験を、快く読者に話してくれる。教育、友人たち、そして母になった経験を通して、というより、主にエディ自身の素晴らしい心と人柄によって、どのように人生が変わったのかを詳しく話してくれる。若い母親であるエディは、よく赤ちゃんだった息子をＨＬに連れて来ていた。その赤ちゃんが対話の途中から対話が終わるまで生徒の膝の上にいるのは、いつものことだった。生徒たちがエディに別れを告げて他の「本」と向き合う時まで、つまり、エディとの対話の最後まで、赤ちゃんはその生徒たちに世話をしてもらったままで、交替を求められて仕方なくエディのもとに戻されるのだった。生徒たちはとても楽しそうに赤ちゃんに食べ物を与えるのである。

アデルの「本」の題名は、「私の道を見つける――目の見えない者として、自分の道を見つけようとしているだけ」である。アデルは生まれた時に視力を失ったので、一度も光を見たことがない。アデルの話は、聞くのも辛い経験にもなりうるが、アデルは決して愚痴をこぼすこともなく、どうやってテレビを見たり、ドラム演奏を楽しんだりし、勉強を続けたのかを話してくれる。街を歩く時には伸縮式の杖を使っていて、ＨＬに来る時もその杖を持っている。アデルと生徒たちとの対話では、目隠しをされた男子生徒たちがアデルの杖を使って、部屋を自由に歩き回って出入口が見つけられるのを仲間に証明しようとして、よく笑いが起こる。生徒たちは、たいてい、アデルの器用さに対して謙虚な気持ちになり、彼女の世界の見方に耳を傾ける。

ガンターは、たぶんローンセストンのＨＬでは初めてだったが、「本」の題名を二つもっている。ひとつめは、「オーストラリアを私の新しいふるさとにする――一九五二年にトレヴァリン水力計画のためにドイツから来て、後にアンセット・オーストラリア航空の社員として働いた。私の人生経験は変化に富んでいる」。最近、彼はもうひとつの題名をもつことになった。「盲導犬と生きる――新しい友達が来てから私の日常生活は最高に良くなった。もちろん、一度や二度は驚いたこともあったけど」という題である。ガンターは、愛情深く、カリスマ性のある、常に陽気な地域社会の一員だ。乱暴な男子生徒でも子羊のようにおとなしくさせ、人によく共感できる、成熟した人間に変えてしまう力をもっている。対話が始まると、双方向の尊重と寛容さがにじみ出すのに二〇分もかからない。生徒たちは、ぎこちなくではあるが、ガンターに腕を貸し、椅子と机でいっぱいの教室を案内する。ガンターは独特な方法で世代の壁を乗り越えるのである。

高校でHLのイベントを開催した後に生徒たちの感想などを集める過程を通して、HLが生み出す友好的な出会いの価値の多くは、後の内省段階で生まれているのがわかった。私たちのHLの目的は、より深い経験に基づいて、その後によく考える経験をさせることである。これらの経験から、HLで力を得たように感じた人々が、その後、自分の選んだ方法で、人権擁護のために行動できるようになるのは理解できる。このようにして、HLは、よりグローバルな行動への出発点となりうるのである。

ローンセストン市のHLの特徴として以下のような点がある。

- 「本」は、概して、個人的な問題や社会的な偏見を克服してきた人々で、かつ、「読者」に快く自分のことを話し、読者の人生にとって重要な話を語ると同時に、読者の話も聞いてくれる人たちである。
- 安全な環境での対話は、内省や教育的な力をもたらす経験をつくりだす唯一の条件である。そのような自然な対話を促進するために、地域社会の一員としての「本」を社会に送り出している。
- 「本」になってくれそうな人たちには、HLに「読者」として参加して、まず自分自身で体験するよう勧めている。そうすると、HLの目的が理解でき、自分の語りたいことが明確にできる。そして、他の「本」とともに、「本」になる自信をつける豊富な機会がもてるのである。
- 「本」が自分の役割に自信がもてるように、また、自分が話したくない質問に答えるのを拒否できるように、準備し支援する。

- ローンセストンのＨＬでは、市が主催するが、「独立した」委員会が運営するという仕組みを選んだ。この方法は、社会の潜在的な可能性を高めることに関心のある、進歩的な地域社会計画の枠組みに非常にうまく位置づけられた。
- 排除や差別といった否定的なことばではなく、「人間の多様性に対する尊重、寛容の精神、平等、他者に対する敬意」のような肯定的なことばを意識的に使用し、断固として肯定的な側面や強みに焦点をあてるようにしている。また、他者に対する思いやりと寛容を重視している。

私たちのＨＬにとって、当初の問題は、来てくれる「読者」が少ないことであった。最初のころの公開イベントは、理論的には完璧な場所だと思われる市立図書館で開催した。ただ、「読者」が集められず、「本」の方々を退屈させ当惑させてしまった。そこで、方針を見直して、すでに固定客をもっていた他の組織との共同事業の立ち上げを決めた。その決定までは、ローンセストンＨＬ運営委員会が、人の集まらない理由として、ＨＬの価値に疑問を呈するところまで逆戻りしてしまうこともあった。共同事業では、ローンセストン市は、他の組織が使っていた宣伝方法（ニュースレター、イベントへの招待、口こみなど）の恩恵を受ける一方で、他の組織が運営するイベントに新たな価値を付け加えたのである。この方法は、市がどのイベントを支援するか（例えば、タマール渓谷平和フェスティバル[1]、フェスティバーレ[2]、ＬＧＢＴＩＱストリートフェアー[3]など）を選ぶのに、よい機会にもなった。また、この方法は、私たちが期待していなかったやり方で、「本」の「採用活動」を支援してくれた。コミュニティが社会的に分かれているために、主な集団以外の他の集団に接触するのは大変難しいことがある。このようなイベントでは、自ら私たちのところに来て、自分も「本」として参加できるかと尋ねてくれる人々がいるが、個人的にそうしてくれるのであり、理想的なことである。

地域開発や能力強化の手法がこのようなプログラム開発上の問題を解決するのに非常に有効なのは間違いない。

三　主な成果と今後の課題

ローンセストン市のHLは、運営委員会の不屈の努力と献身的な「本」の方々のおかげで、ローンセストンで高く評価されている。二〇一八年には一〇周年を迎えるが、実に大きな業績だと言えよう。ローンセストン市のHLは、市外で行われるイベントでもHLをしてみようと考えさせるような刺激を与えてきたし、州都ホバート市のHLの初期段階も支援した。今では、ローンセストン市とホバート市のHLが、タスマニア州の北と南で運営されている。やり方が少し違ってはいるが、どちらも同じ信念に基づき、地域社会に利益をもたらしている。この二つのプログラムは、必要な時には互いに助け合い、タスマニア州における人権の促進に好ましい効果をもたらしているのである。

ローンセストン市のHLの主な成果は、多様性を祝うニーズを促進し、多様性をあたりまえのものにできる力であった。その力は、参加者にそれぞれ自分の属する社会で「寛容を実践」させ、別の誰かと「つながる」ためには、必ずしもその相手と自分とが同じようである必要はないとわからせることができる。地方自治体によって始められ支援されたこのプログラムの成功は、人権推進の分野において、市のような自治体がリーダー的役割を果たせるのを明らかにした。人権の推進は、地域社会の理想に適合し、かつ人を引き込む最高の実践ができる分野なのである。

ローンセストン市のHLは、人権の促進、保護、達成を確かなものにするために活動してきた功績で、二〇一四年にタスマニア州人権賞を受賞した。「人々が偏見や差別に異議を申し立てるのを助ける話や、人権と多様性に対する共感と理解と尊重を促進する話が聞ける、開放的で互いに尊重し合える場を地域社会につくる」力が選ばれた理由である。二〇一三年には、ローンセストン市のビジネス界にも認められた。地域社会形成の分野で卓越した仕事に与えられる賞の最終選考に残ったのである。このような評価は、きわめて目立たないことの多いプログラムの知名度を上げ、信頼性を高めてくれた。ＨＬという手法が国際的に着実に発展することで、地域における実践に普遍性も与えられる。ＨＬは、私たちを世界とつなぎ、地球をより安全で寛容な場所にしていくだろう。

写真２　2011年のフェスティバーレで行われたＨＬで対話中のギャリーとロス

ローンセストン市のＨＬの今後の課題のひとつは、社会にますます増大する多様性を反映した本を確実に提供し、「本」を地域社会のより幅広い人々とつなぐための新しい方法を求め続け、地域における人権促進活動の発展に貢献することである。

ローンセストン市主導で、地域社会との連携によって発展した、ローンセストン市ＨＬを代表して(4)

【注】

（１）様々な活動を通して「平和の実践」に人々を引き込む目的をもった、三日間にわたる地域のイベント。

（２）タスマニア州の最高の食べもの、ワイン、ビール、芸術、エンターテインメントなどを紹介するための三日間にわたるお祭りで、重要な夏のイベントのひとつ。

（3）同性愛者、異性装者、両性愛者などの性的少数者のコミュニティによって運営される性的多様性を祝う街頭イベント。

（4）過去および現在のローンセストンＨＬ委員会のすべてのメンバーと「本」の方々、特にロス・ルイス（Ros Lewis）、マイク・マッコーズランド（Mike McCausland）、ケリー・チャールズ（Kelli Charles）、ノエル・ブルームホール（Noel Broomhall）、エドワード・ブルームホール（Edward Broomhall）に感謝の意を表したい。

第二節　フィリピンと東南アジア諸国連合（ＡＳＥＡＮ）におけるヒューマンライブラリー

ジョセフ・Ｍ・ヤップ（Joseph M. Yap）
ドナ・リン・Ｇ・ラバンゴン（Donna Lyn G. Labangon）
（橋本博子　訳）

一　はじめに

世界の多くの地域と同様に、フィリピンでも人権侵害の様々な事件や偏見を助長する発言などが、女性、子ども、若者、性的少数者、身体障害者、人のいやがる仕事に従事している人、宗教の異なる人、貧しい人などを、大多数の人と合わないという理由で貶めてきた。この状況に対して、若干の法的判断がなされ法律も施行されてきた。「権利章典」（Bill of Rights）は、私たちが法律による平等な保護を否定されるべきではないと気づかせてくれる。フィリピンで差別と闘うための様々な法律[1]が制定され、人々の権利が守られてきたことは確かである。しかし、このような法律が今も有効であるにもかかわらず、日常生活において差別や偏見が広まっている状況は変わっていない。

恐れる必要がなく、人に共感できる安全な場所で、偏見や差別の概念を人々に示せば、特定のカテゴリーの集団に対する理解と寛容につながる力に気づいてもらえると、私たちは考えた。フィリピンでヒューマンライブラリー（以下、ＨＬ）を取り入れれば、人々をステレオタイプで判断したりレッテルを貼ったりする状況が改善できるだろうと期待した。特に大学でのＨＬの立ち上げは、学生の若い心を変え、学生たち自身によく考えさせて偏見を軽減するのに有効だと考えた。差別に対抗するこのような戦略は、「本」と「読者」の間での本当の意味での話し合いの機会になるのである。

本節では、フィリピンのマニラにあるデ・ラ・サール大学（以下、ＤＬＳＵ）図書館が二〇一四年八月に始めたＨＬに焦点を当て、「本」と「読者」の経験と、プログラムに対する評価を報告する。また、ＤＬＳＵ図書館のＨＬプログラムの発展と、東南アジア諸国連合（ＡＳＥＡＮ、以下、アセアン）地域で現在行われているＨＬについても述べる。

二　フィリピン初のＨＬの立ち上げ

注意深く書かれた書物は、印象を疑い、思考を促し、好奇心を駆り立てるかもしれない事柄を深く話し合うための源である。一方、人間は社会的な存在で、他の人々を通して知識や経験を求める傾向もある。ダライ・ラマ（Dalai Lama）が簡潔に述べたように、「私たち人間は社会的存在である。他の人の行為の結果としてこの世界に生まれ、他の人に依存して生きていく。好むと好まざるとにかかわらず、他の人から恩恵を受けない瞬間は、私たちの人生にはほとんど存在しない。それゆえ、私たちが幸せだと感じるのがほとんどの場合に人間関係によるのは当然であろう」（Taran, 2011）。人は人との関係の重要性を無視することはできないのである。ＨＬはこのような考え方に基づいている。

二〇一四年にＨＬをフィリピンに初めて紹介したのは、ＤＬＳＵである（Yap and Labangon, 2015・DLSU Library Newsette, 2014）。図書館長アナ・マリア・フレスニド（Ana Maria Fresnido）は、タイで行われたアセアン・プラス三のためのＨＬに関する国際フォーラムに参加した後、フィリピンにＨＬをもたらした。フレスニドは、図書館司書による委員会を立ち上げ、最初の四回は、本節の筆者二名が、その後は、委員会の他のメンバーが議長を務めた。第一回目のＨＬのためには、二〇一四年二月から七月までの六か月間をかけて詳細な計画を立てた。そして、二〇一四年八月に大学内外の人々を対象に第一回のＨＬを開催し、それから二〇一六年一二月までの間に六回実施した（DLSU Library Newsette, 2016）。

ＤＬＳＵ図書館は、社会の様々な問題にも意識を向け、開かれた安全な場としての図書館の本質的な市民的価値を明確に認識してきた。このような考え方がフィリピンの図書館においてこの重要なプロジェクトを推進したと言える。ＤＬＳＵは、「批判的、創造的に考える人、効果的なコミュニケーションができる人、よく内省できる生涯学習者、社会の変革を促進させる奉仕に熱心な市民を育てること」を通して、ラザリアン能力[2]を説いてきた。そのラザリアン能力に導かれながら、誠実な会話の機会を提供してくれる「本」の個人的な経験を十分に生かし、図書館を誰にとってもかけがえのない学びの場にしてきたのである。

社会問題に対して思慮深く、感受性豊かで配慮のできるラザリアンのコミュニティのイメージを育む機関として、私たちは、「本」が「読者」と共有する大切な情報は、「本」自身や社会との日常的な出会いを反映していると考える。その出会いは、「読者」が心を開き、早まった判断を下さずに人間性の原理に心を配るのを助ける。

誰を「本」として招待するかは、委員会が選ぶ。委員会は、地域社会に広まっている偏見を調べて評価し、その結果を最初の「本」を選ぶ手がかりにすればより効果的だろうと考えた。そして、地域社会に存在する偏見を二週間にわたって調査した。二〇一四年と二〇一五年の二回の調査で集めた偏見には、平均して七〇以上のタイプがあった。その調査結果に基づく偏見のリストは、その次のＨＬで参考にした。その後も再調査を行い、必要に応じてリストを更新した。

二〇一四年の調査で最も多くの回答があった二〇タイプの偏見から、一〇人の「本」にＨＬに参加してもらうことができた。身体に入れ墨とピアスをした人、一〇代の母親、躁うつ病患者、太りすぎの人、ゲイ、性転換者、HIV感染者、大学代表のスポーツ選手、コールセンター職員、やせすぎの人であった。また、二〇一五年の調査結果からは、学者、躁うつ病患者（調査で再度あがってきた）、両性愛者の三人の「本」に来てもらった。

上位にあがったすべてのタイプの偏見に該当する「本」に来てもらうことができなかったように、「本」を探すのは簡単な仕事ではなかった。調査で特定された偏見を代表するような「本」を探すのが困難だったため、各々の委員が「本」を一人ずつ見つけることにした。当初は、個人的な知り合いのネットワークに頼って「本」を探そうとしたが、非常に難しかった。調査結果とは別に、来てもらいたい「本」の情報は、公表されているプロフィールや大学教員からの推薦など、他の方法でも集めた。その後、手を広げて大学内のオフィスとも連携した。例えば、デ・ラ・サール同窓会リベラルアーツ支部（De La Salle Alumni Association: College of Liberal Arts Chapter）やジェッセ・M・ロブレド統治研究所（Jesse M. Robredo Institute of Governance）などに支援を求めた。また、地方自治体やNGOなどとの関係も、「本」になってくれそうな人たちに接触するのに役立った。

過去六回のセッションに計四九人の「本」を集めることができた。そこには、それ以前にも来てくれた一三人の「本」以外に、無神論者、目の不自由な人、活動的な政治家、直感に優れた人、同性愛者、仏教の僧侶、修道士など、新しい「本」も含まれていた。「本」にはボランティアの同意書にサインしてもらったが、その同意書でHLの仕組みが理解できるようにした。また、HLへの参加は自発的であることを合意のもと、「本」は図書館との契約を結んだ。

さらに「本」は、主催者が写真やビデオで個々のセッションを記録するのに同意してサインした。このようなビデオ録画は、ビデオで記録されるオーラル・ヒストリーの新しい可能性として位置づけられるだろう。オーラル・ヒストリーは、長らく一次資料と見なされている。ビデオは、音と映像で「本」の語りを記録することによって、その人の人生を保存する。図書館はコピーを保管し、オンラインにアップロードし、世間が「本」の話を知ることができるようにビデオを公開する。(3) ＤＬＳＵ図書館は、革新的な存在として行動し、同時に「読者」を、どんな偏見やステレオタイプや差別に対しても、感受性豊かで配慮のできる人に変える活動をしている。今年、ブラジルのサンパウロで行われた「グローバル・メディアと情報リテラシー週間」(the Global Media and Information Literacy Week) の期間中に、本節の筆者の一人、ジョセフ・Ｍ・ヤップがメディアと情報リテラシー活動の一環として、このことをユネスコで発表した。

他の組織などとの連携は、「本」を探すのに役立つだけではない。プログラムを財政的に支えるためにも連携を強化してきた。例えば、フィリピンのカトリック教育協会（Catholic Educational Association of the Philippines, 以下、ＣＥＡＰ）とは、五回目のセッションで連携した。このネットワークで、ＣＥＡＰに属する他の学校でもＨＬの認知度を上げることができたので、今後、ＨＬを開催する場を増やせるだろう。また、マニラのアメリカ街と中華街の助成金で資金を得ることができたが、それもまた、

写真１　関心のある「本」を選ぶ「読者」

写真２　人格障害のある「本」（2017年３月）

ＨＬの運営を続けていくのに有益だった。

それぞれのＨＬでは、来てもらう「本」を決めた後で、主なプログラムとその他のイベントの準備をした。ＨＬはフィリピンでは新しいプログラムなので、ＨＬがどのように機能するかを人々に理解してもらいたいとも考えた。最初の数回は、参加者を集めるのが難しかった。多くの人々はＨＬのそもそもの目的や仕組みがよくわからず、単なる公開討論会だと誤解した人までいたからである。そのため、主なイベントに先立つ数か月間に、ＨＬに関心をもってもらうための短いビデオを用意し、ソーシャルメディアへの投稿も最大限に引き出し、大学周辺で印刷物とビデオによる宣伝を増やした。フィリピン大学（以下、ＵＰ）ディリマン大学図書館（Diliman University Library）のラジオ番組「リブ・ラジオ――ラジオの司書」（LibRadio: Librarians sa Radyo）でも宣伝した。また、司書たちは地元の新聞社にいる友人と連携し、ＨＬを宣伝した。印刷媒体やオンラインのメディア、例えば、『マニラ・ブレティン』（Manila Bulletin）、『フィリピン・デイリー・インクアイアラー』（Philippine Daily Inquirer）、『ビジネス・ミラー』（Business Mirror）、『バリタ・アンド・プラリデル』（Balita and Plaridel）などでも取り上げられた。その結果、二〇一四年八月一四日から二〇一六年一二月八日までの六回のＨＬには、計三四五人の「読者」が参加した（一回あたりの平均は、五七・五人）。

三　評　価

毎回、ＨＬのセッションの最後に評価アンケートを配付した。六回のＨＬで計四九人の「本」と三四五人の「読者」が参加したが、全員が評価アンケートに回答したわけではなく、以下の結果は回答者からのデータに基づいている。これは今後の委員会においてさらに検討すべき点である。

（一）「本」からの反応

ＨＬの経験について、四九人中二九人（五九％）が「とてもよかった」と、また、八人（一六％）が「よかった」と回答した。例えば、以下のようなコメントがあった。

「経験や知見を伝えるのに素晴らしい方法だ」
「『読者』に何か考えてもらうきっかけになったとしたら嬉しい」
「私的な方法で、支援運動での自分の知見が共有できてよかった」

「読者」についての印象は、「私の考えとは相容れない見方を示す『読者』が一人いて、その人に礼儀正しく接するのはとても難しかった」と答えた「本」が一人いたが、七九％の「本」は、「読者」は大いに関心をもって学んでくれたように思うと回答した。

さらに九四％の「本」は、今後また招待されれば喜んで参加したいと回答した。「素晴らしい経験だった。もし機会があれば、また参加したい」と答えた「本」もいた。一方、ほとんどの「本」が、与えられた時間が「読者」と対話するには短すぎたと感じたこと、また、フィリピンの他の地域でもＨＬが開催されるのを望んでいたことにも注目すべきだろう。

（二）「読者」からの反応

二〇一四年以降、ＤＬＳＵ図書館のＨＬには三四五人の「読者」が参加した。アンケートの二三九人の回答者のうち、二一九人（九一％）がＨＬのプログラムは「素晴らしかった」と答え、多くの「読者」が他の人に対する偏見が軽減したと答えた。

「ＨＬで対話した『本』から直接情報を得て、よく知らなかった集団に属する人々や職業について学び、その職業に対する偏見を捨てることができた」

「『本』の経験に基づいて新しいことを学び、その問題に対する偏見が軽減した」

「読者」は、用意された「本」と関連するステレオタイプの選択についての満足度も尋ねられたが、「大変満足」と「満足」を合わせると、二二〇人（九二％）の回答者が十分な数の多様な「本」が用意されていたと答えた。

四　フィリピンにおけるＨＬプログラムのさらなる展開

新しい革新的なプログラムの導入と実施に成功して、ＤＬＳＵ図書館の努力がフィリピン学術研究司書協会(Philippine Association of Academic and Research Librarians、以下ＰＡＡＲＬ)に認められた。二〇一六年の「すぐれた図書館プログラム賞」（Outstanding Library Program）に選ばれたのである。さらに、二〇一七年一月二七日のＰＡＡＲＬ総会で受賞したが、これはフィリピンの他の図書館が今後ＨＬを実施する動機づけになると思われる。

前述のとおり、ＨＬの認知度を高めるために、私たちは積極的に宣伝活動をしてきただけでなく、他の図書館にもＨＬの実施を勧めてきた。二〇一六年一一月一八日にデ・ラ・サール・サンティアゴ・ゾベル学校(De La Salle Santiago Zobel School）図書館が初めてのＨＬを開催した。同校は私たちのプログラムに触発され、二〇一六年の「読書週間」(National Book Week）のテーマ「今日の選集――包括性と多様性」に基づいて、独自のプログラムを考えた。このＨＬの対象者は高校生であった。さらに、ＤＬＳＵの分校、ラグナ州ビニャン市にある科学技術総合施設（Science and Technology Complex）では、現在、独自のＨＬを準備中である。

現在計画中のＨＬもある。主催者はソーシャルメディアを通してより多くの「本」を募集する可能性も検討している。ＨＬの創始者ロニー・アバゲール（Ronni Abergel）のすすめで、コペンハーゲンの本部を通して、フィリピンにおけるＨＬの立ち上げについての問い合わせも受けている。しかし、フィリピンにおけるＨＬはまだ比較的新しい。ＨＬが効果的に伝えようとしている基本的概念を人々によりよく理解してもらうには、継続的な活動が必要である。

五　アセアン諸国におけるＨＬ

ＨＬは、ヨーロッパで始まった後、世界の他の多くの地域と同様に、アセアン地域にも入ってきた。より思いやりのある社会を目指して、タイ、シンガポール、マレーシア、フィリピン、ベトナムなどの国々でも、他者に対する凝り固まった好ましくない考え方を変える道を開拓してきたのである。

（一）タイのＨＬ

タイでは、ナコン・ラチャシマ州のラジャマンガラ工科大学イサン校の学術資料およびＩＴオフィス（Office of Academic Resources and Information Technology、以下、ＯＡＲＩＴ）で二〇一〇年五月

国	初回実施日	主催者
タイ	2010年5月25日	ラジャマンガラ工科大学イサン校（Rajamangala University of Technology Isan）
シンガポール	2011年8月7日	ＨＬシンガポール（Human Library Singapore）
マレーシア	2013年5月30日	インパクト・ハブ・クアラルンプール（Impact Hub Kuala Lumpur）
フィリピン	2014年8月14日	ＤＬＳＵ図書館
ベトナム	2016年7月30日	ＨＬベトナム（Human Library Vietnam）

図表1　アセアンにおけるＨＬの展開

二五日に最初のＨＬが行われた。それ以来、二五回のＨＬが実施されたが、ほとんどの参加者がそこで得た知識、理解、考え方、経験、示唆などに大変満足したと答えている。また、二〇一一年には、タイのＨＬネットワークの開発に関するワークショップの期間に、ＯＡＲＩＴにタイＨＬネットワーク（Thailand Human Library Network）が設立された。

（二）シンガポールのＨＬ

シンガポールでは、二〇一一年八月七日と二〇一二年八月一八日にビシャン公立図書館（Bishan Public Library）で最初のＨＬが行われた。この二回のイベントの後、他にも一回かぎりのＨＬがいくつか開催された。二〇一五年一〇月一五日にリ・カ・シン図書館（Li Ka Shing Library）は、外国人労働者、脳性まひ患者、イスラム恐怖症の人、ＨＩＶ感染者、セックス労働者などの「本」でＨＬを始めた。現在、積極的にＨＬを開催しているのは、エッチ・エンパシー（Etch Empathy）というシンガポールで最初の実験的学習スペースであるが、そこは人々に他の人の立場に立つとどんな気持ちになるかを理解してもらう場である。シミュレーション活動の他に、二〇一六年二月にＨＬを始め、八月、一一月、一二月、そして二〇一七年一月にも開催している。

シンガポールで開催された最大のＨＬは、二〇一六年一〇月にＨＬシンガポールが行ったものである。計四百人が参加し、かつてセックス労働者であった性転換者の女性、ポール・ダンサー、自分は入れ墨をしていない入れ墨アーティスト、躁うつ病患者、もとセックス労働者、一人でバックパック旅行を楽しむイスラム教徒の女性などを含む、二五人の「本」と対話した（Kaur, 2016）。

(三) マレーシアのHL

HLマレーシア（以下、HLM）の最初のイベントは、二〇一三年五月三〇日にクアラルンプール会議センター（Kuala Lumpur Convention Centre、KLCC）で「ウィメン・デリバー会議」（Women Deliver Conference）と共催で実施された。「ウィメン・デリバー」は、少女や女性の健康、権利、福祉などを推進している。この会議は、特に母親の、性の、そして生殖に関する健康と権利を促進するために、多様な声や関心を集めている。HLMは、HLを開催して以降、ステレオタイプや偏見を根絶するために、マレーシアの様々な組織、企業、政府系機関などと連携してきた。

HLMの理事、トゥリサイナ・トゥキマン（Turisaina Tukiman）に経験を聞くことができた。トゥキマンによると、HLMはクリストファー・エリクセン（Christofer Erichsen）とシャリハ・クハリド（Shariha Khalid）によって設立された。エリクセンは「インパクト・ハブ・クアラルンプール」（Impact Hun KL）の共同設立者で、最初の社会事業、「暴力禁止運動」（Stop the Violence Movement）を設立した人である。インドのムンバイで開催された「二〇一三年CSR会議世界大会」（World CSR Congress 2013）では、「CSRリーダーシップおよび優秀賞」（CSR Leadership and Excellence Award）を受賞した。一方、クハリドは、社会の最も差し迫った課題に対する新しい解決法が見つけられるよう、志を同じくする個人や組織を支援する大切さを信じる社会的投資家であり、デザイナーでもある。

(四) ベトナムのHL

ベトナムで最初のHLは、二〇一六年七月三〇～三一日に行われた。HLベトナムのプログラム責任者、レ・アン・トゥ（Le Anh Thu）は、自身がアメリカでHLを経験した後、ベトナムで始めた。HLベトナムは非政府機関（ＮＧＯ）で、ハノイとホーチミンに一つずつ、中心的なチームがあり、各イベントにはボランティアがいる。二回目のＨＬは、二〇一七年一月一四～一六日にホーチミンで行われたが、夏にはハノイでの開催も計画されている。

六　おわりに

フィリピンにおけるＨＬは、受賞によってだけでなく、社会の変革に向けて進歩的な人々の対話を活発にすることによって、フィリピンで成果をあげられるプログラムであることを証明した。ＤＬＳＵがＨＬを始めて三年後に、図書館協会に関係者が招待され、プログラムについて話す機会を与えられた。このようにＨＬに関する知見が広がり始めている。ＤＬＳＵ図書館は引き続きＨＬを実施し促進していく。これは差別のない国のビジョンを進めるために私たちができることである。アセアンでＨＬを促進している人々には、虐げられた人々のために、より多くのＨＬを企画し実施し続けてもらいたい。

【注】

（1）差別禁止法には、以下のようなものがある。「雇用条件に関する女性差別禁止強化法」（Act Strengthening the Prohibition on Discrimination Against Women with Respect to Terms and Conditions of Employment）、「子供を虐待・搾取・差別から保護する特別法」（Special Protection of Children Against Abuse, Exploitation and Discrimination Act）、「二〇〇三年　人身売買禁止法」（Anti-Trafficking in Persons Act of 2003）、「児童労働禁止法」（Anti-Child Labor Law）、「二〇〇四年　女性と子供に対する暴力禁止法」（Anti-Violence Against Women and their Children Act of 2004）、「女性のマグナ・カルタ」（Magna Carta of Women）、「雇用における高齢者差別禁止法」（Anti-Age Discrimination in Employment Act）などである。現在、性転換した国会議員ジェ

ラルディン・ロマン（Geraldine Roman）の求めてきた「性的志向または性的アイデンティティに基づく差別禁止法」（Anti-Discrimination Bill on the Basis of Sexual Orientation or Gender Identity）の制定に向けて、下院が働きかけている。

（2）ラザリアンとは、セント・ジョン・バプティスト・デ・ラ・サール（Saint John Baptist de La Salle）によって説かれた、伝道者を指すことばである。ラザリアンは、五つの原則を守らなければならない。その原則とは、貧しい人々への配慮と社会的公正、信仰、質の高い教育、すべての人の尊重、包括的コミュニティである（順不同）。https://www.lasallian.info/lasallian-family/5-core-principles/

ラザリアン能力は、今では「ラザリアン卒業生特性」（Expected Lasallian Graduate Attributes, ELGA）と称されていて、詳細は『ＤＬＳＵ入門書（DSL Primer）二〇一二』の三五ページで参照できる。http://www.dlsu.edu.ph/_media/_pdf/DLSU_PRIMER.pdf

（3）ビデオはＤＬＳＵ図書館ＨＬのYouTubeで見られる。https://www.youtube.com/playlist?list=PLz3D8L0uJ_UUEp-qHzG6SZhWVLkY-YDaK

【参考・引用文献】

Amor, M. & Pellew, A. The Idea in You: How to Find It, Build It, and Change Your Life. (2015). Retrieved from https://books.google.com.ph/books?isbn=0241971403

DLSU Library Newsette. (2014). Retrieved from http://librarynewsette.lasalle.ph/2014/08/launch-first-human-library.html

DLSU Library Newsette. (2016). Retrieved from http://librarynewsette.lasalle.ph/2016/12/a-wellattended-human-library-session-6.html

International Forum on Human Library Development. (2014). Retrieved from http://ifhld.rmuti.ac.th/about-the-forum/rationale-importance/

Kaur, G. (2016). Human "books" invite probing and provocative questions from "readers." Retrieved from http://www.

straitstimes.com/lifestyle/read-these-human-books

Taran, R. (2011). 3 Keys to lasting happiness. Retrieved from http://www.huffingtonpost.com/randy-taran/the-key-to-happiness_b_1004566.html

Yap, J.M. & Labangon, D.L.G. (2015). "Embedding Corporate Social Responsibility (CSR) Activities in an Academic Library: Highlights on the Social Aspects of the Human Library". *PAARL Research Journal* (2) 1, pp. 14-24.

第二部

ヒューマンライブラリーの研究

第四章

ヒューマンライブラリーの偏見低減効果
――アンケート調査による分析

横田雅弘・坪井　健・工藤和宏

第一節　はじめに

ヒューマンライブラリー（以下ＨＬ）は、すでに世界九〇か国以上で開催され、日本でも広がりつつある。二〇一七年一〇月には、日本ヒューマンライブラリー学会が設立された。学会の設立は、この実践に携わる機関や中核になる人材のネットワークを築き、より良い開催のための連携をはかるという目的もあるが、もう一つ大切なことは、ＨＬがどれほど偏見の低減に効果があり、その効果はどれほど永続的なものか、あるいは、偏見の低減といったことに留まらず、他にもどのような効果・有効性・活用方法があるのかを研究することである。偏見に関する社会心理学の研究は活発で、社会実験等の蓄積もある。しかしながら、偏見低減を主な意図として開催されるＨＬについての学術的な研究は世界的にも少なく、理論的な考察や調査研究が実践の更なる展開とともに強く求められている。

本章では、（一）二〇一五年一一月の第七回明治大学ＨＬから二〇一七年五月の第二回円覚寺ＨＬまでの一四回のＨＬにおける「読者」アンケート調査の結果、（二）第七回明治大学での回答者のうち、継続調査に同意していただいた方に対する一〇カ月後の再アンケート調査の結果、（三）二〇一五年一二月から二〇一七年五月までに開催された一一回のＨＬでの「本」へのアンケート調査の結果を報告する。

なお、この調査研究は、平成二七年度～二九年度文部科学省科学研究費助成事業（挑戦的萌芽研究、研究代表者：坪井健）により実施されたものである。

第二節　「読者」アンケート調査――回答者の属性

「読者」に対するＨＬの効果を明らかにするため、同一のアンケートを下記一四回のＨＬ会場で配付し、「読者」に回答してもらった。全回答者の合計は五四〇名であるが、有効サンプル数は各質問項目で多少異なる。

（一）明治大学ヒューマンライブラリー二〇一五（一四七名、二〇一五年一一月二一日開催）[1]
（二）横浜中央図書館ヒューマンライブラリー＆講演会（一五名、二〇一五年一二月五日開催）
（三）ヒューマンライブラリー＠立川二〇一五（一七名、二〇一五年一二月一九日開催）
（四）奥沢＠ヒューマンライブラリー（一〇名、二〇一六年三月一八日開催）
（五）円覚寺ヒューマンライブラリー（一七名、二〇一六年三月二七日開催）
（六）生きている図書館第九章（一五名、二〇一六年四月一六日開催）
（七）ＨＬ＠ぬくぬくハウス（一五名、二〇一六年八月二〇日開催）
（八）第二回せたがやＨＬ（一六名、二〇一六年一〇月二日開催）
（九）生きている図書館第一〇章（一一名、二〇一六年一〇月二三日開催）

（一〇）明治大学ヒューマンライブラリー二〇一六（一八一名、二〇一六年一一月二七日開催）
（一一）東京学芸大学ヒューマンライブラリー二〇一六（一八名、二〇一六年一二月四日開催）
（一二）インターカルト日本語学校公開講座ヒューマンライブラリー（四四名、二〇一七年一月二一日開催）
（一三）生きている図書館第一一章（一六名、二〇一七年四月二三日開催）
（一四）第二回ヒューマンライブラリー@円覚寺（一三名、二〇一七年五月三日開催）
（一五）その他ＨＬ参加者（五名）

年齢（図表1）については、二〇代が三七・九％と多いが、これは大学内で積極的な広報を展開したためと思われる。実際、全参加者の三三・四％は学生である（図表2）。しかし、三〇代、四〇代、五〇代も一五〜一八％程度参加しており、一〇代と六〇代も共に五・八％と少ないながらに参加者がいる（図表1）。比較的年齢を問わず参加者がいるとみてよかろう。

性別（性自認で）（図表3）では、女性が六割近くと多い。ＨＬの参加経験（図表4）では、七割以上が初めての参加であるが、それでも四分の一強は過去に参加経験がある。参加経験のある人のうち、半数弱は今回が二回目であるが、三回目、四回目、五回目を合わせて半数を超えていることも注目されよう（図表5）。確実にリピーターとなっている「読者」がいるのである。これは図表では示していないが、次回も参加してみたいかを問う質問で、九〇％が「ぜひ参加したい」と答え、「少し参加したい」の九・七％と合わせて九九・七％が参加したいと答えていることにも符合している。

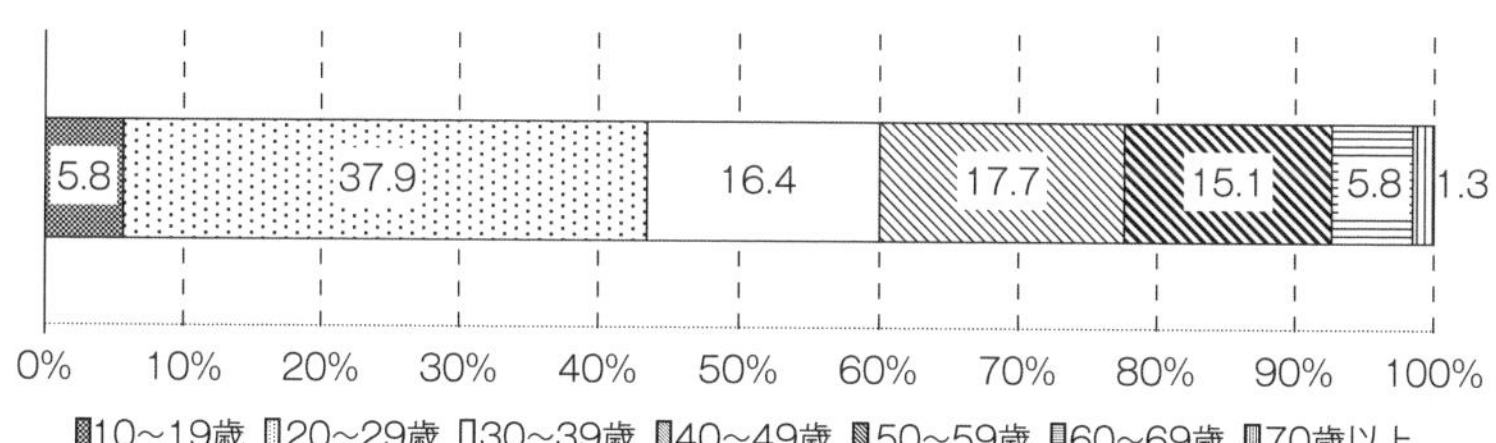

図表１　年齢　n＝536

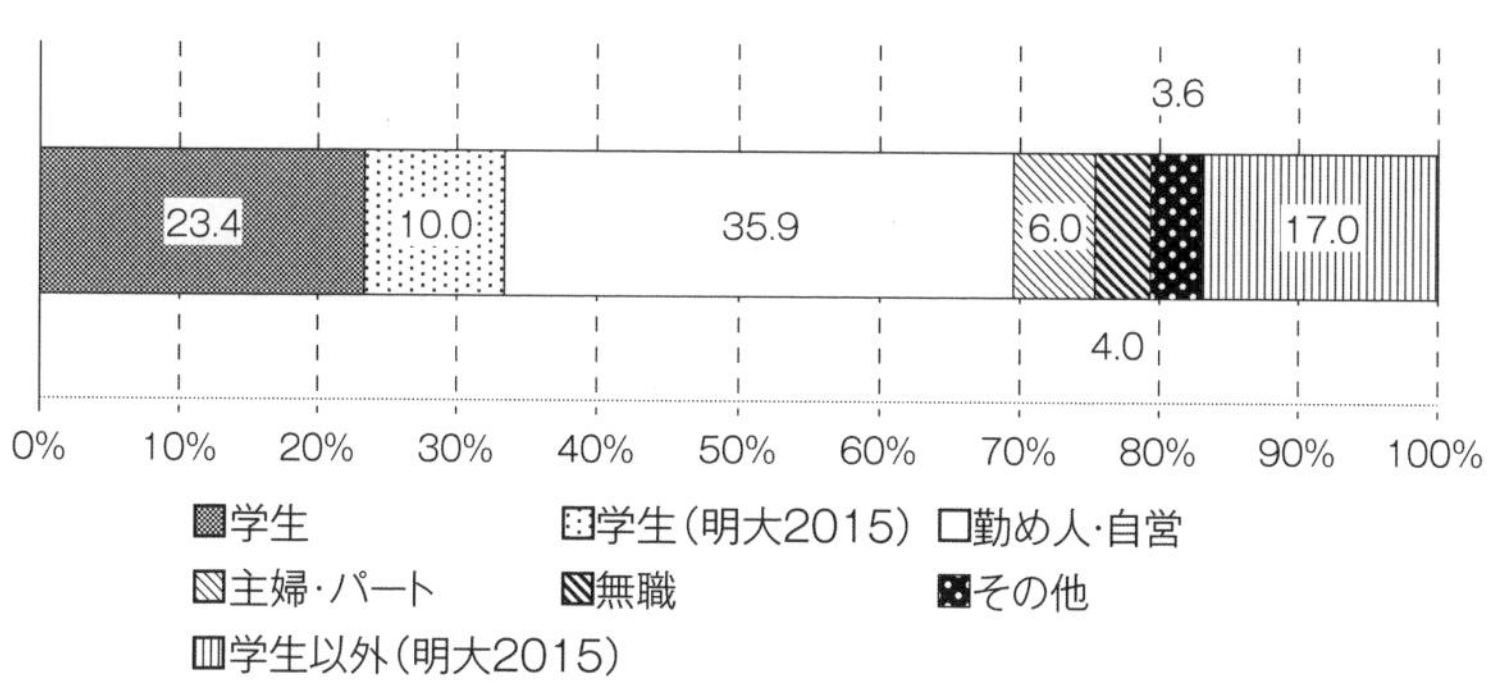

図表２　職業等　n＝529

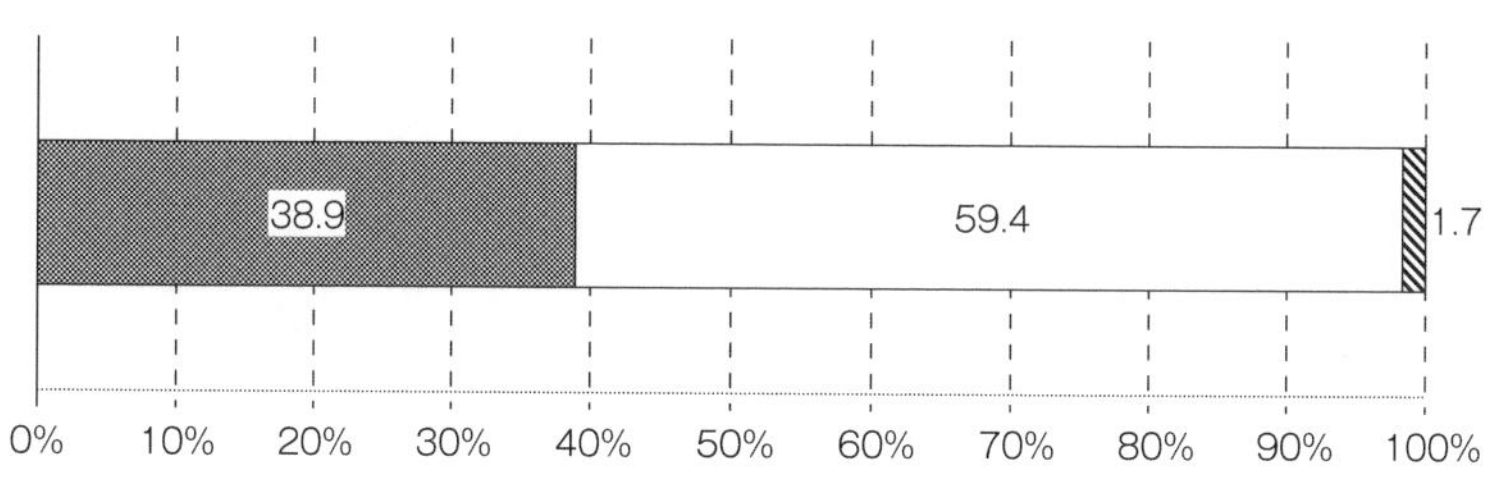

図表３　性別（性自認で）　n＝535

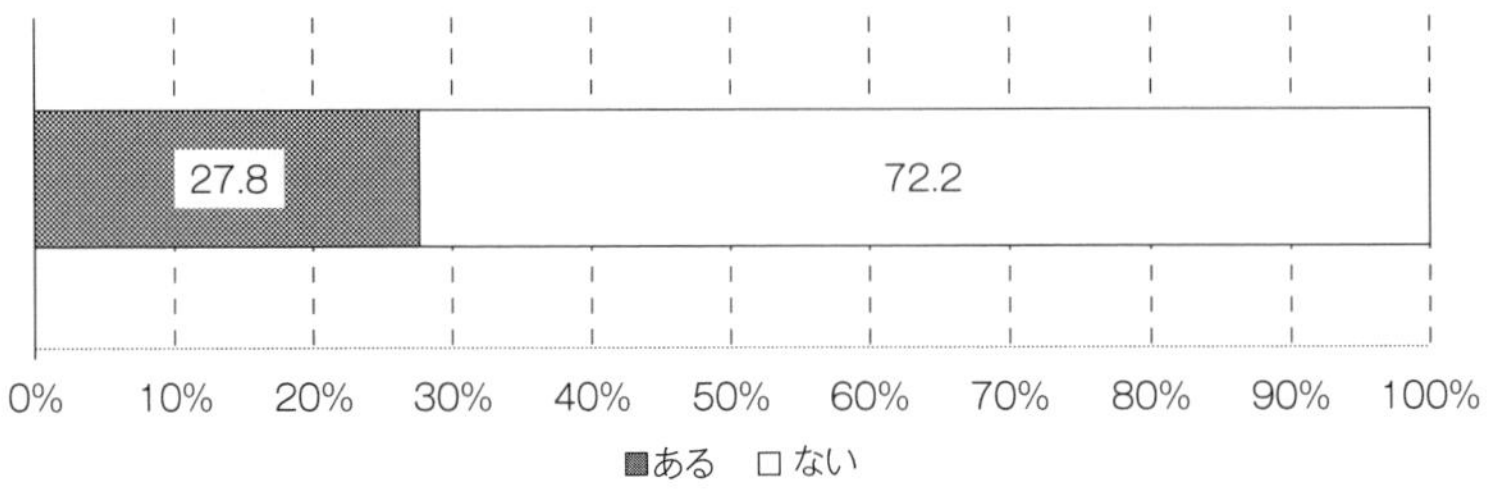

図表４　ＨＬの参加経験　ｎ＝536

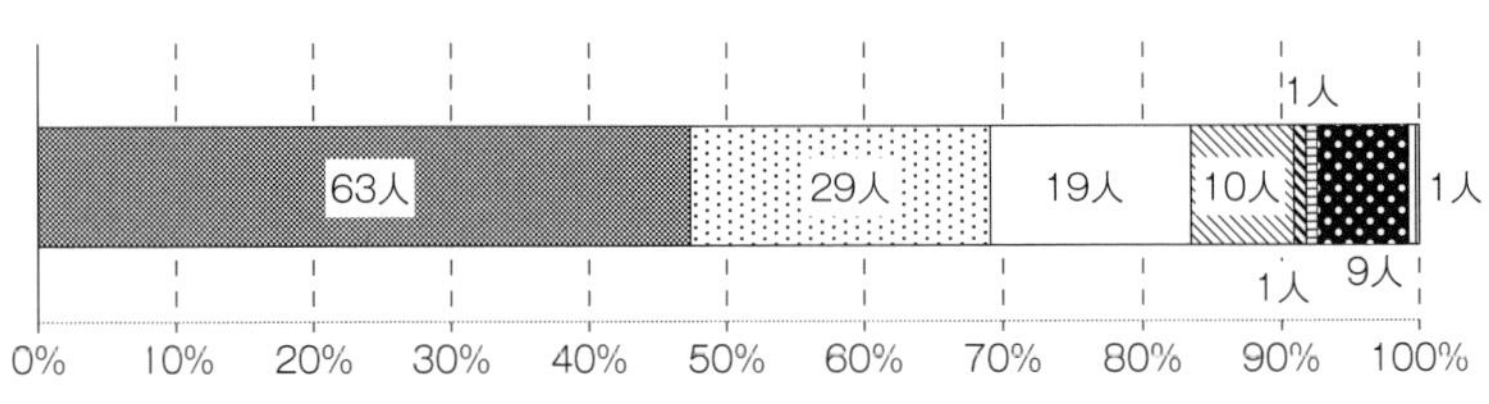

図表５　今回を含めて何回参加したか　ｎ＝130単位：人

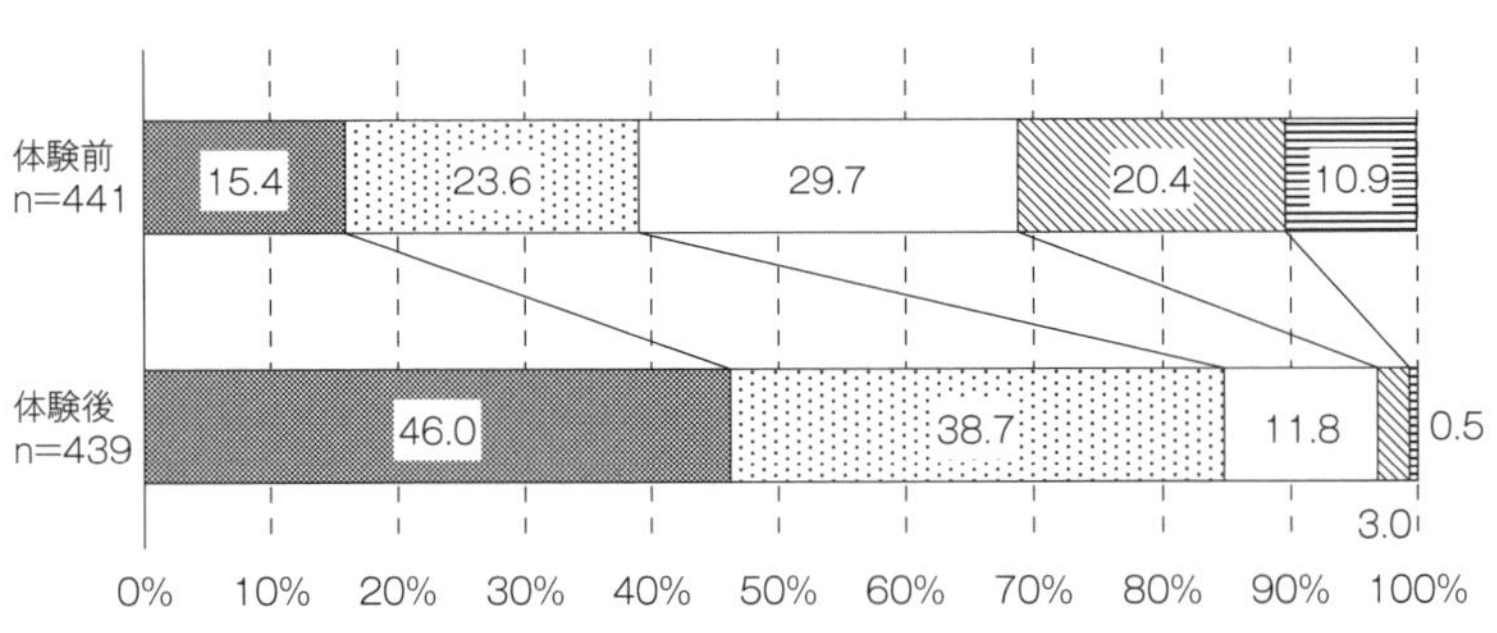

図表６　ＨＬについてのイメージ［Ｂ．身近なー別世界の］

第三節　ヒューマンライブラリーについてのイメージの変化

アンケートの教示：今回のヒューマンライブラリーについて、体験前と体験後のイメージは、次の各項目どれに近いですか。（五件法）

ヒューマンライブラリーの日本での認知度はまだほとんどないに等しい。しかし、近年ＮＨＫのＥテレでは障害者がキャスターも務める障害者バラエティー番組「バリバラ」や、障害者や様々なマイノリティがしばしば登場する「ハートネットＴＶ」などが定時放映され、特に性的少数者の人々はメディアでもよく目にするようになった。リオデジャネイロ・パラリンピックが、これまでのパラリンピックに比べて放送時間が大幅に拡大されたことも、障害者の存在に目を向ける機会になったと思われる。義足の女性アスリートや音楽家などをモデルにした写真集『切断ヴィーナス』（越智、二〇一四）も話題になった。また、比較的大きな企業では、ダイバーシティへの関心が高まり、多様性が活力を生むという観点からのアプローチも始まっている。ダイバーシティを大切にする企業というイメージが評価される時代になりつつある。

さて、ここでの質問項目は、ＨＬ自体のイメージを問うものである。来場された人に回答していただいているので、非常に悪いイメージをもっている人はそもそも来ないと思われるが、それでも「人を貸し出す図書館」という名前のイベントには、肯定的なものから否定的なものまで、様々なイメージが付きまとっている。最も悪いイメージとしては、「見世物小屋」というもので、「珍しいマイノリティの人を集めて貸し出すなど言語道断」と言う人もいないわけではない。そのような投書を受けることも僅かながらある。

一　「身近な―別世界の」イメージ

アンケート結果から体験前後の比較を見てみよう。初めに「身近な―別世界の」というイメージを見てみる（図表6）。最初に指摘できることは、体験前に「別世界」と思っていた人も、「身近な」と思っていた人も、「どちらとも（言えない）」と思っていた人も、それぞれ一定程度存在することである。この割合が、HLの来場者ではない一般の人と比べてどうなのかはデータがないのでわからないが、身近なので来やすかったという人もいれば、逆に別世界なので好奇心を持ったという人もおられるだろう。別世界という言葉は、必ずしも否定的なものとは限らない。さて、これは体験後にどのように変化しているだろうか。

体験前に、HLで示される世界は「別世界」と思っていた三一・三％〈やや思う〉＋〈そう思う〉の合計、以下同様）は、体験後は四％弱に激減した。また、体験前に「身近な」イメージを持っていた人は三九・〇％であったが、体験後には八四・七％にまで増えている。このうち、明らかに〈そう思う〉人だけを見ると、一五％強から四六％へと三倍に増えている。

この項目の性別（性自認、以下同様）での違いは見られなかったが、年齢を見ると（図表7）、体験前に「身近な」イメージを持つ人は年齢が高いほど多く、「別世界」のイメージは年齢が低いほど多い。特に二九歳以下はその約四分の三が学生であるが、「身近な」とはっきり思っていた人は八・九％にもならず、他の年齢層に比べてずっと少ない。しかし、体験後になると、二九歳以下も四四・二％に激増し、「やや身近な」と思う人まで含めれば、八四・七％に達して、他の年齢層と変わらなくなる。

また、二九歳以下で体験前に「別世界」と感じていた四〇・三％は、体験後に三・二％へと激減している。このことは、HLを大学で開催し、人生の経験が短く社会経験も少ない若い人たちに「読者」経験をしても

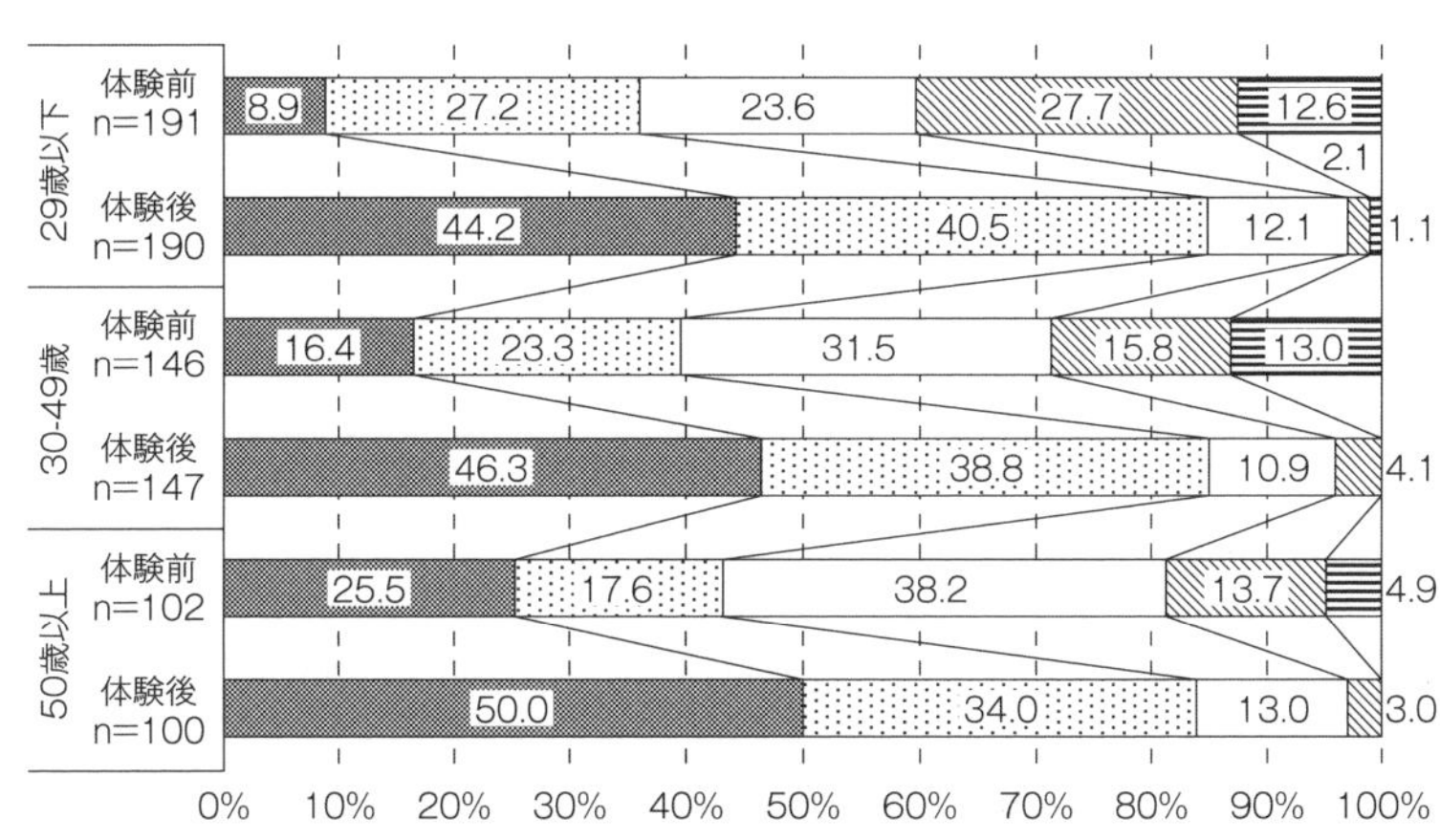

図表7　ＨＬについてのイメージ［Ｂ．身近なー別世界の］（年齢別）p=.003

らうことが、社会のダイバーシティの理解を促進する上で効果的と言えるかもしれない。

二　「誠実な―不誠実な」イメージ

続いて、ＨＬについての「誠実な―不誠実な」というイメージはどうであろうか（図表8）。先に述べたように、不誠実なものだと考えている人はもとより来場しないと思われ、数値でも僅かに〇・二％であった。ただし、〈どちらとも（言えない）〉という回答も加えると、二九・〇％とほぼ三分の一が多少なりとも懐疑的なイメージを持って来場しているのがわかる。ＨＬを広報する場合には、「見世物小屋」のようなイメージを持たれないよう、丁寧に説明する必要があるだろう。

全体で見ると、「誠実な」というイメージをはっきりと持っていた方は体験前の四〇・一％から体験後の六五・七％に大きく増加している。また、〈どちらとも（言えない）〉は二八・八％から九・三％強に大きく減少した。体験後は、「誠実な」イベントであるとのイメージを持った人は、〈そう思う〉と〈やや思う〉の合計

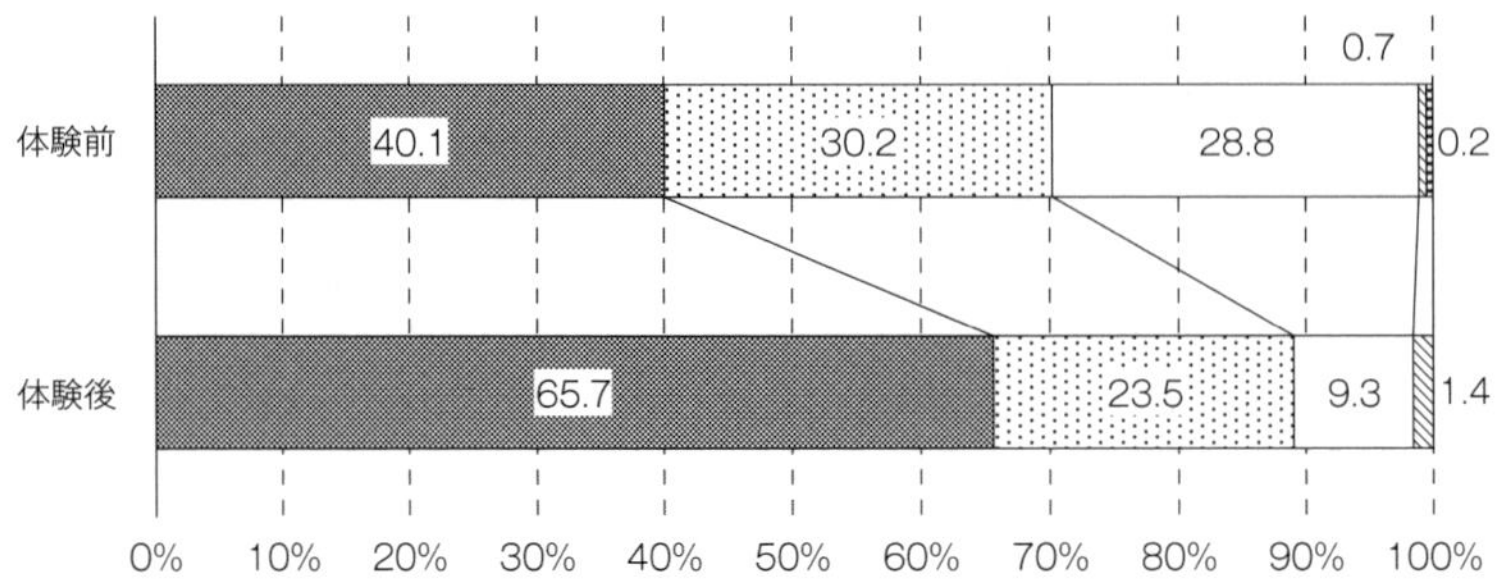

図表8　ＨＬについてのイメージ［D. 誠実な－不誠実な］

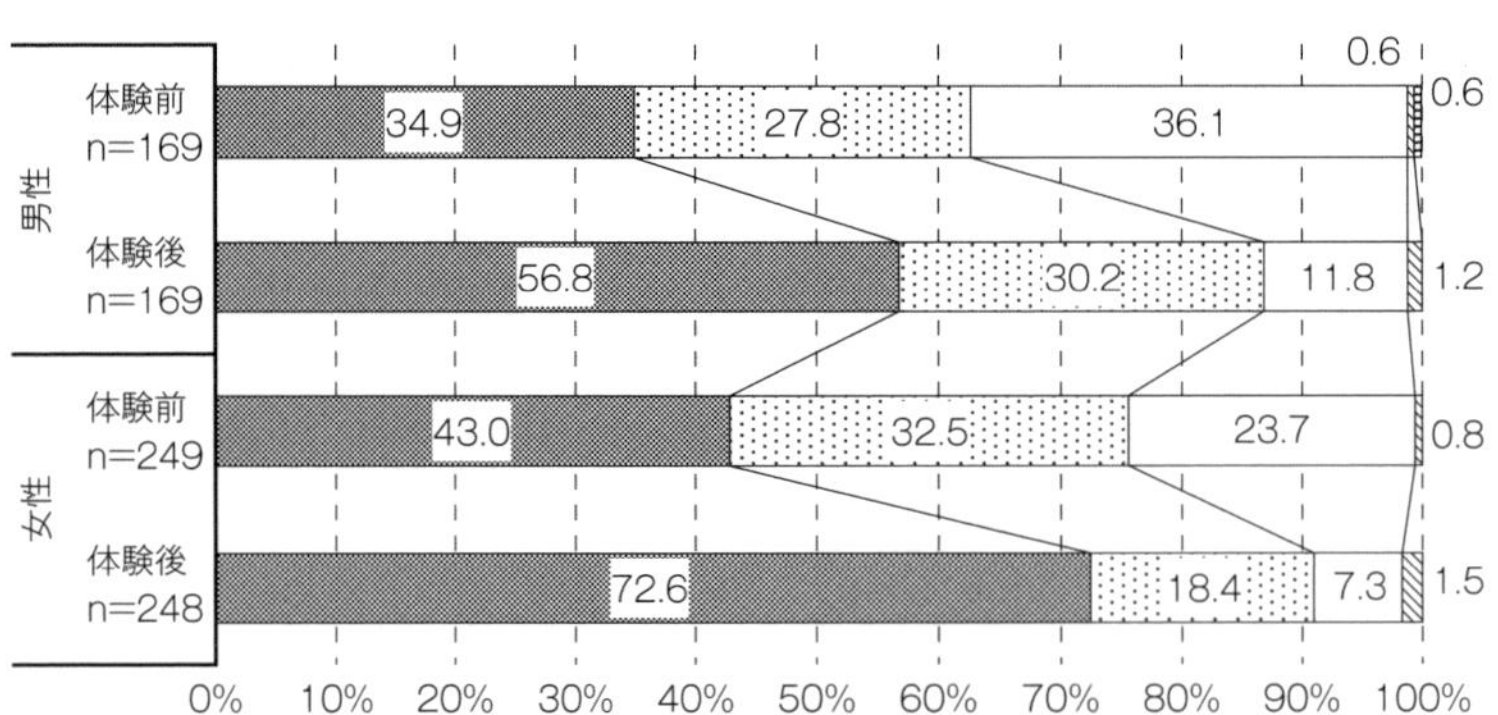

図表9　ＨＬについてのイメージ［D. 誠実な－不誠実な］
体験前：p=.001、体験後：p=.007

で八九％を超えている。ＨＬは「人を貸し出す」という意外性のある体験型イベントであり、実際に参加してみないとイメージも結びにくかったが、参加して誠実なものであることが確認できたという人が多かったと言えよう。

この項目を性別で見ると（図表9）、体験前は女性の方が男性よりも「誠実な」と感じている人の割合が多く（男性六二・七％、女性七五・五％）、その分男性では〈どちらとも言えない〉が多い。体験後を比べると、「誠実な」の回答は全体では男女でほぼ変わらなくなるが、はっきりと「誠実な」と回答した人は男性の五六・八％に比べて女性は七二・六％とかなりの差が見られる。

次に年齢を見ると（図表10）、二九歳以下で、体験前に明らかに「誠実な」イメージを持っていた人が他の年齢層と比べて少ない。また、体験後に「誠実な」イメージをもった人は、〈やや思う〉を含めた全体ではどの年齢層でも差がないが、「誠実な」イメージをはっきりと持っている人の割合は年齢層が上がるほど多くなっている。具体的に、二九歳未満では五七・四％であるが、五〇歳以上では七七・一％と大きな差が見られた。

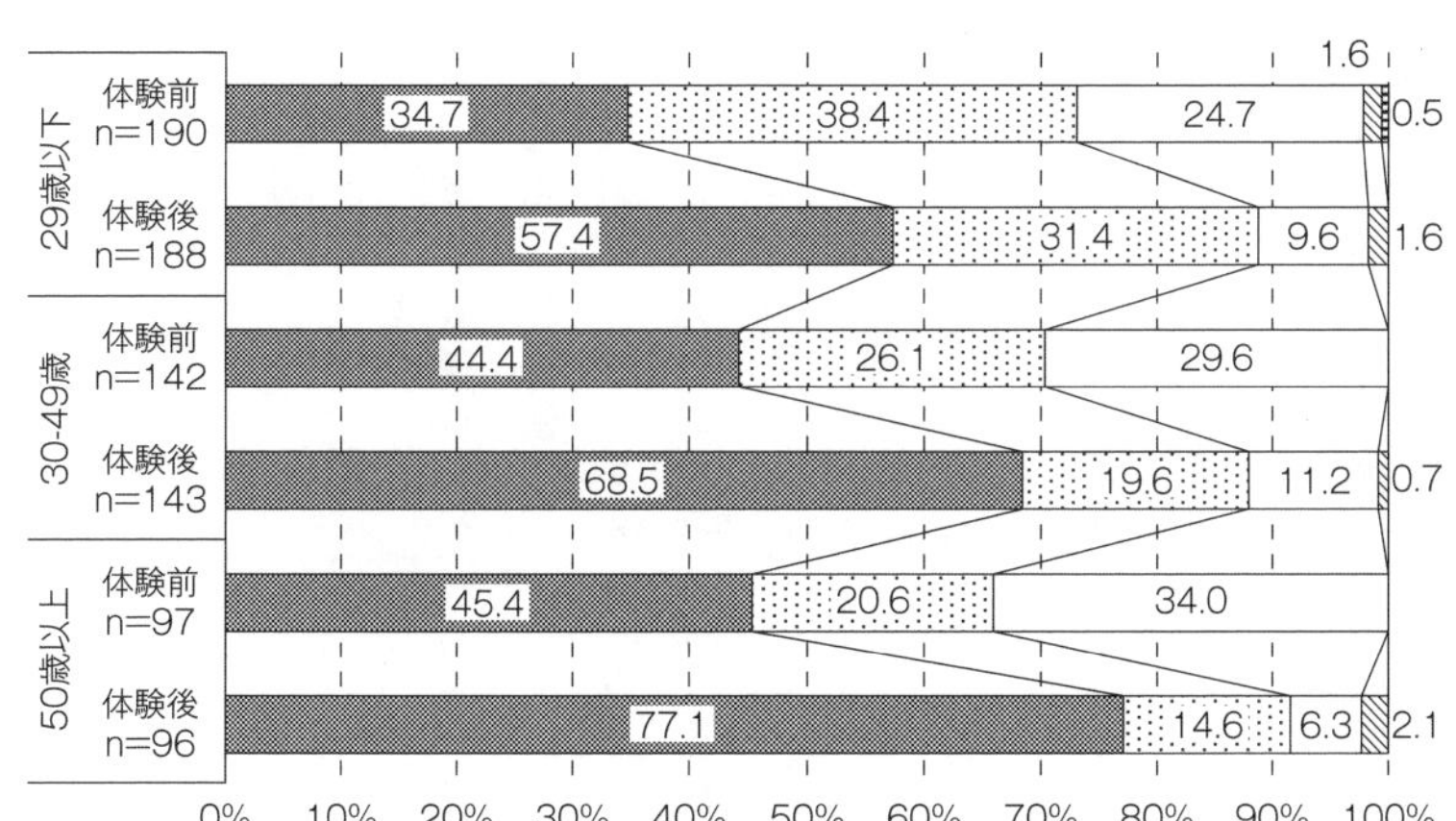

図表10　ＨＬについてのイメージ［Ｄ．誠実なー不誠実な］（年齢別）p=.008

第四節　「本」に対するイメージの変化

一　最も印象に残った「本」に対するイメージの変化

アンケートの教示：対話前と対話後でイメージは変化しましたか。あなたが感じた変化の程度に近い番号をお選び下さい。（「強くなった」～「弱くなった」の五件法）

マイノリティに対する偏見の低減という意味では、この項目の変化が注目されるところである。実際に「本」を借りた「読者」だけを対象とした集計を図表11に示した。HLを経験したばかりの会場での回答であり、また、最も印象に残った「本」に対する回答という条件があるとは言え、「関心の強さ」では七一・六％が借りる前より〈強くなった〉と答え、二四・七％が〈少し強くなった〉と答えていて、合計すると九六・三％とほとんどの「読者」の「本」に対する関心が高まっている。それは、「近づきやすさ」の増加や、「怖さ」と「不安」の大幅な減少にも如実に現れている。

「同情心」について見ると、参加後に〈強くなった〉人と〈弱くなった〉人はほぼ同じ三割程度であるが、「共感性」は八四・六％が高まっていることは重要である。同情すべき自分の外の対象から共有する感覚を感じる自分に近い対象へと変化したことがうかがえる。

次に、これらの項目についての男女差を見ると、女性により肯定的な変化が見られたが、統計的に有意な差は認められなかった。これに対して、年齢層の違いにはかなり大きな差が見られた。全体に、五〇歳以上の層に一番肯定的な変化が見られ、次に二九歳以下の若い層であった。例えば、「同情心」（図表12）と「共

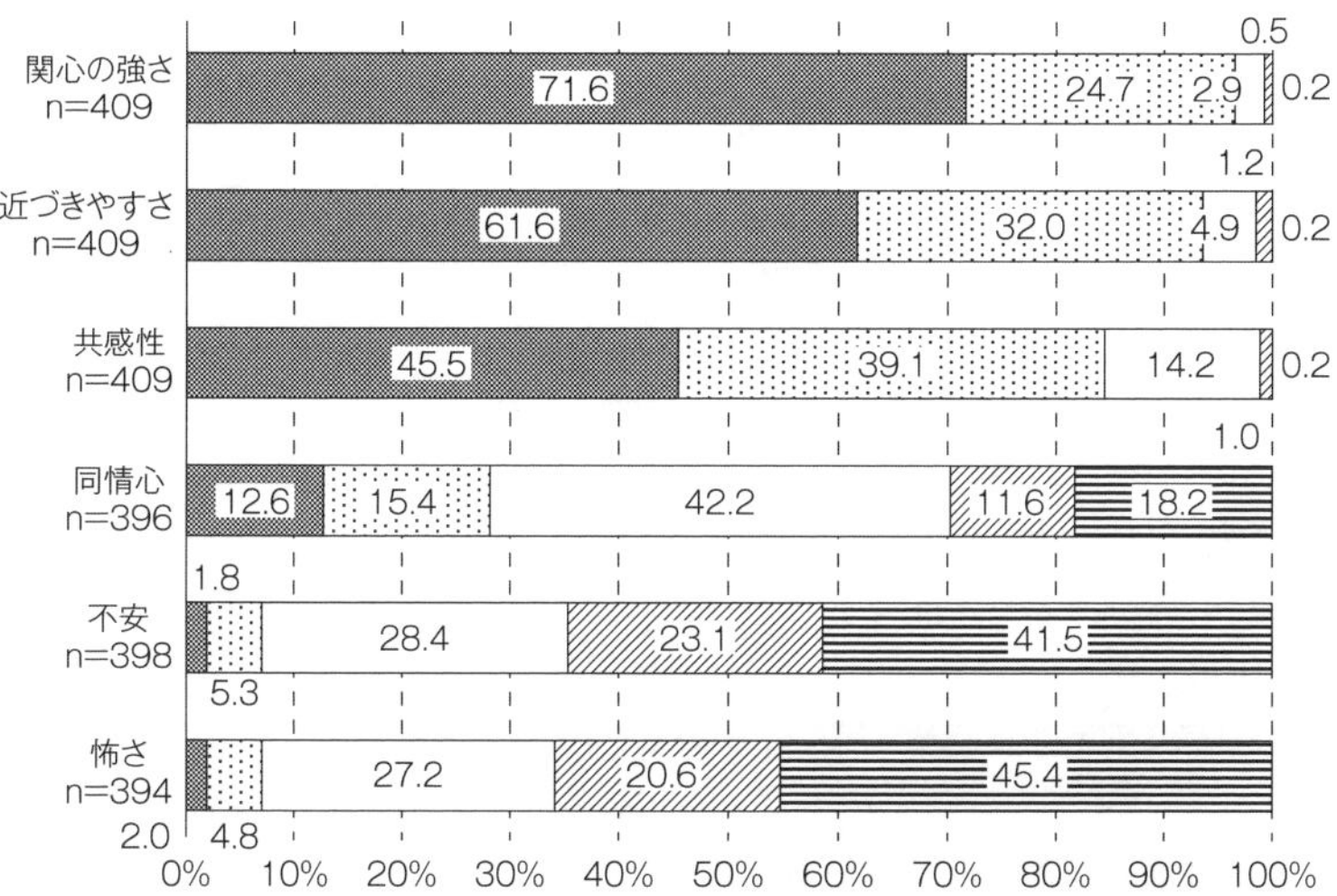

図表11　最も印象に残った「本」に対するイメージの変化
（最も印象に残った「本」について回答のあった者のみ）

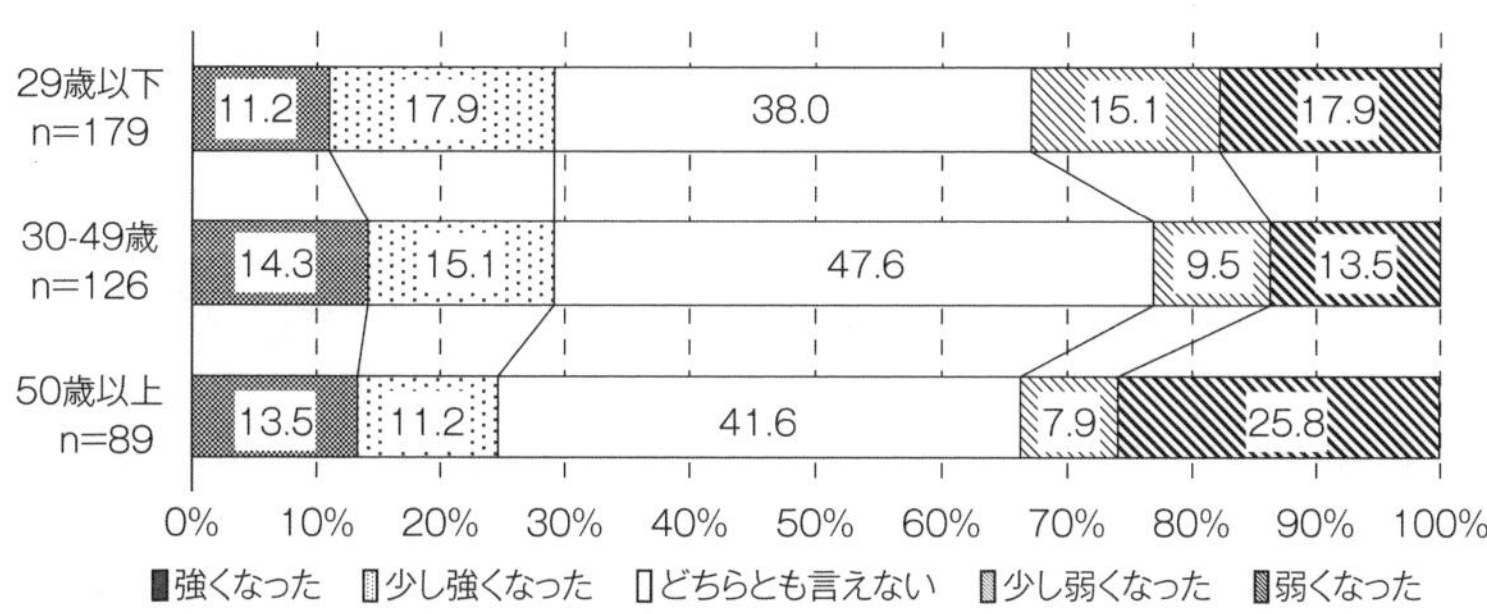

図表12　最も印象に残った「本」に対するイメージの変化［同情心］

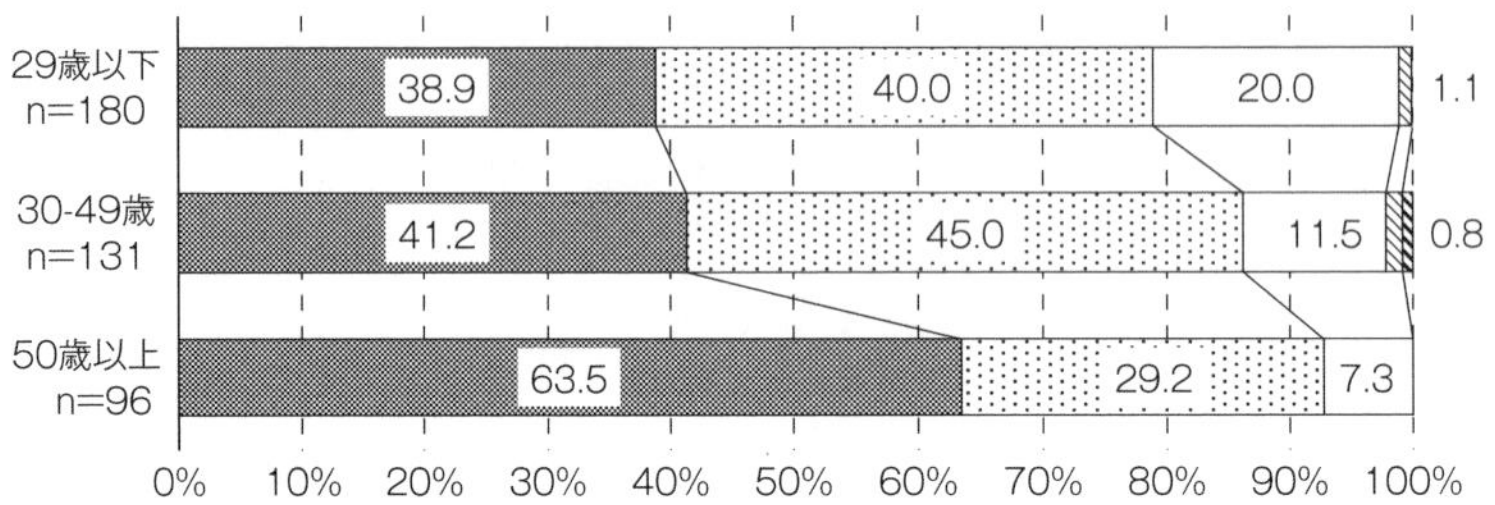

図表13　最も印象に残った「本」に対するイメージの変化［共感性］p=.008

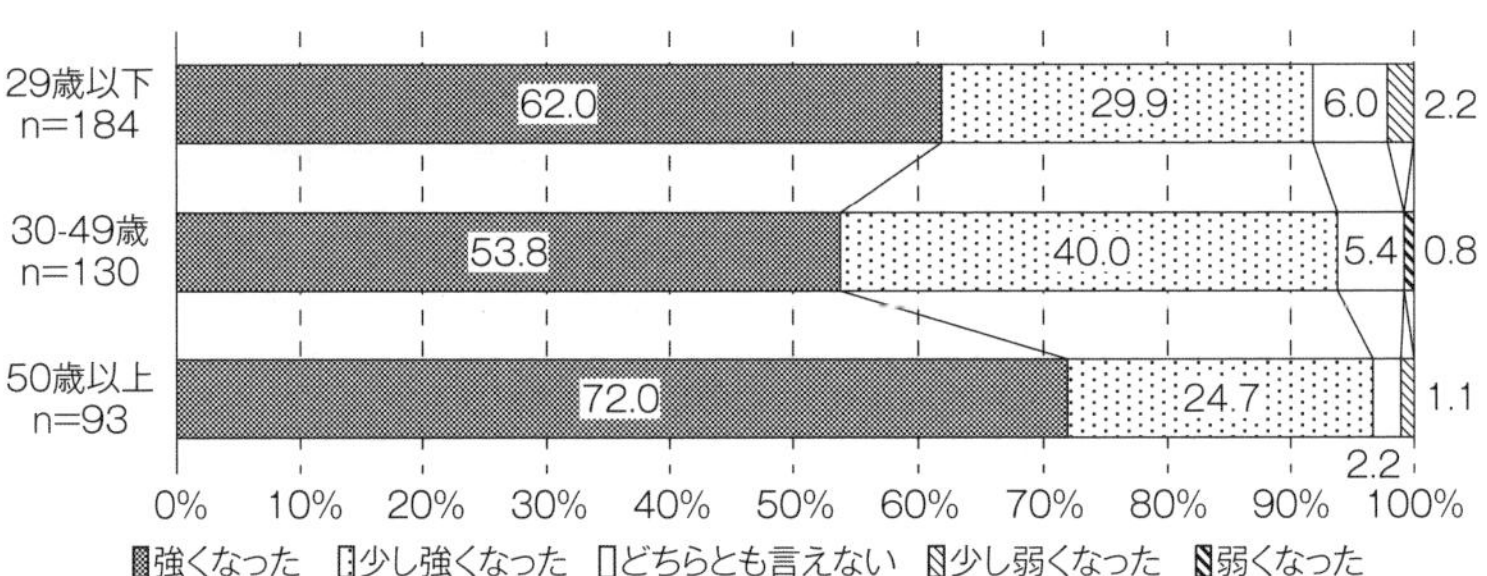

図表14　最も印象に残った「本」に対するイメージの変化［近づきやすさ］p=.026

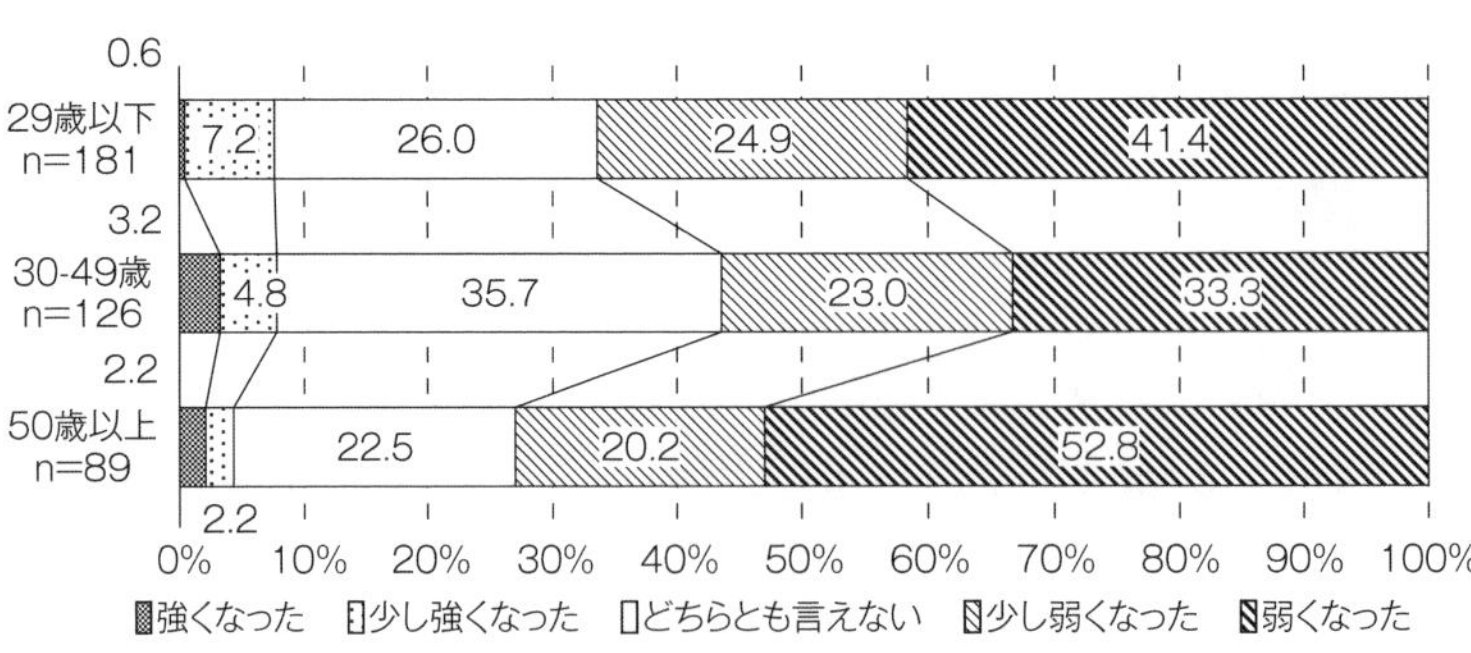

図表15　最も印象に残った「本」に対するイメージの変化［不安］p=.012

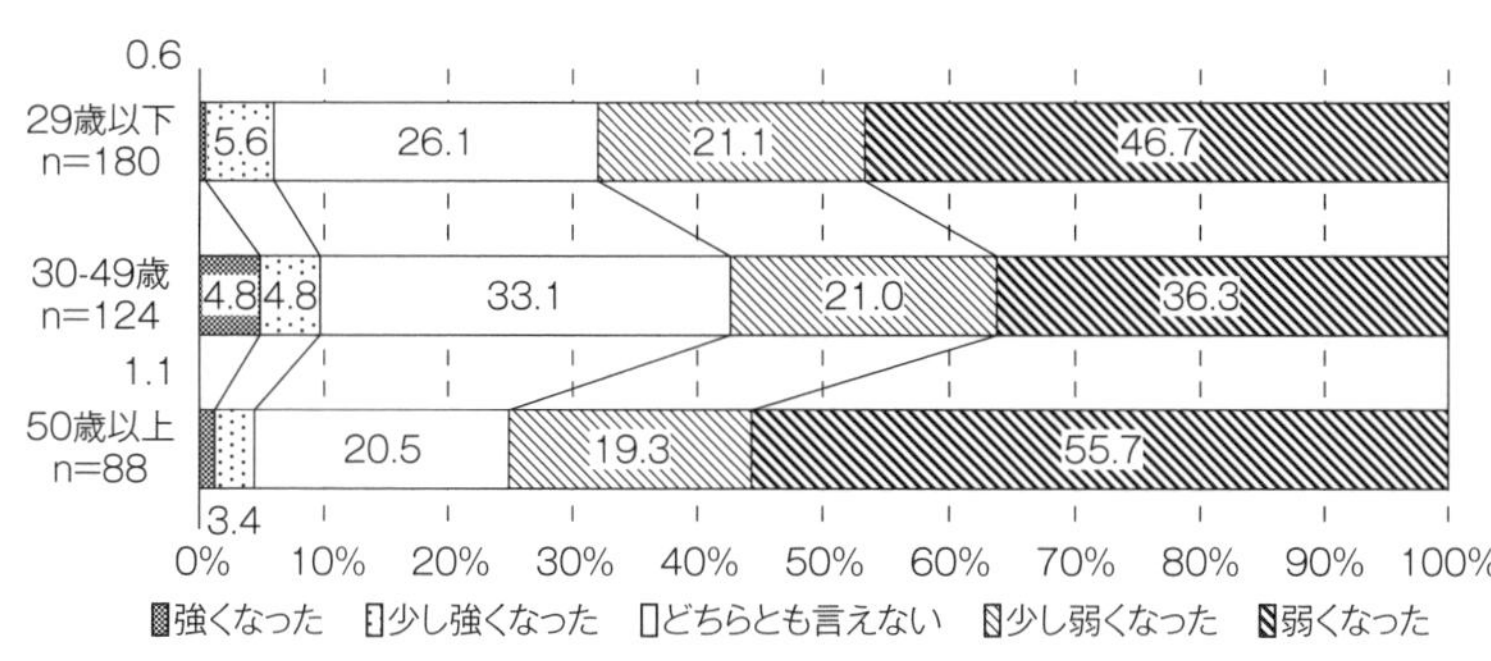

図表16　最も印象に残った「本」に対するイメージの変化［怖さ］

感性」（図表13）で見てみると、五〇歳以上の層で「同情心」が明らかに〈弱くなった〉人は二五・八％、「共感性」が明らかに〈強くなった〉人は六三・五％で、他の年齢層とは有意な差が見られた。他にも、「近づきやすさ」（図表14）では、二九歳以下と五〇歳以上の〈強くなった〉がそれぞれ六二・〇％、七二・〇％であるのに対して、三〇～四九歳は五三・八％と低い。ただし、〈少し強くなった〉を含めれば年齢層であまり差がない。このような肯定的な影響は、不安（図表15）や恐怖心（図表16）がこの二つの層で大きく低減していることからもわかる。

第五節　「本」との対話を通して得たもの
――社会心理学理論との照合

アンケートの教示：「本」の方との対話を体験して、あなたは何を得ましたか。
次の各項目について、あなたが得たと思う程度を番号でお答えください。（二〇一六年のみ）

（Q９の各項目を「非常に思う（四）」～「思わない（一）」の四点制で得点化し、以下①～③の三項目の合計得点を最低三点～最大一二点の範囲で示した）。

①「個人化理解」（脱カテゴリー化）

Q９‐１「本」の方をひとりの個人として理解できた

Q9-4　「本」の方の個人の生き方に共感した
Q9-7　ひとりの人間の生き方として理解できた

②「再カテゴリー化理解」
Q9-2　「本」のカテゴリーイメージが変わった
Q9-5　「本」のカテゴリーに対する自分の無知を知った
Q9-8　「本」のカテゴリーへの自分の思い込みを反省した

③「上位カテゴリーへの統合」
Q9-3　「本」の方を自分と同じ人間として理解できた
Q9-6　遠い存在だった「本」を自分の近くに感じられた
Q9-9　人間同士としてわかりあえると思った

異文化間教育学会は、二〇一一年の第三二回大会シンポジウムに「偏見形成のメカニズムと低減のための教育」をテーマとして、ヒューマンライブラリーの実践を中心に議論を展開した。その成果は『多文化社会の偏見・差別』（加賀美ほか、二〇一二）としてまとめられている。この中で、浅井（二〇一二）は偏見に関する社会心理学の理論をわかりやすく紹介している。本稿では、脱カテゴリー化（Decategorization）、カテゴリー顕現化（Salient categorization）、ならびに再カテゴリー化（Recategorization）の理論モデルと照合してHLの実践の特徴をまとめ、それに基づいたアンケート調査の結果を報告する。

浅井は、ブリューワーとミラー（Brewer & Miller, 1984）の脱カテゴリー化を紹介する中で、「個人化された接触状況では、カテゴリーに基づく判断や情報処理が抑制され、相手の個人的な特徴に注意が向きやすくなる。接触が繰り返されれば、ステレオタイプや偏見と合わない面を外集団成員たちがもっていることにも気づくようになるだろう。こうして、カテゴリーに基づいた判断が、相手を知るための有効な認知方略ではないことが学習されると、直接接触した相手だけではなく、その他の外集団成員に対しても、カテゴリーを離れた接触や認知が促されると考えられる。また、未知の外集団に対しても、カテゴリー化が抑制されることも期待される」と述べている。この個人化された状況での接触こそＨＬが設定する場であり、一度に多様なマイノリティの「本」が集まるＨＬの会場では、未知の外集団（借りていない「本」）に対してもカテゴリー化抑制の力が働きやすい。すなわちマイノリティ一般に対するカテゴリー化の抑制が働いていると考えられる。

次に、カテゴリー顕現化は、接触する相手が外集団の一員と認識した上で、それがポジティブな接触であるならば偏見の低減をもたらすと考えるモデルである。すなわち、この外集団にはこのようないい人がいるのだと認識させることで、その外集団に対する肯定的なイメージを生起させるのである。しかしながら、一般的に言えば、外集団としてのカテゴリーが明らかになった状態でその集団の人とポジティブな接触をさせることは容易ではない。しかし、これを可能にするところにＨＬの特色がある。ＨＬでは、「図書館」という疑似的な空間で、多様な外集団のカテゴリーを「本のあらすじ」として明示し、一般的にはかなり深い関係が形成された後でしかなされない自己開示に基づく対話が展開するからである。

三番目の「再カテゴリー化」は、脱カテゴリー化のようにカテゴリー自体をなくすのではなく、内集団と外集団をより大きな上位カテゴリーに統合して、仲間として認識させることにより偏見を低減させようとするモデルである。坪井（二〇一七）は、この再カテゴリー化を上位カテゴリーへの統合による仲間意識の醸成とは区別して、より肯定的な新たなカテゴリーを形成するものとして再構成した。本アンケート調査では、この坪井のモデルに従って九つの質問項目を上記①～③として作成した。その平均が図表17である。上位カテゴリーへの統合は、「同じ人間として」という大きなカテゴリーであるが、個人化理解、すなわち脱カテゴリー化のところでも「一人の個人」「一人の人間」という文言を用いたためか、この二つのカテゴリーの相関が有意に高くなってしまった。ただし、個人化理解と再カテゴリー化は相関が低く、HＬでは個人化理解が再カテゴリー化よりも効果的に働いていることがわかった。個人化理解はHＬの真骨頂であるが、「自分と同じ人間として理解できた」という項目（③Q9-3）も個人化理解（脱カテゴリー化）がもたらしたものと理解できるのではなかろうか。

第六節　大学で実施することの意味と可能性

HＬは大学で実施しているところが多いので、ここで学生がどのような学びを得ているかに焦点を当てて、学生以外の読者と比較して見てみよう。一つ目はHＬについての「面白い―退屈な」スケールの結果（図表18）である。学生はHＬの体験をかなり面白いと思ったようで、はっきりと面白いと思った人は、体験前の倍以上（八三・二％）になっている。また、「本」との対話を通して何を得たかという質問への回答で、「「本」のカテゴリーに対する自分の無知を知った」（図表19）、あるいは「「本」のカテゴリーへの自分の思い込みを反省した」（図表20）も、学生は学生以外の人と比べてこれを強く

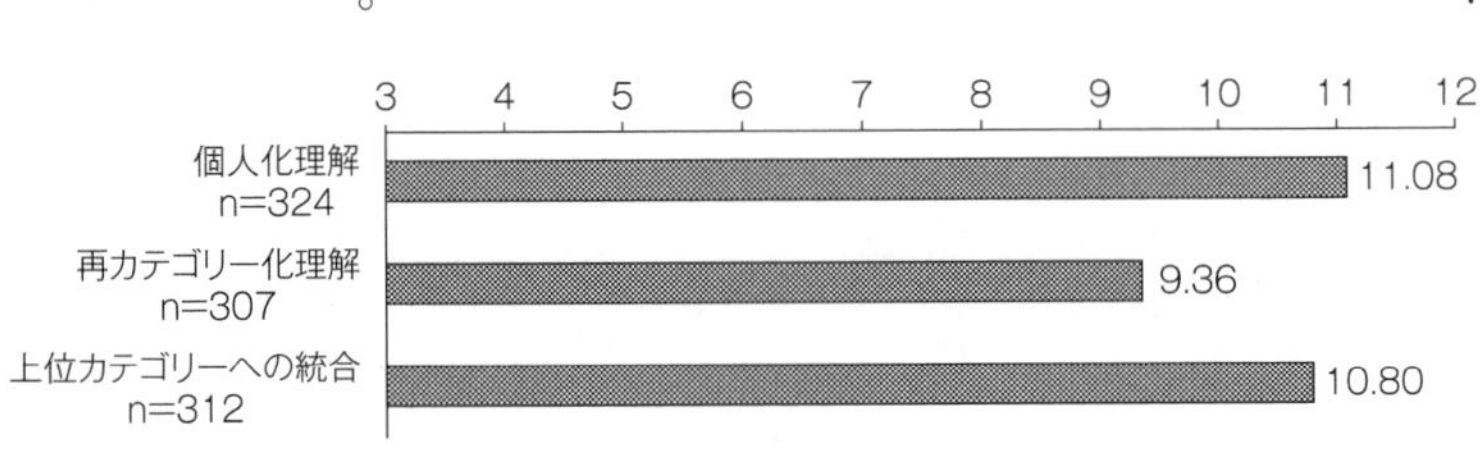

図表17　「本」との対話を体験して何を得たか
個人化理解・再カテゴリー化理解・上位カテゴリーへの統合（平均点）

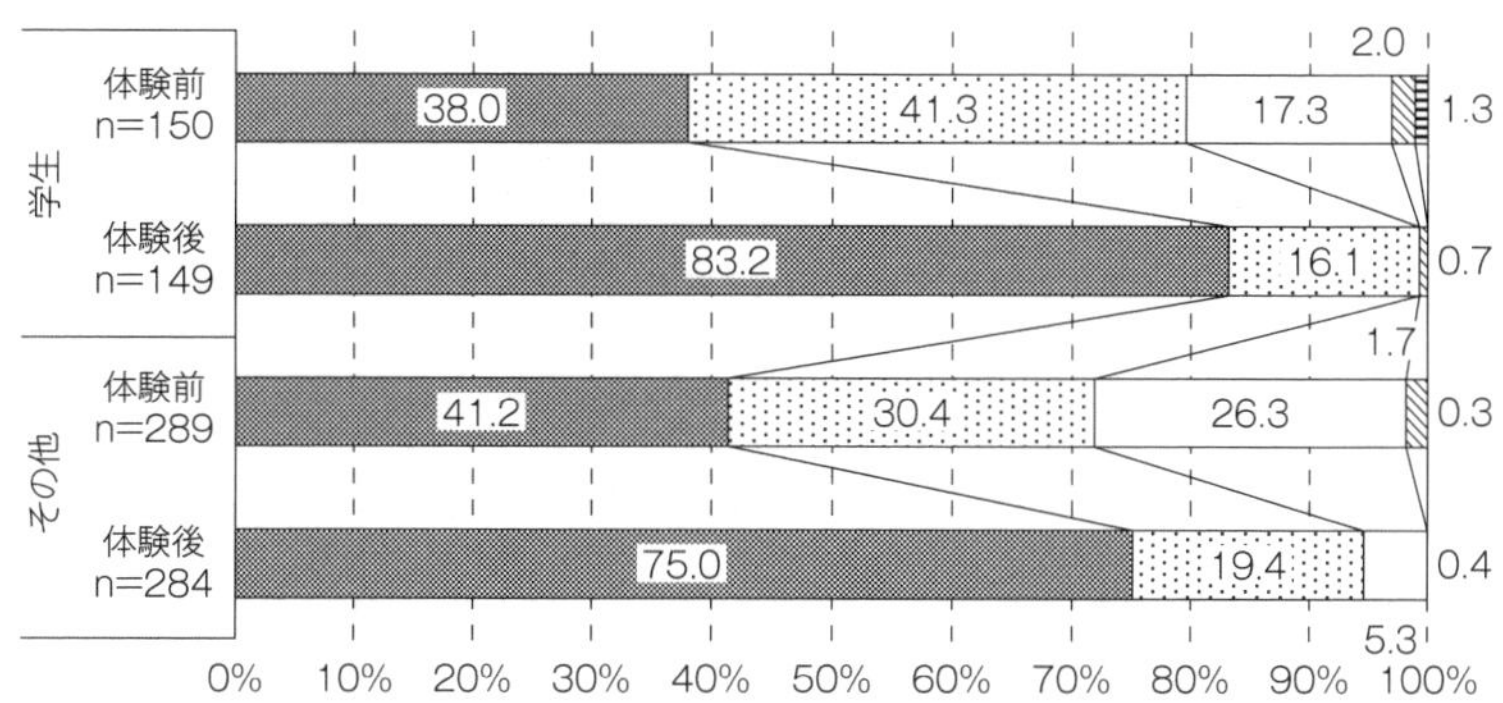

図表18　ＨＬについてのイメージ［A.面白いー退屈な］p=.009

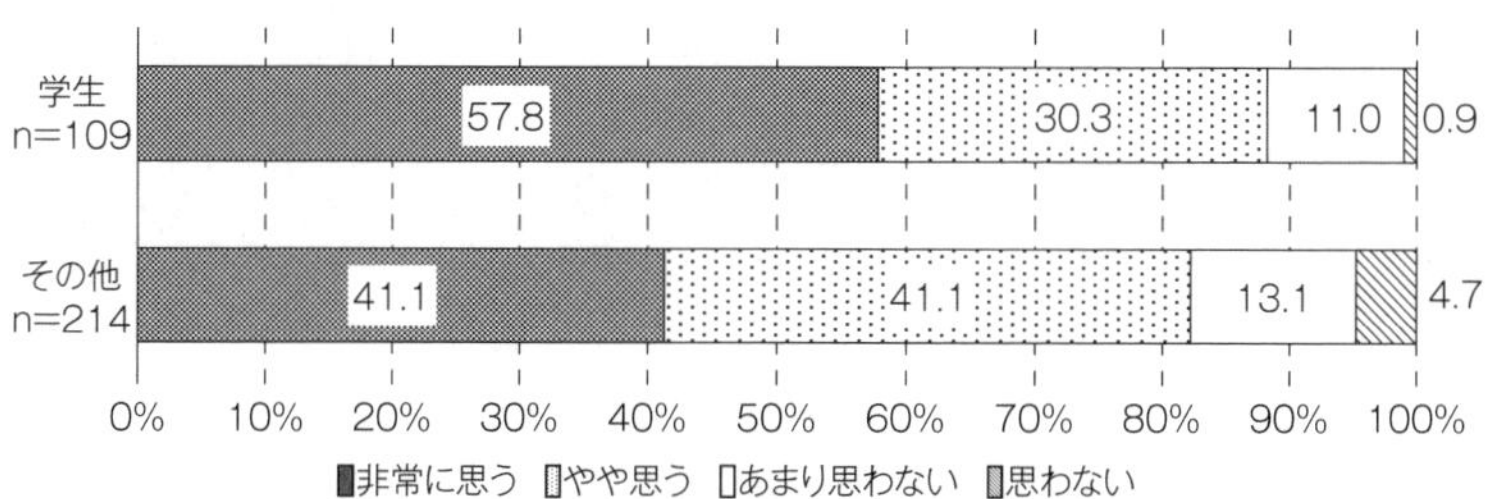

図表19　「本」との対話を体験して何を得たか
［本のカテゴリーに対する自分の無知を知った］p=.004

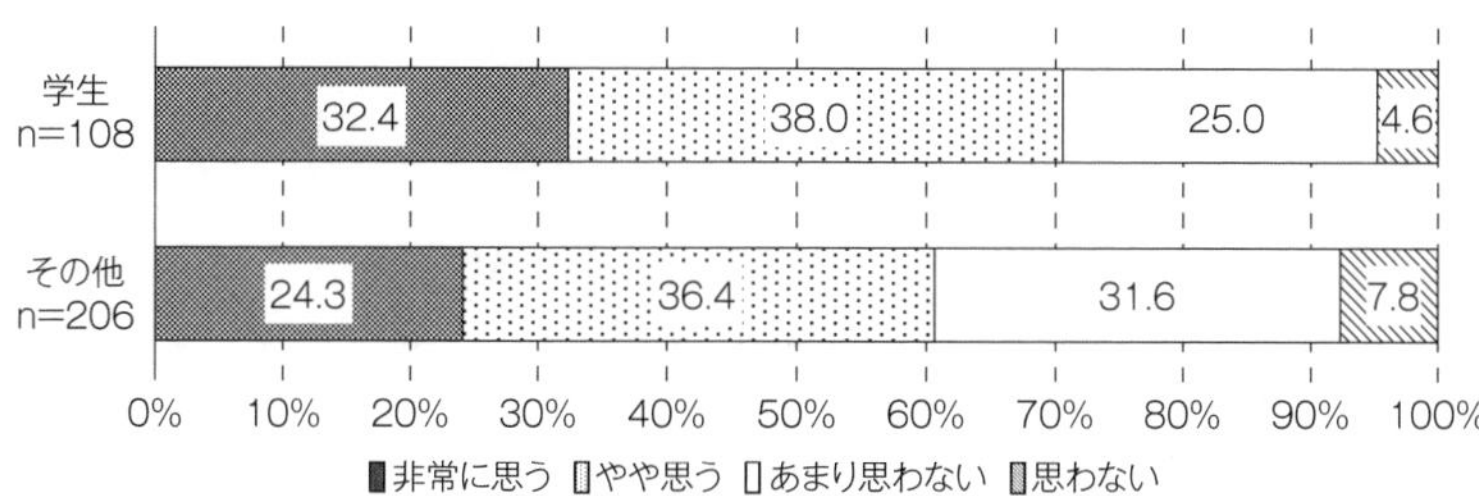

図表20　「本」との対話を体験して何を得たか
［本のカテゴリーへの自分の思い込みを反省した］p=.048

感じているのがわかる。

社会経験の少ない学生にとって、マイノリティと見られがちな人たちとの直接の対話は、社会のタイバーシティに気づき、人間の多様な生き方に目を覚まされる貴重な経験になっているのではないかと思われる。

第七節　「本」を借りたか借りなかったか

第一章七節の実践編で述べた通り、明治大学ＨＬでは、「本」の数に比べて「読者」の数が多いために、午後少し遅く来場されるとすでに「本」が全て予約済みで借りられないということが起こっている。このため、ミニ講演会や体験型のプログラムなど関連したイベントを同時開催しており、借りられなかった方もそれらに参加している。従って、この比較では、明治大学ＨＬの中心である一対一（四冊のみ「本」の方の希望で一対三）で三〇分の対話を経験することがどれ程のインパクトを持つのかということと、たとえ借りていなくても、このイベントが持つ効果はあるのかについて考察したい。なお、ここで用いるデータは、条件を同じにするため、二回（二〇一五年と二〇一六年）の明治大学ＨＬのデータのみ使用して分析する。

借りていない人は六九人であり、借りている人の二三一人と比べてサンプルが少ないが、まず体験前の「誠実な」イメージは、借りた人の四一・一％に比べて借りていない人は三〇・四％と低い（図表21）。体験後は〈誠実だと〉思う〉と回答した割合が両者ともに増加しているが、借りた人の六四・一％に比べると借りていない人は四五・六％に留まる。借りていない人であっても、「本」のあらすじを読んだり、イベントに参加したりすることで肯定的なイメージの変化が起きているが、以下の自由回答が示すように、「本」を借りることの意義は大きい。

自分が借りた「本」はお一人だけでしたが、その他の「本」の方についても選書して申し込む段階で、パネルなどで紹介を受けていたので（読んでいたので）、実際には借りなかった「本」の方のいる世界（分野）の話題やニュースに対するアンテナの感度がよくなった気がします。あとは、やはり実際に話を聞く（対話する）効果も改めて再認識しました。昨年のＨＬでは講演や体験にも参加しましたが、体験のほうが学びや気付きは多く、体験の中でも一対一の対話のあったもののほうが強く印象に残り、後日参加経験を友人や同僚にシェアするときにも、差があることに気付きました。

また、ＨＬについてよかったかどうかの評価（図表22）でも、借りた人の評価が借りていない人の評価よりも統計的に有意に高い。ただし、借りていない人の評価でも、七八・三％は〈よかった〉と答えており、〈まあよかった〉も含めれば一〇〇％である。

「ＨＬに参加して得られたもの」という聞き方で、二〇一五年の明治大学での第七回ＨＬの方でのみ実施した複数回答を「借りた」か「借りていないか」で比べてみると（図表23）、明らかに借りた人が多くを学んでいることがわかる。特に、「対話の大切さ」に気づき、「自分自身について考えるきっかけ」を得て、「人生観の広がり」を感じ、「元気・勇気」をもらったといった項目はほぼ倍にもなっている。やはり借りて「読書」することのインパクトは大きいと言えよう。

その結果、また参加したいかとの質問には、借りた人は九二・〇％もの高い割合で〈ぜひ参加したい〉と答えており、借りていない人の七八・九％よりも統計的に有意に高い。ただし、ここでも、〈少し参加したい〉を含めれば一〇〇％である（図表24）。

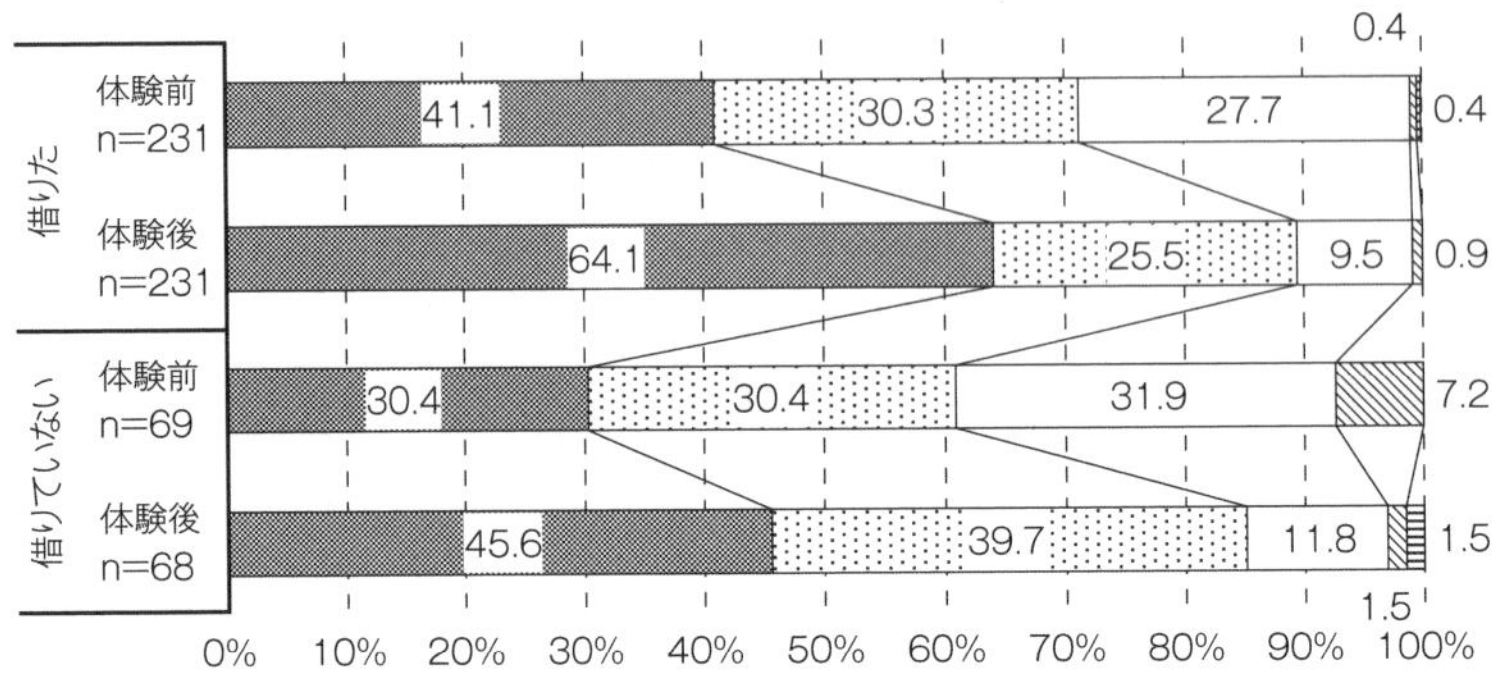

※誠実な−不誠実な（体験前）（p=.035）、誠実な−不誠実な（体験後）（p=.021）

図表21　ＨＬについてのイメージ［D.誠実な－不誠実な］

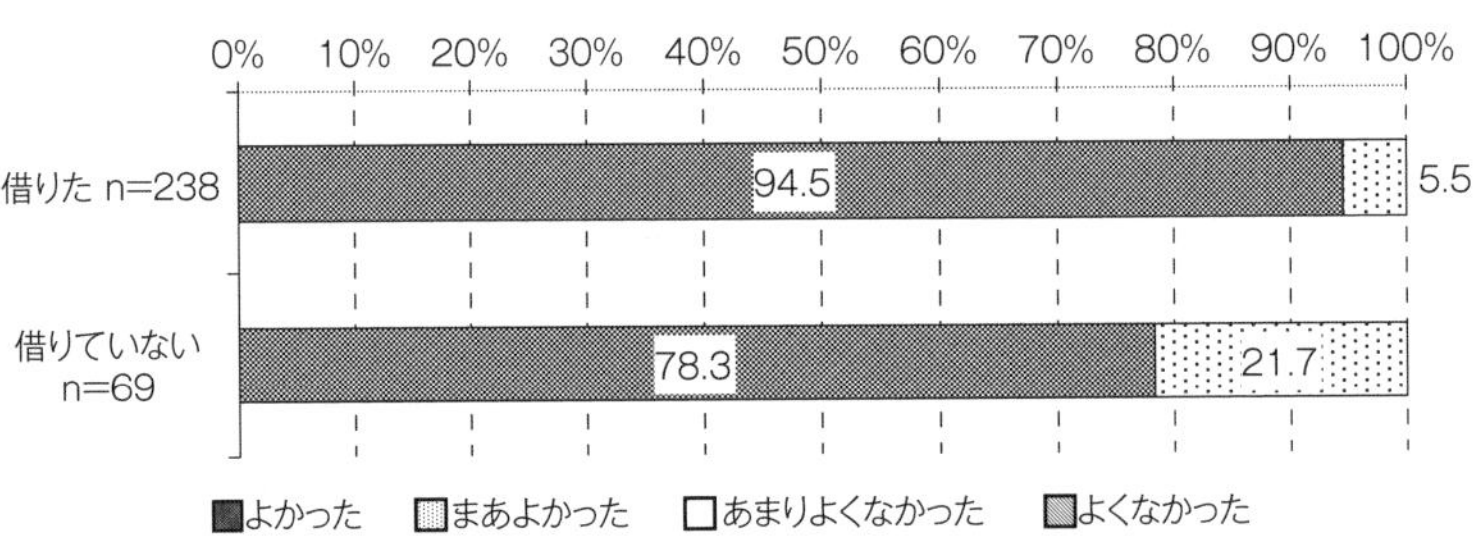

※p=.003

図表22　今回体験したＨＬはどうだったか

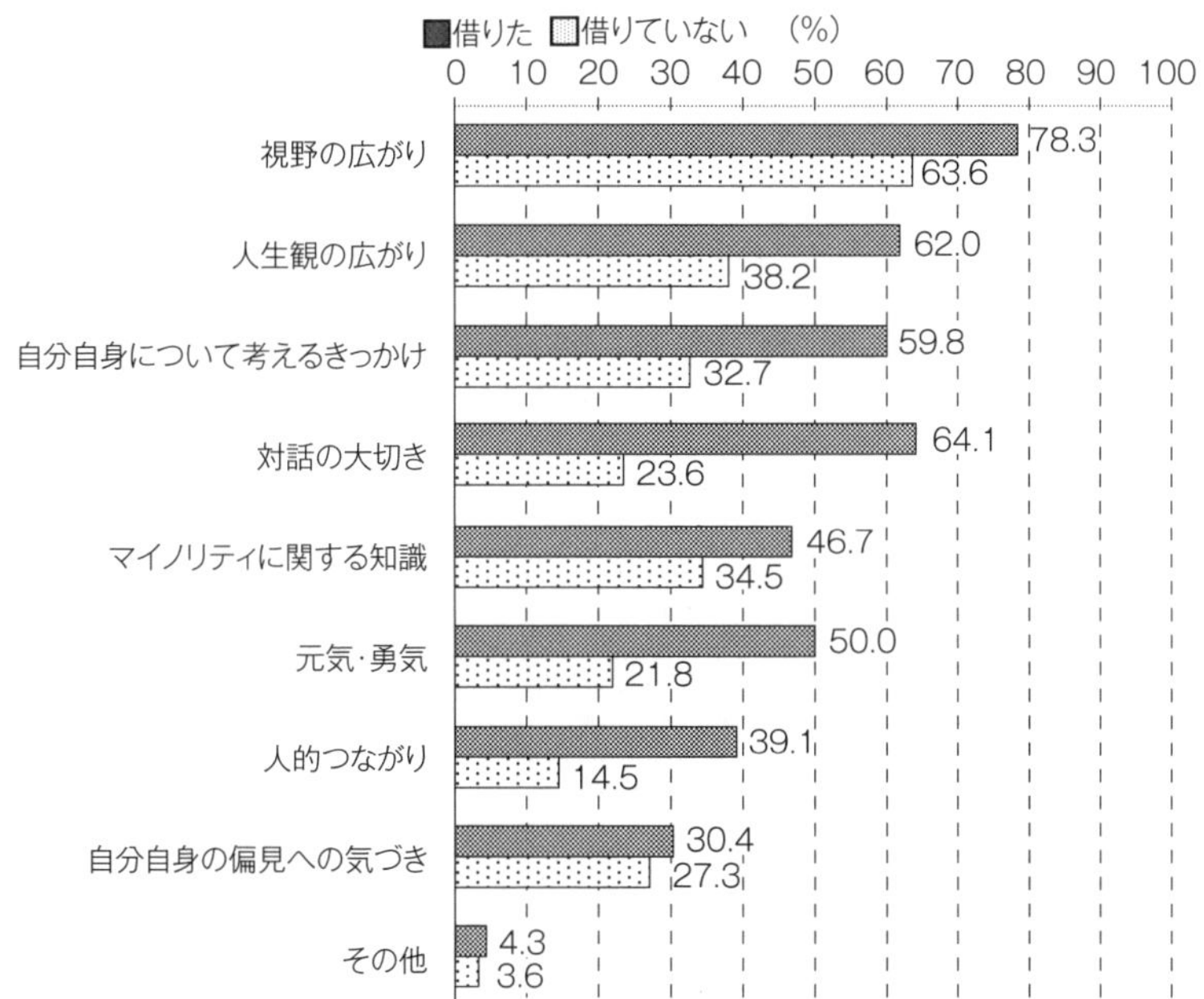

図表23　ＨＬに参加して得られたもの（複数回答・2015のみ）

※各項目の%は 2015年の回答者数（「借りた」92名、「借りていない」55名）を分母にして算出。

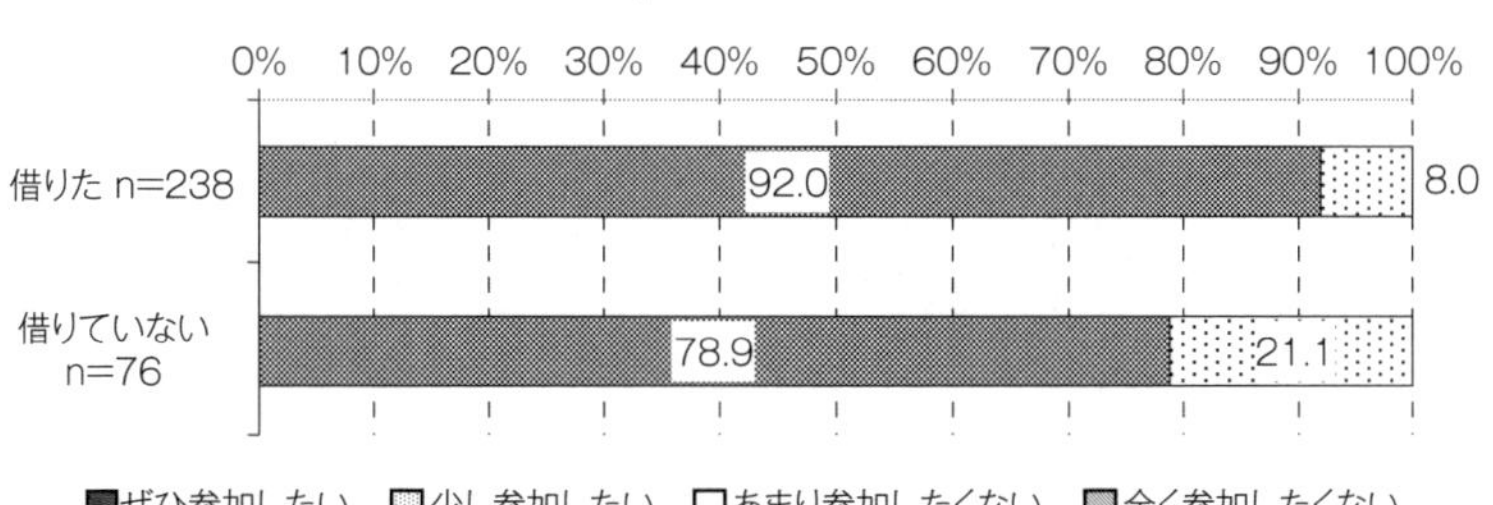

※p=.011

図表24　またＨＬに参加してみたいと思うか

第八節　一〇か月後の再調査との比較

一　ヒューマンライブラリーについてのイメージ

アンケートの教示：ヒューマンライブラリーについて、現在のイメージは、次の各項目のどれに近いですか。あなたの気持ちに近い番号を〇で囲んでください。

二〇一五年度の明治大学ＨＬの全回答者の中で、継続的な調査への協力を承諾してくれた三一人のうち、実際に「本」を借りた二五人をデータとして分析した。

図表25はＨＬについてのイメージに関して、体験前、体験直後、一〇か月後の三回の回答を、例えば「楽しい：そう思う」に五点、「退屈な：そう思う」に一点のように五点制で得点化し、平均点を算出したものである。これを見ると、「誠実な―不誠実な」や「楽しい―退屈な」のように体験後と一〇か月後にほとんど変化のない項目もあるが、「身近な―別世界の」や「明るい―暗い」のように、体験直後には大きく肯定的に変化したが、その後元に戻ってしまった項目もある。なぜこのように異なる反応があるのかはこれだけでは定かではないが、誠実なイベントで楽しかったという印象は残っているが、身近なものかと言われれば日常生活に戻ればマイノリティの方々との直接的な接触は少なく、それゆえ明るいといった印象も薄れていったということかもしれない。

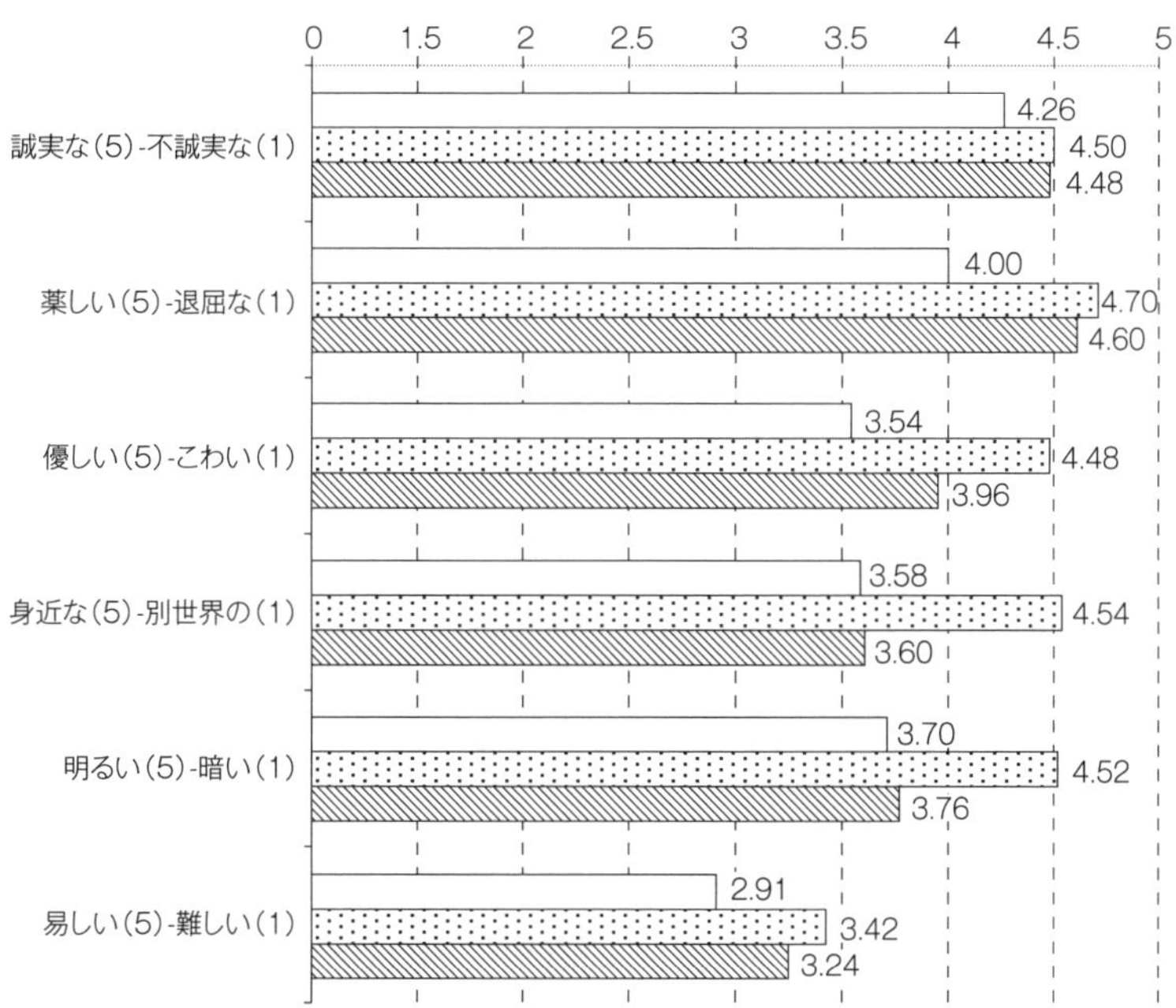

図表25　現在のＨＬのイメージ（平均点）
※各項目を「楽しい・そう思う（５点）～退屈な・そう思う（１点）」のように５点制で得点化し、平均点を算出

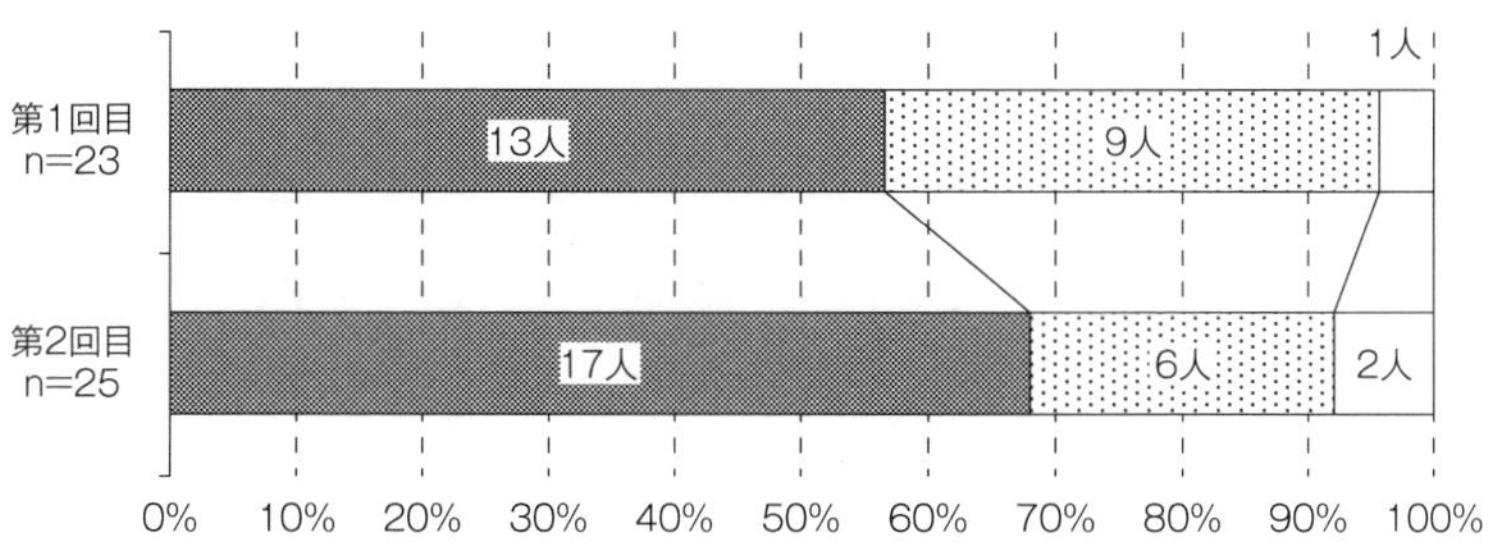

図表26　最も印象に残った「本」に対するイメージの変化［関心の強さ］
※第１回・第２回共に「本」を借りた者のみ集計対象とした

二 「本」についてのイメージ

アンケートの教示：ヒューマンライブラリーに参加して、最も印象に残った「本」の方についてお尋ねします。その「本」に対して、対話前と現在でイメージは変化しましたか。あなたが感じた変化の程度に近い番号をお選び下さい。

一〇か月後のアンケートに回答してくれた回答者がHLに元々関心の高い層であった可能性は考慮しなければならないが、「本」に対するイメージは、「関心の強さ」「近づきやすさ」「親しみ」の領域で体験直後よりも一〇か月後の方がかえって強まっており（図表26、27、28）、また「同情・哀れみ」「怖さ」はより減少している（図表29、30）。細かく見てみると、「関心の強さ」「近づきやすさ」「親しみ」について、〈強くなった〉と〈少し強くなった〉の合計ではそれほど変わっていないが、その中で〈強くなった〉人の数が増えている。また、「同情・哀れみ」は〈弱くなった〉人も〈少し弱くなった〉人も増えており、「怖さ」は〈弱くなった〉人が増えて、合計は変わらない。自由記述欄には、これを裏付ける以下のような記述が数多く見られた。

- 「本」に関する情報に自然に興味を持つようになったし、その度毎に「本」の方の顔が浮かぶ。三〇分間でもこれほど強烈な出会いができるものなのですね。
- 当事者たちのニュースや記事を見たり聞いたりすると、本の方々のことを思い出したり、調べたりするようになった。
- 「マイノリティ」と呼ばれる方に関する記事や情報に対して興味を持つようになった気がします。
- 障がいをお持ちの方や社会的マイノリティと呼ばれる方が身近におらず、接する機会もありませんで

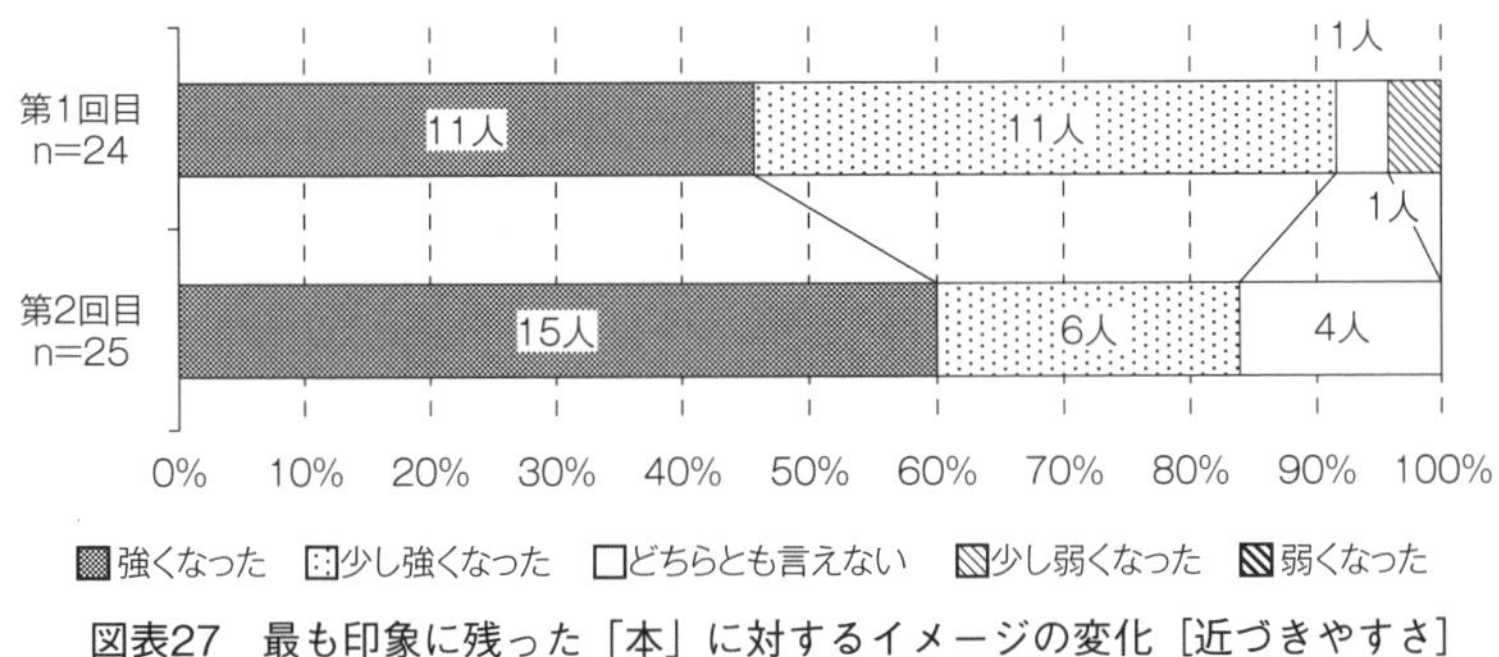

図表27　最も印象に残った「本」に対するイメージの変化［近づきやすさ］

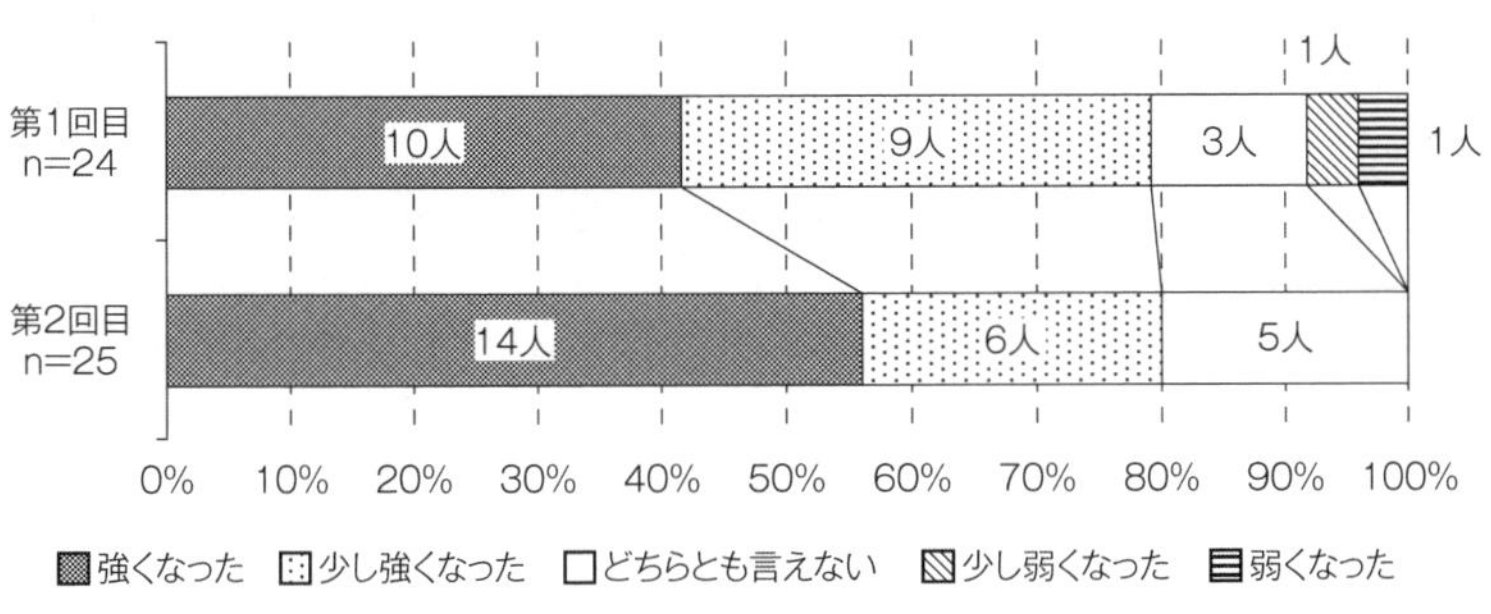

図表28　最も印象に残った「本」に対するイメージの変化［親しみ］

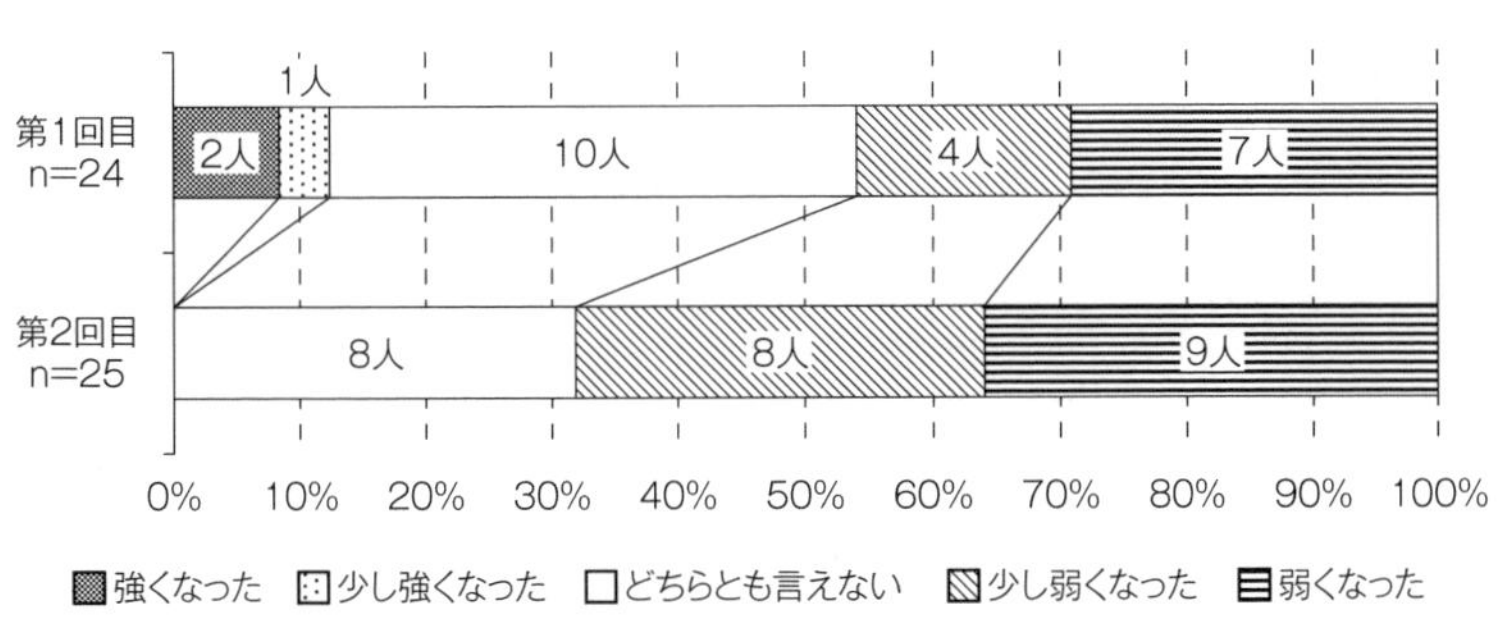

図表29　最も印象に残った「本」に対するイメージの変化［同情・哀れみ］

したが、参加してからは、何か困ったことはないかと、街や電車のなかで気を配るようになりました。特に白杖を持っている方にはお声をかけるようになりました。

- 人と話していて、「え‼ 男性で専業主夫してる人もいるよ‼ なんかね、個人事業主って考え方があって……」など、存在を感じながら、自然と話題に出るようになりました。今まで「なかったこと」にしてたなあ……と今やっと感じました。
- 借りた本の方について、自分なりの印象を人に伝えようとするようになった。
- 性にはグラデーションがあり、白黒わけられない面があるということ、その性のグラデーションは一定ではなく、日によっても変わる。性についての見方が「本」を借りてから変わりました。

これらのデータから見ると、HLでの体験後、借りた「本」のカテゴリーあるいはより広い範囲のカテゴリーにおいて、日常的に意識が向くようになっており、関心の高さや親しみが強まり、近づきやすくなっているようである。自由記述にあるように、僅かな時間の対話ではあるが、HLの効果が「見方が変わる」といった基本的なところでの変化をもたらし、それによって時間が経つに従ってその新しい見方で見る・出会う機会が増え、

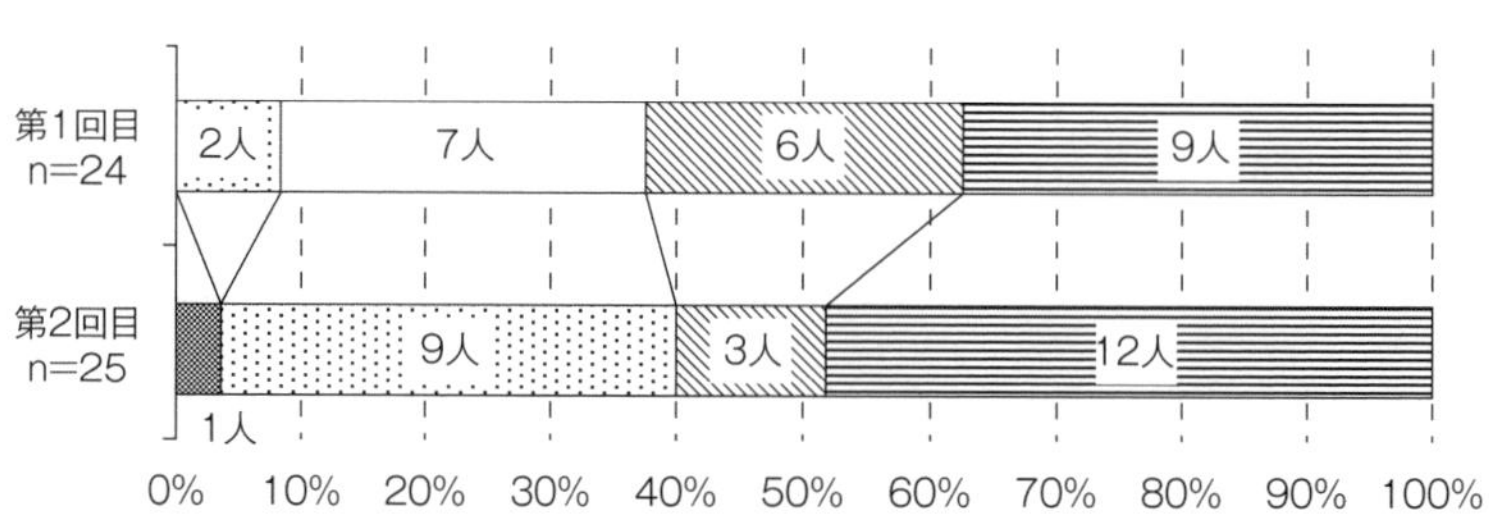

図表30　最も印象に残った「本」に対するイメージの変化［怖さ］

むしろより積極的・肯定的に変化が継続していると思われる。

第九節　対話人数によるＨＬ効果の比較

ＨＬの対話人数は、「本」一冊（人）に対して「読者」一人～三、四人程度で対話するのが一般的である。五人以上の読者を許容する場合はほとんどない。それは親密な対話空間のパーソナルスペース効果を考えるからでもある（詳細は第二部第七章を参照）。

対話人数の違いが読者の「本」イメージや「本」理解にどんな違いをもたらすかについては、これまで全く実証されてこなかった。そこで、我々は今回の調査データから、対話人数の違いが読者効果にどんな違いをもたらすのかについて検証してみた。

検証方法は、次の通りである。実際のＨＬを利用しての調査であるので、事前に対話人数を統制して比較実験することはできない。しかし、明治大学は基本的に「本」一冊に「読者」一人という原則でＨＬを実施している。その他の団体では、多くの「読者」が「本」と対話できるように、基本的には一対複数の対話を採用している。明治大学の場合、例外的に「本」および「読者」が希望する場合には、一対複数を認めている。しかし、それはあくまで例外的なので、ここでは暫定的に一対一の「明治大学ＨＬ」（以下「明大」と略す）と一対複数の「その他のＨＬ」（「その他」と略す）を比較することで、対話人数の違いによる「読者」効果の比較をしてみたい。

まず、「最も印象に残った本に対するイメージの変化」に関する質問の各項目を比較する。

「同情心」については、「明大」と「その他」では大きく異なる結果になっている（図表31）。つまり、「明大」

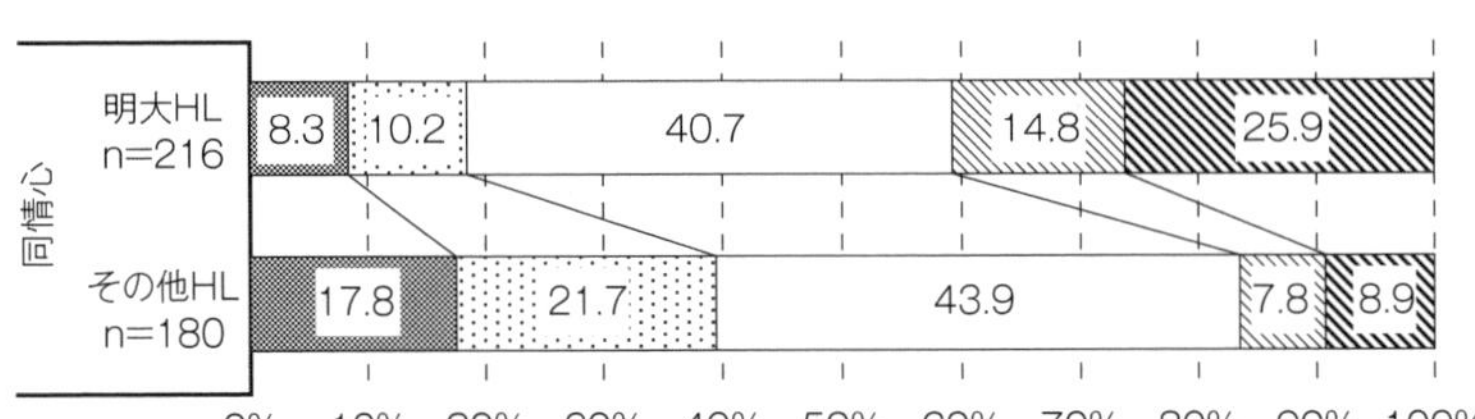

図表31　最も印象に残った「本」に対するイメージの変化［同情心］

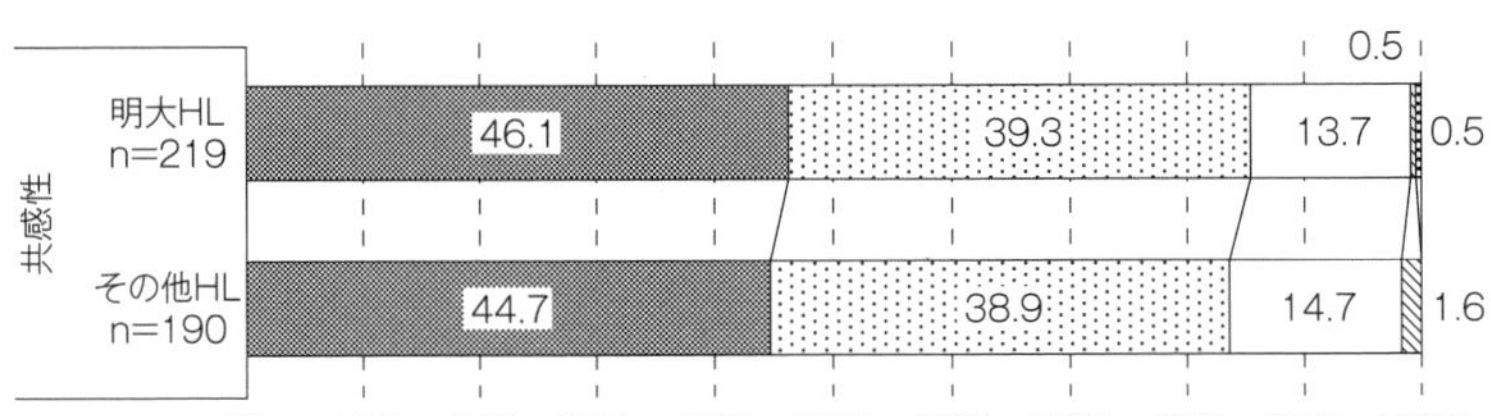

図表32　最も印象に残った「本」に対するイメージの変化［共感性］

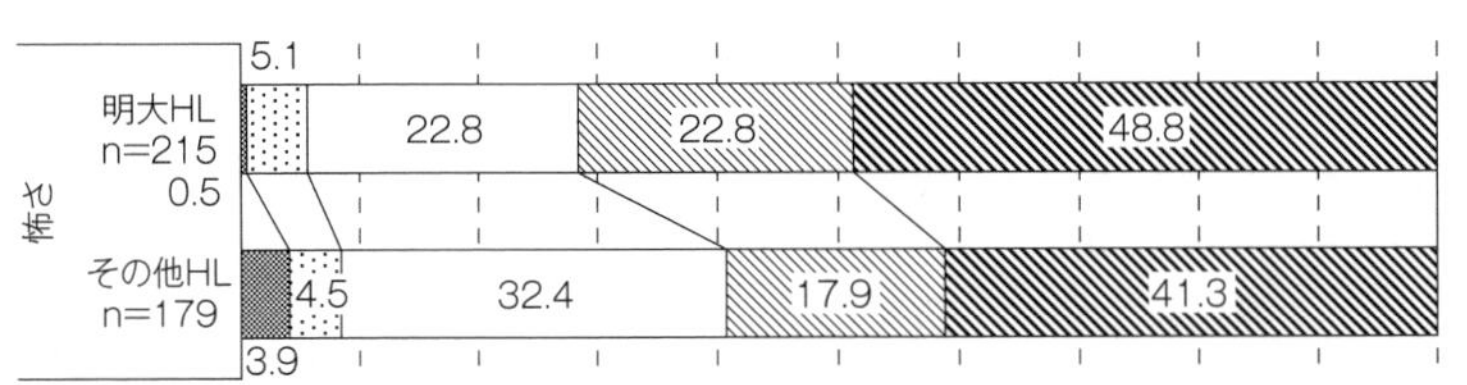

図表33　最も印象に残った「本」に対するイメージの変化［怖さ］

では「同情心」が弱くなったと回答した人〈弱くなった〉〈少し弱くなった〉の合計）が、四〇・七％であるのに対して、「その他」では強くなったと回答した人〈強くなった〉〈少し強くなった〉の合計）が、三九・五％である。つまり、「同情心」が弱くなる明大に対して「同情心」が強くなる「その他」の違いである。これを先の「明大」「その他」のカテゴリー化の意味に照らして考えると、一対一の対話では、「同情心」は弱くなるが、一対多の対話では「同情心」が強くなると解釈できる。この解釈の可否については、今後さらなる分析が必要である。

因みに、「共感性」に関しては、両者とも強くなったと答えた人が〈強くなった〉〈少し強くなった〉の合計）が八四～五％であり、両者に差は見られない（図表32）。「同情心」と「共感性」は異なる心情の発露であることがわかる。

次に、「怖さ」を見ると、「明大」は七一・六％の人が弱くなったが〈弱くなった〉〈少し弱くなった〉の合計）、「その他」は五九・二％の人が弱くなっている〈弱くなった〉〈少し弱くなった〉の合計）。「明大」と「その他」では一二・四ポイントの差がある（図表33）。

これらの結果は、一対一の対話の方が、読者に対して同情心なく共感性を高め、心理的距離を縮める効果が大きいことを示唆している。さらに、一対一の対話は、「不安」を弱める効果も高い。「明大」と「その他」では、弱くなったと回答した人〈弱くなった〉〈少し弱くなった〉の合計）の差が一〇・四ポイントあり、一対一の対話の「明大」の方が、「不安」を弱める効果が高いことがわかる（図表34）。

「親しみ」に関しては、両者ともに高めているが、一対一の対話の方が効果が大きい。「明大」と「その他」では、強くなったと答えた人の割合〈強くなった〉〈少し強くなった〉の合計）の差が、四・八ポイントある（図

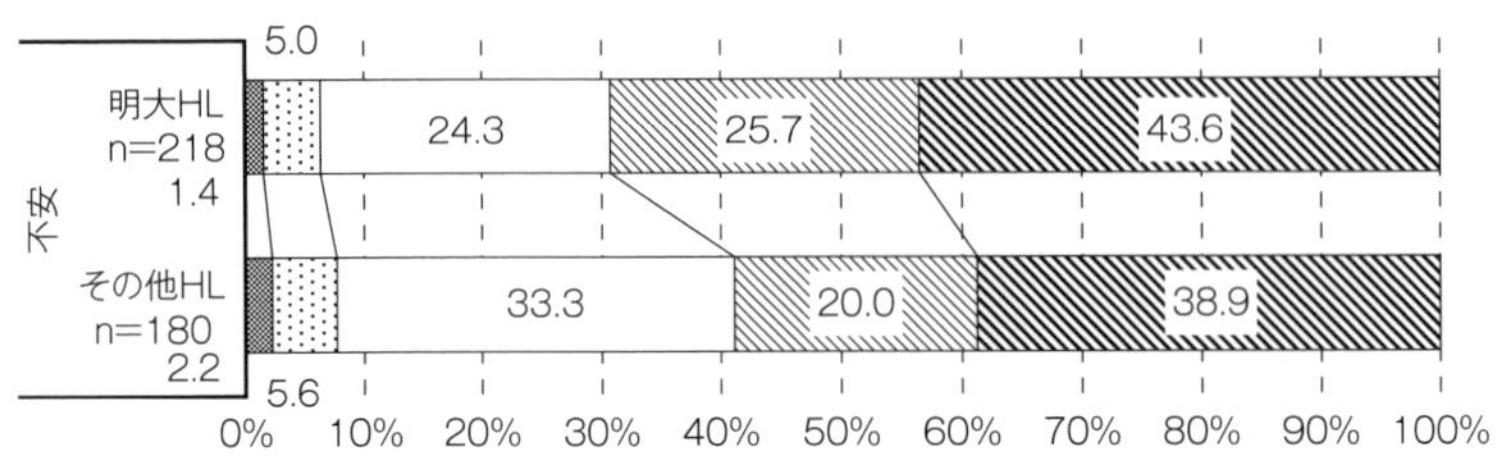

図表34　最も印象に残った「本」に対するイメージの変化［不安］

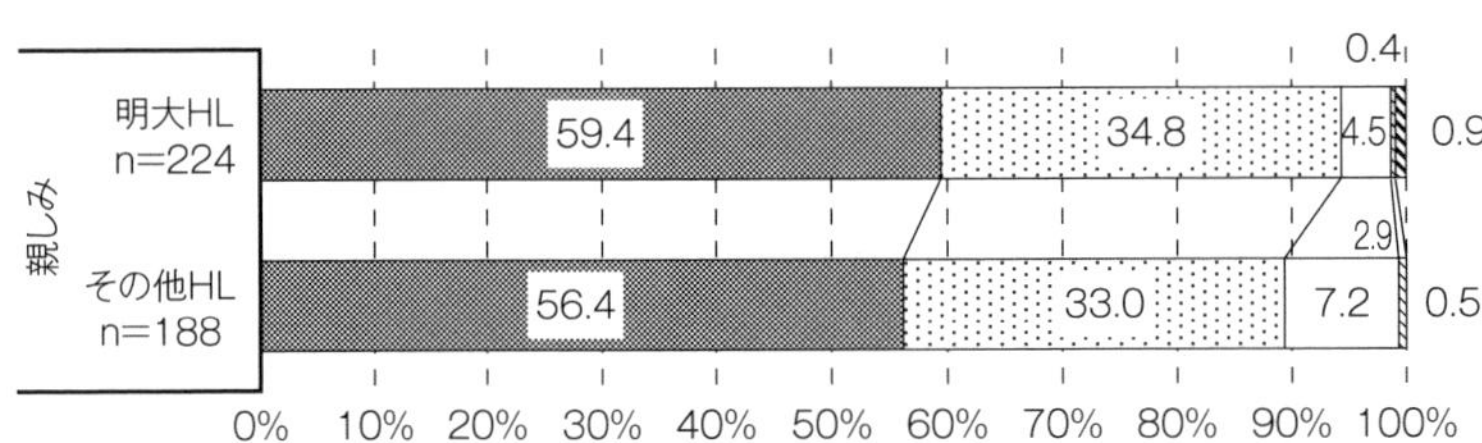

■強くなった　▯少し強くなった　▯どちらとも言えない　▨少し弱くなった　■弱くなった

図表35　最も印象に残った「本」に対するイメージの変化［親しみ］

表35）。また、図表では示していないが、「本の方を自分と同じ人間として理解できた」という項目も、「明大」の方が、やや〈そう思う〉比率が高い。

以上の結果からは、一対多の対話よりも一対一の対話の方が効果的のように見える。ただし、有意差は見られなかったが、一対多の方が効果が大きかった項目もある。例えば、「本への関心の強さ」「近づきやすさ」では、「その他」の方が強い。「本との対話を体験して何を得たか」という質問でも、「本の方をひとりの個人として理解できた」「本のカテゴリーイメージが変わった」「本のカテゴリーに対する自分の無知を知った」「遠い存在だった本を自分の近くに感じられた」「ひとりの人間としての生き方として理解できた」「多様な生き方があることへの理解が深まった」等で、「その他」の方が強い効果が表れていた。

また、「明大」と「その他」の間でほとん

ど差がない項目には、「ココロを開いて対話することの大切さを知った」「人間同士としてわかりあえると思った」「本の方の個人の生き方に共感した」などがあった。

本研究結果は、ＨＬの対話条件を統制した環境の下でデータを積み上げ、詳細な検討をする必要性を示唆している。その意味では、本研究は、今後の実証研究のための予備的データを提供したということができる。

第一〇節　「本」へのＨＬ効果

ここまでは一四回分の「読者」アンケートを分析対象としてきたが、二〇一五年一二月から二〇一七年五月までに首都圏で開催された以下の一一回分のヒューマンライブラリーに「本」として参加した計九〇名にも、アンケート調査を行っている。

（一）ヒューマンライブラリー＠立川二〇一五（一三名二〇一五年一二月一九日開催）
（二）奥沢＠ヒューマンライブラリー（四名二〇一六年三月一八日開催）
（三）円覚寺ヒューマンライブラリー（四名二〇一六年三月二七日開催）
（四）生きている図書館　第九章（一三名二〇一六年四月一六日開催）
（五）ＨＬ＠ぬくぬくハウス（二名二〇一六年八月二〇日開催）
（六）第二回せたがやＨＬ（七名二〇一六年一〇月二日開催）
（七）生きている図書館　第一〇章（一二名二〇一六年一〇月二三日開催）
（八）東京学芸大学ヒューマンライブラリー二〇一六（七名二〇一六年一二月四日開催）
（九）インターカルト日本語学校公開講座ヒューマンライブラリー（一二名二〇一七年一月二一日開催）

（一〇）生きている図書館 第一一章（一二名 二〇一七年四月二二日開催）

（一一）第二回ヒューマンライブラリー@円覚寺（五名 二〇一七年五〇三日開催）

HLは建前としては「読者」をターゲットに開催しているが、実際は「読者」のためだけでない。主催者も気づいていない場合もあるが、「本」への効果も大きい。そのあたりをアンケート調査の結果から読み解いておきたい。

「本」に対しては、A4判一枚の記述式のアンケートが用いられた。自由回答が多いので量的処理できる項目は少ないが、本節では量的データを中心に紹介する。

「本」に対するHLへの参加依頼はHLの開催者が個別に要請しているが、別のHLに「本」として参加している人に直接声をかけて依頼するケースも多く、結果的にいろいろなHLに参加する「本」が多くいることになる。今回の調査は、首都圏開催のHLであるので、特にそうした傾向が強くみられる。実際、参加回数を尋ねた質問では、四割の「本」協力者が二回以上「本」として参加している。四回以上という「本」協力者も二二・二％いる（図表36）。地方でのHLでは、「本」は同じ主催者のHLに継続して参加することが多く、他のHLに参加することはほとんどないと思われる。

また、「本」のなかには「本」役でない場合も積極的に「読者」としてHLに参加し、他の「本」や「読者」との交流を楽しんでいる方もいる。例えば、ある「本」は同病者・同障害者の抱える問題を多くの人に理解してもらうためHLに積極的に参加しているという。

次に、対話時間について尋ねた質問では、「対話時間三〇分の長さ」は、過半数は「ちょうど良かった」と回答しているが、四割以上の人は「少し短かった」と回答している（図表37）。実際、筆者らがHLを運

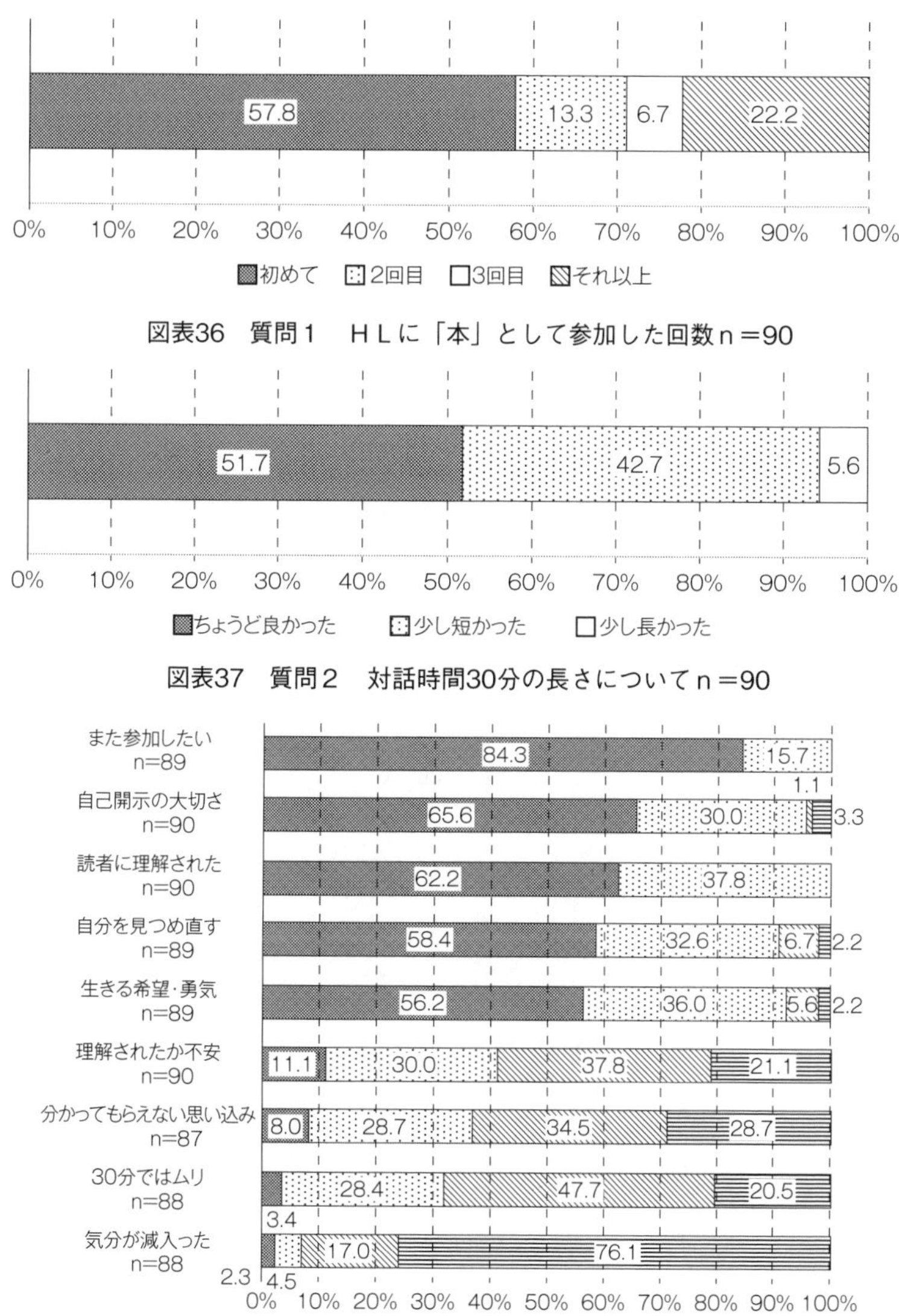

図表36　質問1　HLに「本」として参加した回数n＝90

図表37　質問2　対話時間30分の長さについてn＝90

図表38　「本」をしての感想（%）

営していても対話時間が少し短いと感じることがある。終了五分前に対話者に合図を送るのが通常であるが、それでも話に花が咲いていてなかなか終了できない場合が多い。対話を中断した後も立ち話が続くこともある。

そこで、適当な対話の長さを尋ねたところ、七名の回答者中、三名が四〇分と回答した。この回答のように、対話時間を少し長めに確保し、後ろ髪をひかれる対話の中断がない方がよいという意見もあるだろう。しかし、対話時間が少し短く感じられる方が、「本」にとっての負担や「読者」への効果の点から望ましいという考え方もあり、今日では、少し短いという意見がありながらも、対話時間は三〇分に設定されている場合がほとんどである。

ＨＬを開催したいと思う人が最も心配するのは、心ない「読者」の言葉が「本」の心を傷つけるのではないかという不安である。しかし、本調査からは、対話場面で「本」が傷つく事態は生じていないことがわかる（詳細は第二部第七章を参照）。例えば、「読者から応えたくない質問を受けたか」という質問に、九〇名の「本」全回答者（一〇〇％）が「いいえ」と回答している。

次に、「本をしての感想」を尋ねているので、それについて見ていきたい（図表38）。最も肯定的回答が多いのは、「また参加したい」という回答である。「そう思う」八四・三％と「少し思う」一五・七％で、一〇〇％全員が「また参加したい」と回答している。「読者」アンケートでも、「また参加したい」の合計はほぼ一〇〇％であったが、「本」による以下の自由記述回答に見られるように、「本」は単なる「読者」への話題提供者ではない。

- 読者の方がとても熱心に聞いて下さり、ありがたかったです。
- 沢山の方に共感してもらえてうれしかったです。自分の体験がムダじゃなかったと感じられました。

・面白かったです。新鮮な体験でした。話すことで考えがまとまるというプロセスを久しぶりに体験できて興味深かった。
・改めて人生の振り返りができました。共感してもらうことで人ってより自信が持てますね。

「本」の感想にはこのような記述が数多くみられる。それが「また参加したい」という前向きの回答に表れているのかもしれない。

「自己開示の大切さ」を感じた「本」も多かったようである。〈そう思う〉と〈少し思う〉を合わせると、九五・六％が、自己開示の大切さを実感している。「本」の感想には、「読者の方に話すことによって、自分の歩んできた時間を再認識できた気がします。自分のためのイベントでもあるのかな」というものもあるが、自己開示の効果を肯定的に受け止めている。「本」がどの程度の自己開示をするのかは、本人の自己判断であるので、「読者」の反応や「本」としての経験などに応じて自己開示の内容や深さは変化する（詳細は第二部第七章を参照）。

「読者に理解されたか」という質問には、〈そう思う〉と〈少し思う〉を含めると全員（一〇〇％）がそう思っていると回答している。それが「また参加したい」という回答にも繋がっているのかもしれない。「自分を見つめ直す」きっかけになったかという質問には、九一％が〈そう思う〉〈少し思う〉と回答しており、「生きる勇気や希望」が湧くのを感じたかという質問にも、〈そう思う〉〈少しそう思う〉の合計が九二・二％あり、大半がこうした感覚を抱いている。「読者」に自分が理解されたという対「読者」効果のみならず、こうした自己自身への肯定的な跳ね返り効果が、「本」自身がＨＬの対話を大きく評価する要因になっているといえよう。

一方、「理解されたか不安」「わかってもらえない思い込み」「三〇分ではムリ」という感覚を若干残している。ただし、これらの項目への否定的回答の合計はそれぞれ六割前後みられるので、少しは理解されたという感覚を多くの「本」が持ったことがわかる。「気分が滅入った」という項目には、九三・一％が否定〈全くそう思わない〉〈あまり思わない〉〉しており、〈そう思う〉と〈少しそう思う〉の合計は六・八パーセントにすぎない。

これはあるＨＬの主催者から聞いた話であるが、ある「本」はＨＬに参加した後、気持ちが見違えるように前向きになり、明るくなったという。ＨＬの対話効果は、「読者」への効果に焦点が当てられがちだが、今後は「本」への効果ももっと語られるべきである（「本」への効果については、坪井（二〇一四）を参照）。

第一一節　おわりに

日本で開催されているＨＬは、ほとんどがその開催の広報を行って、それ自体、単体で実施しているものである。ロックフェスティバルやバザールでの開催のように、必ずしもＨＬが目的とは言えない人が「読者」として参加しているわけではない。このことは、今回のアンケート調査の回答者が、ヒューマンライブラリーを目指して来場した、もともとＨＬに関心のある方で、それ故肯定的な回答が多いという解釈を成り立たせるだろう。しかし、今回の調査結果は、ＨＬの持つ大きな可能性を示唆している。それは、様々な背景や立場の違いを超えて、人と人が理解し合えることである。小さな対話の積み重ねがこれを実現させる可能性と、そのような場づくりの有効性も示している。本稿がＨＬの意義に根拠を与えるのみならず、ＨＬの実践と研究の更なる発展に役立てば幸いである。

【注】

（1）明治大学ヒューマンライブラリー二〇一五と同二〇一六では、「本」との対話を体験していない回答者は除いて集計した。

【引用・参考文献】

浅井暢子（二〇一二）「偏見低減のための理論と可能性」『多文化社会の偏見・差別』加賀美常美代・横田雅弘・坪井健・工藤和宏編著、明石書店.

越智貴雄（二〇一四）『切断ヴィーナス』白順社.

加賀美常美代・横田雅弘・坪井健・工藤和宏編著（二〇一二）『多文化社会の偏見・差別』明石書店.

坪井健（二〇一七）「ヒューマンライブラリーから見た異文化間能力――コンピテンシーを育てる実践の立場から」『異文化間教育』四五号.

第五章

ヒューマンライブラリーで学生は何を学んだのか――「司書」として参加した大学生のレポートから

横田雅弘

第一節　はじめに

二〇〇八年六月二八日、朝日新聞朝刊に掲載されたヒューマンライブラリー（以下ＨＬ）を日本で初めて紹介した記事「生きている図書館――私たちを借りてみませんか？」（ロンドン　土佐茂生・大野博人）には、「社会の偏見を少しでも減らす試み」と記されている。二〇〇〇年にデンマークで始まったこのイベントは、友人を暴力で殺害された若い仲間たちが、その原因となったマイノリティへの偏見を減らすことを目的にして野外ロックフェスティバルの会場の片隅で始めたものである。このようなイベントの生い立ちから、ＨＬは一般的に社会的なマイノリティへの偏見を低減することを目的にしていると考えられている。しかし実際には、ほとんどの実践でこのような目的をその基底には持ちながらも、ＨＬの持つ多様な側面に実践者が個別の関心を抱き、多様な展開を行ってきた。全てが全てマイノリティへの偏見の低減を第一の目的に掲げているわけではない。当日のイベントそのものだけでなく、開催のプロセスがもたらす様々な意義や効果も認められる。

そこで、偏見の低減に関する効果をアンケート調査から検討した前章「ヒューマンライブラリーの偏見低減効果――アンケート調査による分析」に続いて、本章では、「ヒューマンライブラリーで学生は何を学んだのか――「司書」として参加した大学生のレポートから」として、明治大学のＨＬで「司書」になったゼミの学生たちが、ＨＬ開催までのおよそ八か月のプロセスから何を学んだのかをまとめてみたい。資料としては、これまでの八回の開催で彼らが終了後に提出した約一〇〇本のレポートである（報告書、二〇一〇〜二〇一七）。ＨＬを大学の教育的営みとして開催することの意義と効果として報告する。

第二節　ヒューマンライブラリーはどのように活かし得るか

まず初めに、ＨＬはどのように活かし得るかという観点から、ＨＬの意義と可能性を考えてみたい。これまで日本でＨＬを主催してきたのは主に大学であるが、本書の第一部実践編でご確認いただけるように、数は少ないながらも、図書館、市の福祉協議会、民間の任意団体、企業、高等学校、日本語学校なども開催している。また、例えば大学が主催するとしても、学園祭の中のイベントとして開催する場合とＨＬ単体で開催する場合では、参加者の関心の度合いはそもそも異なっている。どのような組織（機関・人）がどのように主催するかによって、その意図や効果は異なる。さらに、ＨＬには、主催する側である「司書」がいて、「本」となる人がいて、借りに来る「読者」がいる。立場によっても獲得されるものが異なってくる。そのような多様な実践や参加者の立場を考えると、ＨＬの意義や可能性として私が思いつくだけでも、およそ次のようなものがある（図表1）。

上記以外にもあると思われるが、第一部の実践編からもこのような要素がいくつも見えてくる。ここでは、

A〈教育の方法〉
① 偏見を低減する教育・社会変革の方法である
② 社会人基礎力をつけるアクティブラーニングの方法である
B〈総合的な情報提供の方法〉
③ 知識（テキスト）だけでなく情動的な面も含めた総合的な情報提供の方法（「図書館」）である
C〈自己分析・自己表現の場〉
④ １対１で他者に自己を表現する場である
⑤ 自分の偏見や物の見方に気づく方法である
D〈つながりの形成〉
⑥ 初対面でも「対話」への参加を可能にする仕組みである
⑦ 同じ問題を共有する当事者同士がつながる場である
⑧ 多様なマイノリティ同士をつなぐカテゴリーを超えた連帯の手法である
⑨ マイノリティへの理解を促し、支援する方法である
⑩ 大学・図書館・地域の連携を作り出すきっかけである
⑪ コミュニティ形成（まちづくり）の手法である
⑫ 「国際」の枠を超えてつながりあえる「文化際」交流である

図表1　ＨＬの意義と可能性

これら一つ一つを個別に考察する紙幅はないが、大学のゼミとしてＨＬを開催してきた筆者の立場から、アクティブラーニングの理論にも触れつつ学生の学びを彼らのレポートから検証する。

第三節　アクティブラーニングとヒューマンライブラリー

二〇一二年に立命館アジア太平洋大学（ＡＰＵ）で開催された第三三回異文化間教育学会大会の基調講演で、ジョン・コンドン（John Condon）ニューメキシコ大学名誉教授は、アメリカの大学教員の役割は、今や知識を伝授することから、学生同士の学び合いを導くファシリテーターの役割へと完全に様変わりしたと述べた。世界で今どのような教育が実施されているかは、高等教育の国際化と情報化によって即座に共有され、日本国内でしか通用しない一方的で学生のニーズに応えられない教育を過去の

ものにしつつある。海外に留学して帰国した学生たちがもたらす生の情報も、学生の側からの大学教育批判・要求となっている。一八歳人口の減少で今後ますます熾烈になる学生獲得競争に応えるために、日本の大学も学生の声（ニーズ）に耳を傾けざるを得ないし（本来は当然のことだが）、社会（企業）が求める「社会人基礎力」（経済産業省）を身につけた人材の育成にも応えなければならない。近年、アクティブラーニングがブームのように取り上げられているのも、そのような学生と社会のニーズに基づくものである。

アクティブラーニングについては、松下（二〇一五）に紹介されている通り、二〇一二年八月の中央教育審議会答申「新たな未来を築くための大学教育の質的転換に向けて――生涯学び続け、主体的に考える力を育成する大学へ」の中で、「教員による一方向的な講義形式の教育とは異なり、学修者の能動的な学修への参加を取り入れた教授・学習法の総称」と定義され、それによって「認知的、倫理的、社会的能力、教養、知識、経験を含めた汎用的能力の育成を図る」とされている。また、溝上（二〇一五）は、「一方向的な知識伝達型講義を聴くという（受動的）学習を乗り越える意味での、あらゆる能動的な学習のこと。能動的な学習には、書く・話す・発表するなどの活動への関与と、そこで生じる認知プロセスの外化を伴う」と定義し、〈外的活動における能動性〉だけでなく、〈内的活動における能動性〉も重視する「ディープ」アクティブラーニングが重要であるとしている。さらに、『ディープ・アクティブラーニング』（二〇一五）の編者である松下は、溝上らの論考を踏まえて、ディープ・アクティブラーニングとは「学生が他者と関わりながら、対象世界を深く学び、これまでの知識や経験と結びつけると同時にこれからの人生につなげていけるような学習」とやわらかく定義している。

一方、主体的に学ぶことや、知識伝授型ではない教育と学びの重要性については、以前から「文化」の学びに関わる日本語教育学や異文化間教育学などでも主張されてきた。細川は、『日本語教育は何をめざすか』

（二〇〇二）において、「文化」は自分の内にあるのか外にあるのかという興味深い議論を展開し、外にあるものを「一度自分をくぐらせて」表現することで一つの個性的な「文化論」となり、それが他者との「対話」となって繰り返され、文化の学びが育まれることを指摘している。また、異文化間教育学では、渡部（二〇〇一）が知識伝授型教育から獲得型教育への転換を論じ、五感、六感を総動員した学びとしてのドラマ技法を用いた「演劇的知」の重要性を提唱している。さらに、横田（二〇〇四）、佐藤・横田・吉谷（二〇〇六）、佐藤（二〇一二）は、現場に携わる教員の教育・研究のあり方を「現場生成型教育（研究）」として異文化間教育学の独自のスタンスと方法論を検討している。

ＨＬの実践や研究は、これまではほぼ異文化間教育学会でのみ発表されてきた。その背景には、①異文化の問題において「偏見」が極めて基盤的なテーマであることはもちろんのこと、②「（異）文化」を教育で扱う場合に、認知的なテキスト情報のみならず体験による情動的な経験（学習）が不可欠な場合が少なくないこと、そして③異文化間教育学会が、その「異文化」を「外国の」という「国際」の意味合いから、国内にも広がる多様性、すなわち「文化際」を扱うところまで拡大してきたという背景がある。また、④ホーリスティックな「文化」を扱う異文化間教育では、例えばカルチャーショックのような状況を考えてみると、本人にとっては混沌であり、何がどうなっているのか、どこに解決の糸口があるのかわからず、しかもそこから逃げることの難しいひっ迫した自我関与の高い重要課題に直面する。このようにどこから手を付けるかを自分で開拓しなければならない経験から学ぶことが大切である。それは、ディープ・アクティブラーニングとしても重要な点ではなかろうか。社会に出て遭遇する人生の課題は、解決の道が敷かれていないのが普通であり、その状況でも、わからないながらもあきらめずに、どこかに錨を下ろして一歩を踏み出す力がアクティブラーニングによって修得され得る。このような状況に学生を立たせるのは容易なことではないが、

ＨＬはこの可能性を十分に持っている。ＨＬを大学の授業（ゼミナール）として開催し、学生がその「司書」として活動することは、どのような形で「人生につなげていけるような学習」（松下、前掲書）であるディープ・アクティブラーニングになっているのだろうか。以下では、ＨＬを準備し、当日は「司書」として働いた学生たちの経験から、実際に彼らが何を学んだのかを紹介する。

第四節　ＨＬを通して学生が学んだもの

一　二つのエピソード

最初に、二〇〇九年の第一回と翌年の第二回ＨＬに参加した当時二年の二人の学生のレポートを紹介する（タイトルは筆者が付けたものである）。二つのエピソードは、言語障害のある方をＨＬに「本」としてお招きしたいということで初めて訪ねたときの大きなショックを書き記している。

エピソード　一〈コミュニケーションの根本を学びました〉

……担当の方が事業所で働いていらっしゃる障害者の方をお二人紹介してくださり、実際に話をする機会を与えてくださいました。言語障害がある方と発達障害のある方でした。最初にお二人と私たちだけで、担当の方に説明したときと同じようにリビングライブラリー（筆者注：現ヒューマンライブラリー）について説明しました。しかし、あまりわかっていただけなかったので、担当の方もいらっしゃる前でもう一度説明することになりました。そしてもう一度説明をしようとしたところ、まず「本」になっていただきたいという説明の仕方がよくないとご指摘を受けました。「人にはボキャブラリーの多い人や少ない人がいるのだから、相手のことを考えて相手がわかるように話さなければいけない」「人が「本」になるという比喩はボキャブラリーの少ない方にとっては意味がわからないものだ」とご指摘を受けました。だからストレートに「お話を聞きたい」と言えば良いのだと教えていただきました。それからどのような話を聞きたいのかというご質問を受け、その方について、その方の生活についてお話を聞きたいと私が言うと、その方は考え込み、黙ってしまいました。これも話が漠然としすぎていて、相手を困らせてしまうから良くないとご指摘を受けました。そこでいくつか具体的に質問をさせていただくと、その方が黙ってしまうことはありませんでした。そしてもうお一方の言語障害のある方とお話をさせていただいたのですが、その方のおっしゃることがなかなか聞き取れませんでした。私は緊張していたこともあり、何度も聞き返すことができず、今このようにおっしゃったのではないかと推測し話をしたところ、それは間違っていました。そしてそのような行為はコミュニケーションとしておかしいとご指摘を受けました。担当の方は「相手が障害者だから聞き返すのが失礼だと思っているならそれが差別だ」「意思を伝えるのに時間がいる人もいるのだから、聞き取れなくても聞こうとする誠意があれば何回聞き返したっていい」と教えてくださいました。それからコミュニケーションの取り方にはいろいろあるのだから、最初に私が言った「普通」とは人によって違うのだということも教えていただきました。そしてその方は私たちがこのリビングライブラリーに対して軽い気持ちであったり、参加した障害者の方が傷つくようなことがあるなら参加はさせない、帰った後よく考えてほしい、とおっしゃいました。

私はショックを受けました。私は軽い気持ちで事業所へ行ったつもりではなかったのですが、コミュニケーションが上手くとれなかったこと、私が障害者の方に対してとった言動が差別にあたるものであったことがショックで、泣きたい気持ちでいっぱいでした。私自身、障害者の方と接する機会が今まであまりなかったのでこの経験が私にとってリビングライブラリーのようなものでした。最初はショックが大きくてお二人をリビングライブラリーにお呼びできるのか悩みました。しかし、今回の経験から学んだことは私にとってとても大きいものでしたし、お話をさせていただいた障害者の方に前向きなお返事をいただいたのでやはりリビングライブラリーにお呼びしたいと思い、誠実な姿勢で接することを心に決めました。そして電話やメールで連絡をとらせていただき、参加していただけることになりました。

私はこれまで障害者の方とまともに話をしたことがありませんでした。お話をさせていただいて初めて、障害者のことを知っているようで何も知らなかったことに気付きました。それだけでなく事業所でのお話の中ではコミュニケーションの根本を学びました。実際に話してみなければわからないことはたくさんあり、実際に話すことで学ぶことはとても大きいものだと感じました。

エピソード二〈自分の中に偏見というものはないだろうと考えていた〉

私は、「普通」という言葉が大嫌いだ。人とは違った行動をすることが多いため、「普通」であることが良いとされていた学校や地域社会、家の風潮も大嫌いであった。だが、学校が大嫌いだった私が初めて心から楽しいと言える生活を送れるようになったのは、定時制高校に入学してからであった。定時制の友達は年齢も様々で、同じ障害を持っている子にも出会ったし、色んな病気を抱えている人もいた。移民の子もいれば、引きこもりの子もいるし、不良もいるし、オタクのような人もいる。入学するまでの背景は人によって実に様々であった。今までの学校とは全く異なる、多様な人々がいる環境の中で過ごす三年間、色んな人と関わってきた三年間は、それまでの人生で一番輝いていた時間であった。社会でマイノリティと呼ばれるような人々が集まった場所だったといえるかもしれない。それゆえ、私はヒューマンライブラリー開催において、自分はマイノリティの人々の気持ちが理解できる、と自信を持っていた。自分の中に偏見というものはないだろう、と考えていた。

しかし、私はある「本」の方との出会いにより自分の中にないと思っていた「偏見」の存在に気づいた。その方は、前年度のヒューマンライブラリーにも参加してくださったHさんである。Hさんは脳性まひを持つ方で、私は今までその症状を持つ方と接したことがなかったため、担当を受け持ちたいと思った。また、前年度ゼミの方からお話を伺った際にもらったHさんの原稿に、大きな感銘を受けた。「普通が当たり前」。そう題されたHさんのストーリーには、「車いすの人が、商店街で買い物をしている社会。すばらしい社会ですね。」と書かれており、「誰もが快適に過ごせる社会」が描かれていた。自分が高校時代に感じた「快適に過ごせる環境」と大きく似通っていたことから、私ははやくこの方とお会いして、お話ししたい、と思っていた。

Hさんとメールのやり取りをし始めたのは後期に入ってからであり、一〇月下旬に彼の職場である作業所に他学生と二人でお伺いした。ヒューマンライブラリーのお話をするのが目的ではあったが、私はHさんとお話をしたい、とわくわくしていた。だが、最初に訪問したときは、ショックを受けた。自分が思っていたよりもまひの症状が重いように感じられ、言葉を理解しようとしてもできず、何回も聞き返し、意思疎通ができているのかいないのか、全くわからなかったのだ。Hさんが一生懸命お話ししてくださるのに、全く理解ができない自分も情けないと思った。お話ししたいと思っていたことを一つも伝えることができず、その日の帰りに私はふと「普通にお話しできたらいいのになあ……」と思っていた。そしてそのとき、あれほど嫌いだった「普通」という言葉を自分が用いていたこと、自分の中に偏見・

差別意識があったことに気づいたのである。それは、私にとって衝撃的な出来事であった。

自分の中にあった偏見にどう対処したらよいのか、その答えが見つからないままヒューマンライブラリー当日を迎えてしまった。当日私はＨさんの付き添いとして、お話の間一緒に同席していた。そのとき、二〇代の大学生くらいの男性が「読者」だったことがあった。彼はＨさんの原稿を読み、たわいもない話を楽しんでいた。そして、こう言った。「自分、脳性まひの人と話すの初めてなんですよ。なんか、かしいんじゃないか、って思ってました。言ってることわかんないし。でも、ようは慣れですね。正直、頭お慣れてないからわからないって感じで、それ以外は何の違いもないんですね。」この言葉を聞いた時、私は気づいたのだ。私も確かに、偏見を持っていた。普通に話せれば、いろいろ会話が楽しめると思っていた。でも、私がＨさんと実際に話したのは一〇回にも満たない。私も慣れが足りなかったんだ。だったら、もっと話せばいいんだ。私は、この方をもっともっと知りたいから、もっともっとお話しすればよかったんだ、と。

Ｈさんのみならず、他に担当させていただいた「本」の方々も、実際にお会いしたのは数回であった。企画側に時間を取ってしまい、会って、話して、信頼関係を築く、というプロセスを軽視していたことは、今回のヒューマンライブラリーにおける反省の一つである。また、ゼミ生としてではなく、一人の人間として、もっと対話をするべきであったと感じた。

Ｈさんという「本」の方を通して、私は自分の中の偏見に気づいた。そして、ヒューマンライブラリーを通じて「対話を重ねること」の重要性に気づいた。もしＨさんと出会っていなければ、「自分の中に偏見はないだろう」という傲慢な考えも持ったまま生活していたかもしれない。そして、一方的な推測でお話ししていたかもしれない。この偏見に気づけたこと、自分の中に他にも偏見があるかもしれないことを知ったこと、「対話」の大切さを学んだことが、今回のヒューマンライブラリーにおける大きな収穫である。来年度のゼミでは、偏見をなくそう、という気持ちではなく、「この人を知りたい」という気持ちに即して活動していきたい。偏見がないのが一番よいことだが、偏見に気づいた時にショックを受けたままでいるのではなく、その気づきにより「もっと理解したい」という気持ちになることが大事なのだ。

私はこれからも、「普通」という言葉が好きになることはないだろう。みんな違ってみんないい社会。誰もが過ごしやすい社会。そんな社会を作るのは大変なことである。だが、多様な人がいて、その誰もが生き生きと生活していた高校時代のような環境を、私は少しでも増やしていきたい。その社会が「普通」の社会になってほしい。そしてそのために、自分自身これから色んな「異文化」の中に飛び込んでいきたい。今回のヒューマンライブラリーに参加してくださった「本」の方々のように、真剣に生きる人々との出会いを通して。

この二つのエピソードから見て取れるのは、一つは、大学という狭い囲いの中から社会に出て、動いて、会って、真剣に説明・対話する経験が如何に深い学びをもたらすかという実感。そして二つ目には、その経験を通して自分の中に思ってもみなかった「偏見」があることに気づき、それを深く受け入れることで、社会で生きていく人生の指針を見出したということである。以下、この二点について、他の学生のレポートも取り上げてみたい。

二　社会に出て、真剣に対話することで得られた学び

最初に、一つ目の点を考えてみよう。この二つの文章が全編を通して放つのは、真剣に生きる人々と真剣に対話することのリアルな体験が如何に深い学びを導くのかということである。大学生は、もちろん受験勉

強や思春期の問題などで悩んだり努力したりした経験がないわけではない。しかし多くの学生は、大学に入ったら趣味や部活や好きな勉強で楽しみたいと考えている。物事に真剣に、自主的に、しかも責任をもって取り組む経験があまりにも少なく、ある意味ではその醍醐味を知らない。受験勉強で頑張ったといった「道が敷かれた問題」を解決しても、それは基本的には合格という（これも既に設定されている）報酬による満足がもたらすものか、嫌でもやり遂げる「根性」を鍛えたといったものではなかろうか。大学生は失敗の責任を取らなくてよいモラトリアム（小此木、一九七八）の期間（執行猶予期間）だというのは、恐れずチャレンジすることが大切だというメッセージでもあるが、学生から真剣さを削いでしまうリスクにもなっている。他の学生のレポートには次のような記述がある。

新しい「本」としての参加依頼は、ヒューマンライブラリーという企画自体を理解していただくことが困難であったり、昨年参加してくださった「本」の方々には今年も参加してくれるだろう、という生半可な気持ちではとても承諾をいただくことはできず、どんなときも誠心誠意での対応が求められた。企画を開催する側として依頼する際の真摯な態度や礼儀を意識することはまた、社会に出ていく上で忘れてはいけないことであると身に染みて感じた。（二〇一一年）

ファンドレイジング班として活動して団体としてお金を得る大変さを知った。興味を持ってもらうこと、協力したいと思ってもらうことは簡単ではなかったし、まず自分たちが深く理解していないと上手に伝えられないということがわかったのが成長だと思う。（二〇一六年）

「お金をもらう」という現実的なサポートに到るまで、どれほどの努力をしなければいけないのか、ヒューマンライブラリーの開催日が近づけば近づくほど、強く思わされました。……日本語でのビジネス文章を書いたことがないため、ご挨拶のメールさえまともに書けず、先輩や友達に手伝ってもらう日がつづきました。日本語も足りない留学生の私で本当に大丈夫なのか、……皆それぞれ任された仕事があるのに、私が迷惑をかけているのではないか、悩むこともありました。それでも、皆に支えてもらいながら、どのように対応していけばいいのか、少しずつわかるようになり、留学生として日本社会との向き合い方を学べた、とても大事な経験だったと思います。その後、○○株式会社様からサポートをして頂けるという返事を頂いた時の嬉しさと感謝の気持ちは忘れられません。（二〇一一年）

責任感に関して、時間を守り、細かいことまで考え、本番を予想しながら行動しなければいけないということを体感した。……先を先を予想しながら動くということが、この先社会においても必要とされることなのだろうと実践的に感じた。（二〇一六年）

筆者は、学生がＨＬを企画し、準備し、当日は「司書」をして、終了後も省察を続けながら自己分析し、そして社会に出ていく準備をするというすべての過程が、まさに先に紹介した松下（前掲書）のアクティブラーニングの定義「学生が他者と関わりながら、対象世界を深く学び、これまでの知識や経験と結びつけると同時にこれからの人生につなげていけるような学習」だと思う。もちろん、これは「他者」としての「本」の方々の真摯な参加を前提としているし、実現に至るまでの関係諸機関や地域の方々の誠実な対応に支えられて叶えられるものである。すなわち、ＨＬは、ここに参加する多様な登場人物の真剣な関与を引き出し、互いに尊重しつつ、それらが重ね合わさって成し遂げられる協同の学びのイベントなのである。

ヒューマンライブラリーは社会問題としてしばしば取り上げられる「差別」や「偏見」をなくすためだけの活動ではなく、その企画に携わった全ての人が自分自身を見つめ直す機会を得られるものだ。自分の生き方や考え方を見直すことに加え、「本」の方の自分とは異なる特殊な人生を学ぶことで、人間には様々な生き方があることを身近に感じ、自らの視野を広げることができる。また、「本」の方自身も自らの生き方をもう一度振り返ることで、自分を見つめ直したり、大切なことに気付くきっかけにできる。感じ方はそれぞれだとは思うが、私自身もヒューマンライブラリーに関わる中で、自分のこれまでの生き方をもう一度見つめ直し、自分のことをより深く理解できた。また、「本」の方々の強くたくましい生き方に身近に触れ、人間の持つ「生きる力」の偉大さを感じた。ヒューマンライブラリーという企画は、これから世界中の広い範囲に拡大していき、多くの人の人生に良い影響を与えていくと、私は思う。

（二〇一一年）

三　偏見への気づき、マイノリティについての捉え方の変化

二つ目の「自分の中にも『偏見』があったことの気づき」については、他にも多くのレポートに書き込まれている。それは、自分がマイノリティの世界を勝手に決めつけていたというステレオタイプの認識、マイノリティについての捉え方の変化、自分が如何に狭い世界に住んでいたかという実社会のダイバーシティへの気づき、そして自分が如何に無知であったかを知ることへとつながっている。

盲、聾、レズビアンの人の世界を勝手に決めつけていたことに気づいた経験は次のようにレポートされた。

（全盲の）先生が、学生の頃、部屋で点字を読みながら勉強をしていたら、先生を訪れた友人に「部屋に電気もつけないで何してるんだ？」と言われ、先生は〝目の見えるやつらって電気がないと何もできないんだね〟と思ったというお話を聞き、夜、電気をつけないと何もできないのが当然だと思っていた私がどれほど狭い世界に住んでいたのか気づかされました。人にはそれぞれ当たり前のことが違うという事実を、私はそのときはじめて感じました。（二〇一一年）

愛犬が盲目と知った時、可哀相だと思ったのは「目が見えないことは可哀相なこと」という私の偏見だ。今では命に関わること以外、特別に彼女の手助けはしない。彼女が普通の犬と変わらない生活を送っていて、毎日幸せに暮らしていることを知ったからだ。「知る」ということは本当に大切である。そしてただ知るだけではなく、その上で理解して考える。それができたのがこのヒューマンライブラリーだった。（二〇一〇年）

聾の人には、聾の人の文化があったのだ。私は、聾の人は健常者と同じ文化の中だけを生きてきていて、生き辛さを感じていると思っていたし、そう思うことで彼らを理解していると思っていた。しかし、その人たちは、私の知らない文化を持ち、まるで違う世界を生きていた。私はいかに自覚の無いままに彼らに対して偏見を持っていたかを痛感した。また、このとき、初めて「文化」は、地理的なものだけではないことを知った。（二〇一二年）

両親に自分が女性と付き合っているということを話したかという問いについて彼女は、「普通女性が男性に恋をしても、親に「私は男性が好きです」とは言わないでしょう。だから私は両親に自分のことを言う必要はないと思う。」と答えた。私は言葉を失った。そこからは何を質問したらいいのかわからなくなってしまった。私はレズビアンと聞いただけで彼女の人生を勝手に困難や障害が多く大変なものと決めつけ、彼女を一人の同じ人間ではなく、レズビアンというカテゴリーから見ていたことに気づかされた。多種多様な人間がいることを知っているつもりで、受け入れているつもりで、理解しているつもりで、私は自分の中にある「偏見」に気が付いていなかった。（二〇一三年）

次に紹介するのは、「マイノリティ」という言葉を使うことについて湧き上がってきた疑問である。この議論は、HLは「マイノリティ」という「珍しい人」を集めて見世物にしている見世物小屋ではないかという強い批判への答えにもつながるもので、学生たちと何度も議論してきたテーマである。

自分の中で「マイノリティ」という言葉の意味を考えさせられ、二回の大きな葛藤がありました。まず初めにおかしいと思ったのが、「本」の方を決めている時でした。言うまでもなく、ヒューマンライブラリーの趣旨は「社会的マイノリティの方との対話を通しての理解」です。でも、「社会的マイノリティってなんだ？」と考えながら「本」を選んでいくうちに、ヒューマンライブラリーをやろうとしている僕たちが偏見を持って「マイノリティ」と「マジョリティ」に分けているのではないのかと思い始めました。例えば、服でもみんな好きな系統、ブランドがあります。ゴスロリもその違いだけで、ただみんなが偏見を持っているから「マイノリティ」に分類されているだけじゃないのかと考えたからです。次に、「本」

のカテゴリーとして病名、障害名などを使ったことです。僕たちもみんな一人一人が違います。しかし、その違いに病名や障害名という名前があるだけで「マイノリティ」になっているのではないかと思いました。ヒューマンライブラリーをやる以上、来場者の方がわかるようにしなくてはならないと思い使わせていただきましたが、使うことで来場者の方に「マイノリティ」という認識をさせてしまう手伝いをしているのではないかという葛藤がありました。（二〇一三年）

「マイノリティ」の定義について、違う考えを持つようになったという記述も少なくない。次のようなものである。

ＨＬを無事開催し終えた今、沢山の経験を経て、一年前の自分の考えは少し変わりました。「自分とは違う人」＝マイノリティという定義に疑問を持つようになったのです。世の中には自分とは違う価値観を持った人が無数にいて、他の人にとって自分はマイノリティになる可能性を持っていることにも気づくことができました。（二〇一六年）

彼らのお話を聞く私たち自身も、決して「マジョリティ」という言葉であてはめられる存在ではないということだ。世間である対極の言葉（例えば「草食男子」と「肉食男子」など）が生まれると、この世間には二種類の人間しか存在しないのではないかと私は錯覚してしまう。しかし、実際にそうではないのは考えてみればわかるわけで、私たちも自らの性格、習慣、感性、健康などの面において一人一人異なっているのだということをとても強く意識した。（二〇一〇年）

そのように多様な生のあり方に向き合うことで、「ひとりとして同じ人間はいない、ただそれだけだ」ということをひしひしと感じた。マイノリティであるとか、○○であるとか、そういったカテゴリーはその人を知る最初のきっかけとしてはある程度必要なのかもしれない。しかし、その人と対話をしていくことで、そのようなカテゴリーのなかにいる人間ではなく、一人のある個性を持った唯一無二の人間として、目の前に現れてくる。そういった経験ができることこそ、ヒューマンライブラリーの醍醐味であると私は思うのである。（二〇一二年）

以前の私は、マイノリティとされている方たちの、人と違う要素に蓋をして頭の中で無理やりマジョリティの人たちと同じ枠に押し込めていました。アイデンティティとも言えるマイノリティ要素を「本人たちはきっと知られたくないだろう。」と勝手に決めつけて無視して、みんな同じように接することが「偏見を持たない」ことだと勘違いをしていました。けれども、私が直接会ってお話ししたマイノリティの方たちは、違います。自分のマイノリティであるポイントを隠そうとしたりあえて声高に主張したりするのではなく、ただそこに自然な状態でいました。自分がどういう経緯で今の状態になったのか、同じような境遇の人たちに悲しい思いだけで終わりにしてほしくない、そのような思いをもって集まって下さった方たちと接して、今までの私の考え方はマイノリティの方たちにとってはある意味「偏見を持った」考え方であったことがわかりました。懇親会のときに、○○さんがおっしゃっていた言葉で印象的なものがあります。「自分の経験について話したり相談したりすると、そんなことは自分の問題だから自分でどうにかしろ、と言われるか逆にものすごく気を遣われるかのどちらかになってしまう。でも本当に私たちがしてほしいことは、他の人とは少し違うことを理解して、そしてその上で同じように接してほしい。」というニュアンスの言葉でした。その言葉を聞いて、本当の「偏見を持たない」ということはマイノリティ要素を見ないふりをすることではなく、そこだけを見すぎることでもなく、ただ理解して受け入れることだと初めてわかった気がしました。（二〇一六年）

さらに、多様なカテゴリーの存在を、まずは「知る」「認める」ことが大切ではないかという指摘もある。

たくさんの本のカテゴリーを知った。まだまだ社会にはなじみのないカテゴリーの人も知ることができた。どんなカテゴリーの一面を持っているか知っているだけで相手のことをわかっていると思い込んでしまったら、それは相手に対して偏見をもつことに繋がりかねないが、そういう一面があると知っているだけでも、その人と安心して接することができるし、知っている上で相手とコミュニケーションをとっていけば、相手への理解は深まりやすいのではないかと思った。（二〇一二年）

（結局その「本」の人の価値観を）理解することこそできませんでしたが、自分が納得できない考え方が世の中に存在し、それを否定する権利は誰にもない、ということに気付くきっかけになりました。また、自分がいかに……本の方のカテゴリーに関して無知で、それが原因で他の人を知らず知らずに傷つけている可能性があることを知り、この経験が、自分とは違う考えを持った人を否定せずに受け入れることのできる心の寛容さにも繋がったと考えています。そして、争いを生む原因は「恐怖」や「嫌悪」ではなく、むしろ「無知」が本当の原因なのではないか、と考えるようになりました。（二〇一六年）

マルトン（二〇一五）は、アクティブラーニングに関してバリエーション理論が重要であると説く。この理論は、学習対象のバリエーションを経験することの意義に焦点を当て、学習者は、ある事柄だけを単体で知ることは不可能であり、その対象となるバリエーションを理解し、また同時に、それぞれのバリエーションの共通性（「不変」）が何であるかを理解していなければならないと言う。ここからＨＬについて導かれるのは、学生はまだ若く、人間の生き様のバリエーションを知らないということである。明治大学に所属する学生という一定の層の中で暮らし、「学校的時空間」（森岡、一九九三）をほとんど出たことがない彼らにとっては、「社会人」というだけで尻込みする存在である。ましてや「マイノリティ」として社会に生きる「本」の方々の生き様は遠い世界であろう。しかし、これは何も大学生に限ったことではない。前章に示した「読者」として来場された方々のアンケート調査の結果を見れば、我々のほとんどが、自分をマジョリティと思いこみ、社会のダイバーシティから目を背けている現実が見えてくる。

四　「マイノリティ」ではなく、自分自身も含めて「ダイバーシティ」だと思う

最後に、学生たちが、「マイノリティ」に「対して」何かをするということではなくて、自分たち自身も含めて「ダイバーシティ」なのだという感じ方に変化してきているという記述を紹介する。そこから、学生たちは自分自身を受け入れて人生を歩む力を得ているのだと思う。

自分が変わることができたと最も思う点は、「マイノリティ」ではなく「ダイバーシティ」を強く感じることができたことだと思います。（二〇一六年）

書庫に集まっていた「本」の方たちの前に立った時、私は彼らに圧倒されていたと思います。そのいきいきとした雰囲気にヒューマンライブラリーのエネルギーを感じました。私と同じ名前で、全盲水泳選手の方がいたので、「私も〇〇です」と声をかけたり、聴覚障害をもつ写真家の方とは筆談をしたり、友達とおしゃべりしている時みたいに笑いながら触れ合うことができました。そういう中、最後には私がヒューマンライブラリーの中にいるということさえ忘れたまま、本当に心から本の方たちと、多くのスタッフたちと楽しめるようになりました。そのときを振りかえってみれば、私がヒューマンライブラリーをはじめた理由はそこにあったのではないかと思います。「こういう人もいるんだ、ああいう人もいるんだ、それで当然だよね。」と心から思えるようになり、中国からの交換留学生として参加していた〇〇さんの言葉を思い浮かべました。彼は、「私たちはなぜ生きているのか?」を考える機会こそ、ヒューマンライブラリーではないかと語っていました。私は「偏見」ばかり意識し、これから本になってくれる方たち、今まで本として参加してくれた方たちをすでに差別していたのではないかと思いました。人間はそれぞれ違う姿になれるまで時間がかかります。しかし、言葉の通りそれは違いであるだけで、それ以上でも以下でもないことに気づかされました。(二〇一一年)

ヒューマンライブラリー当日に私が会場で見た景色がまさにその「偏見を持たない」ことを実際に体現していたのではないかと思います。会場内は、義足や車椅子など見てわかる障害を持つ方以外にもいろいろなバックグラウンドをもつ「本」の方たちがない交ぜになり、更にそこにいろいろな想い・経験をもつ読者が混ざり、私たちスタッフが混ざり、そこには「人と違うこと」を恥じることなく、そして拒まない理想の社会があったような気がします。きっと誰しも何かしらの面でマイノリティである、という人を受け入れるための大前提になる大切なことを、ヒューマンライブラリーの企画・運営を通して体感することができました。（二〇一六年）

（全盲の）〇〇先生は「壁をすり抜けられたらと考えたことがありますか。無いですよね。だから私も目が見えたらと考えていない。」とおっしゃっていました。「今の状況に悩むのではなく、今の状況で何ができるか考えてやれることを精一杯やる」とおっしゃっているのを聞いて以来、自分も左目の視力が弱いことで「見えればよかったのに」と悩んでいた二〇年間が馬鹿らしくなり、自分も「この個性の中で何ができるか考え、精一杯やろう」と考えるようになりました。このことがヒューマンライブラリーでの一番の収穫でした。（二〇一三年）

第五節　おわりに

本章では、「司書」としてＨＬを主催した学生たちが、八か月にわたって準備し、一一月に当日を迎え、反省会を開き、それを報告書にまとめてこの活動全体を振り返ったレポートをもとに、彼らの学びが何であったのかを紹介した。この活動の具体的な内容と、「読者」へのアンケート調査の結果は、それぞれ第一章七節と第四章に掲載しているので、合わせてご覧になれば、全体像を把握して頂けるものと思う。

同じ「司書」としての活動でも、学生によって最も心に残った学びは違うかもしれないが、ディープなアクティブラーニングとしてこの活動が極めて有効であることを、八年間彼らと共に歩んできて確信している。

学会の設立も準備されており、本書を一つの参考にして頂き、より多くの大学や諸機関で開催されることを願っている。

【引用・参考文献】

朝日新聞（二〇〇八）六月二八日朝刊「生きている図書館――私たちを借りてみませんか?」（ロンドン　土佐茂生・大野博人）

小此木啓吾（一九七八）『モラトリアム人間の時代』中公叢書.

経済産業省「社会人基礎力」http://www.meti.go.jp/policy/kisoryoku/

佐藤郡衛（二〇一二）「臨床という視点からの異文化間教育研究の再考――『現場生成型研究』を通して」『異文化間教育』三五、一四―三一.

佐藤郡衛・横田雅弘・吉谷武志（二〇〇六）「異文化間教育学における実践性――『現場生成型研究』の可能性」『異文化間教育』二三、二〇―三六、アカデミア出版会.

中央教育審議会答申（二〇一二年八月）「新たな未来を築くための大学教育の質的転換に向けて――生涯学び続け、主体的に考える力を育成する大学へ」

フェレンス・マルトン（二〇一五）「学習の教授学理論に向けて」『ディープ・アクティブラーニング』松下佳代編著、九二―一一二、勁草書房.

細川英雄（二〇〇二）『日本語教育は何をめざすか――言語文化活動の理論と実践』明石書店.

松下佳代（二〇一五）「アクティブラーニングへの誘い」『ディープ・アクティブラーニング』松下佳代編著、一―二七、勁草書房.

溝上慎一（二〇一五）「アクティブラーニング論からみたディープ・アクティブラーニング」『ディープ・アクティブラーニング』松下佳代（編著）、三一―五一、勁草書房.

明治大学ヒューマンライブラリー報告書（二〇一〇～二〇一七）明治大学国際日本学部横田ゼミナール編

『LIVING-Library at Meiji University』（二〇一〇）、『明治大学Human Library 報告書』（二〇一二）、『第四回明治大学Human Library 報告書』（二〇一三）、『第五回明治大学Human Library報告書』（二〇一四）、『今日、世界がもっとカラフルになる――MEIJI HUMAN LIBRARY 2014』（二〇一五）、『二〇一五年度横田ゼミHuman Library 報告書』（二〇一六）

森岡清志（一九九三）「都市的ライフスタイルの展開とコミュニティ」蓮見音彦・奥田道大編『二一世紀日本のネオ・コミュニティ』東京大学出版会.

横田雅弘（二〇〇四）「大学・商店主・市民・行政が取り組むまちづくりと商店街の活性化」『中小商工業研究』八一号、二九―三四.

渡部淳（二〇〇一）『教育における演劇的知』柏書房.

第六章

ヒューマンライブラリーの多様化とアフォーダンス――「他者」との対話の効果はどこにあるのか

工藤和宏

第一節　はじめに

ヒューマンライブラリー（以下、ＨＬ）には、偏見の低減、異文化間能力の向上、コミュニティの形成や活性化など、様々な効果があるといわれている（工藤、二〇一二；工藤ほか、二〇一二；坪井、二〇一四、二〇一七；Clover & Dogus, 2014; Dreher & Mowbray, 2012; Garbutt, 2008; Kudo et al., 2011）。しかし、これらの効果はＨＬが個人（「読者」「本」「司書」）に与える影響を示しているのに過ぎず、ＨＬの参加を通した個人の変化の過程や、個人を超えた集団・組織や地域への効果ついては、ほとんど研究されていない。

また、ＨＬを「図書館仕様の演劇的空間での親密な対話」（坪井、二〇一七、六五頁）と捉える見方があるが、ＨＬという環境の特性に注目した「読書」効果の研究も、ほとんど行われていない。ＨＬの普及や発展に伴い、運営形態の変化や多様化がみられるなかで、例えば、ＨＬを成立させている条件とは何か、ＨＬが表明する価値とは何か、ＨＬの効果はどこに存在するのか、ＨＬの効果を高める方法とは何か、などの基本的な問いに答えることは急務の課題となるべきである。そのためには、ＨＬという環境の特性に焦点を当てた効果研究が必要である。

本稿は、ＨＬの多様化が示唆するＨＬの環境特性と「読書」効果の関係について、アフォーダンス（affordance: Gibson, 1979）の視点から考察し、ＨＬの効果の捉え直しを試みる。とりわけ、筆者がオーストラリアで行ったフィールドワーク[1]で遭遇した、多様なＨＬの取り組みから得た知見と先行研究に言及しながら、「読者」にとっての、「本」という「他者」との対話の効果はどこにあるのかという問題について考えてみたい。ただし、オーストラリアでは主に「司書」や「本」にインタビューを行ったため「読者」の経験的データが少ないこと、また、「読者」の経験に関する先行研究そのものが少ないこと、以上の理由から、仮説的な考察となることを先に断っておきたい。

第二節　ヒューマンライブラリーの多様化とアフォーダンス

一　多様化するＨＬ

ＨＬには運営マニュアルが存在する（例えば、駒澤大学社会学科坪井ゼミ、二〇一二; Abergel, Rothemund, Titley, & Wootsch, 2005）。しかし、ＨＬの世界的な普及と拡散に伴い、その形態は多様化の一途を辿っている[2]。対話を通じてのステレオタイプへの挑戦や偏見の低減というＨＬの基本理念は概ね共有されているようだが、本書第一部の実践報告が示すように、ＨＬは「司書」や開催地のニーズを反映する。よって、筆者が把握しているだけでも、公開範囲、会場、規模（「本」の数）、開催テーマの有無、対話形式、対話以外の活動、

型	公開範囲	参加費	運営上の意図
公共型	公開	無料	対話の提供（偶発性）
カスタマイズ型	公開・非公開	無料	読者の獲得（効率性）
トレーニング型	非公開	有料	持続可能性（効率性）

図表1　ＨＬの三類型

運営資金、「読者」の参加費、「本」への事前研修、「司書」の職業などに会場ごとの差異が生じている。

筆者は、日本と海外（デンマーク、オーストラリア）の様々なＨＬに参加するうちに、ＨＬの運営形態の多様性に興味を持つようになった。異なる形態のＨＬを何らかの基準や枠組みで整理することで、多様化するＨＬの可能性を探ることができるのではないかと思うようになった。まだ試論の域を出ないが、本稿ではオーストラリアでのフィールドワークで着想を得た、公共型、カスタマイズ型、トレーニング型という、ＨＬの三つの類型を提示する。その上で、異なる類型が「読者」にもたらす効果について、本稿の後半で考察したい。これらの類型は、公開範囲と参加費の有無が基となっており、「司書」による運営上の意図が反映されている（図表1参照）。

ただし、ＨＬの運営マニュアルに示された方法論を忠実に守る立場からは、カスタマイズ型とトレーニング型はＨＬそのものではない。むしろ、ＨＬの「適用」(adaptation: Dreher & Mowbray, 2012）としてみることができる。また、それぞれの型の中にも多様性があることにも注意すべきである。

• 公共型ＨＬ

ＨＬの運営マニュアルに示されている、最も一般的な運営形態である。オーストラリアでは、例えば、リズモーとパースで行われているＨＬがこの型に当てはまる。日本で行われているＨＬもほとんどはこの型である。一般公開で参加費は無料を原則とし、公共施設（図書館、公民館）、教育機関（大学）、イベント会場（マーケット、学園祭）

等で開催される。この型のＨＬでは、「読者」は誰でも、時には偶然ＨＬの会場を通りかかった人でも参加できる。一方、ＨＬの開催を効果的に広報できないと、「読者」が「常連」ばかりになり、新しい「読者」を集められない困難に直面することになる（工藤、二〇一二; Dreher & Mowbray, 2012）。実際、次に述べるカスタマイズ型とトレーニング型のＨＬは、開催の頻度が高まるにしたがって地域内の「読者」の獲得が困難になったことから、積極的に「読者」を開拓するために「司書」が編み出したものである。

・カスタマイズ型ＨＬ

企業、学校、公民館など、自らの場所でＨＬを開催して欲しいと希望する所へ「司書」と「本」が出向くＨＬである。ローンセストンやオーバンでは、学校、公民館、老人ホームなどに「本」と「司書」が出張するＨＬを常時開催している。例えば、多くの移民が通うローンセストンの語学学校で行われたＨＬでは、その元学生が「本」になり、在校生の「読者」に向けて自身の言語習得やオーストラリア移住の経験を語ったという。また、「本」から「読者」への一方向的な語りにはなるが、オーバンのある病院のロビーには、病院を訪れた人が録画された「本」のストーリーをタッチパネルで聴くことができる「キオスク」が設置されている（Dreher & Mowbray, 2012）。このように、「読者」側のニーズに応じて運営形態を自在に変えるのがカスタマイズ型ＨＬの特徴である。

・トレーニング型ＨＬ

主として公務員や企業人への多様性トレーニング、または、学校教育の一環として実施されている、非公開で特別注文のＨＬである。公共型とカスタマイズ型がボランティア活動または公共事業としてＨＬを無料で開催する場合が多いのに対して、トレーニング型はＨＬの運営資金を継続的に得るため、「読者」に対して実費の負担を求めている。例えば、ホバートで行われているＨＬの「司書」は、多様性トレーニングやワークショップを企業や役所などに提供するNGOである。HLについては、運営の持続性を高めるため、地域の「クライアント」とのパートナーシップや補助金を含めた財源獲得に日々、積極的に取り組んでいるという。そのため、HLの効果を短時間で最大限に上げる効率性を重視したHLの運営形態がとられている。具体的には、次のような手順で約九〇分間のトレーニングが行われる(3)。

(i)導入(約一〇分)——参加者である「読者」全員に対して、「司書」による進行方法の説明と、HLの実施目的や重要概念(ステレオタイプ、偏見)が説明される。

(ii)「読書」(約六〇分)——一名の「本」を四、五名の「読者」が囲んで座り、一二分間ずつ対話をする「読書」が、連続五回行われる(「読者」は約一時間で一二分毎に異なる「本」を計五冊、他の「読者」と共に借りることになる)。「読者」は自分が読みたい「本」を選ぶことはできないが、限られた時間のなかで、五名の「本」を効率よく借りることができる。

(iii)「読者」の振り返り(約二〇分)——「司書」が配付するアンケート用紙に「読者」が感想を記入、その後、「司書」が数人の「読者」に「読書」の感想を聞きながら、まとめを行う。まとめでは、ステレオタイプや偏見の危うさはもとより、「他者」との対話の重要性が再認識される。

二　HLの多様化を捉える視座としてのアフォーダンス

以上のようなHLの多様化を鑑みると、筆者は「読書」効果の分析単位を個人に限定することには慎重であるべきだと考える。例えば、HLの広報媒体や先行研究には、「本」との対話が「読者」の偏見を低減させることが繰り返し述べられている。しかし、それだけではどのような仕組みや過程でこのような肯定的な「読書」効果がでるのかを説明することができない。

そもそもＨＬとは、「本」と「読者」が見知らぬ「他者」として出会い、一定のルールのもとで対話をする機会を「司書」が提供する「環境」である。したがって、本稿ではＨＬの環境特性を出発点とした効果研究を提案したい。対話空間そのものはもちろんのこと、対話空間を成立させるために「司書」がデザインするＨＬという環境システム全体に着目する視座を提供するのが本稿の意図である。そして、この一助になる概念が、「アフォーダンス」（affordance）である。

アフォーダンスとは、環境世界が人に対して与える意味や価値、あるいは、環境に意味や価値が実在すると見なす考え方をさす（Gibson, 1979; 中島ほか、一九九九）。所与の環境での行動の可能性（Withagen et al., 2012）という捉え方もある。例えば、中学校の「教室」と聞いて多くの人が思い描く行動、すなわち、教室のアフォーダンスは、「授業」や「学習」などだろう。「教室」では、教員が生徒に対して「授業」や「指導」のような、何らかの教育的な働きかけをする。同時に、生徒は他の生徒と共に、何らかの「学習」活動を一緒に行う。もちろん、「授業」や「学習」以外にも、「給食」や「クラブ活動」なども選択可能な行動（アフォーダンス）であろう。一方、教室での「入浴」や「飲酒」などを想像するのは難しいだろう。それは、環境が人に対して行動の可能性だけでなく制約も与えるからである。ここで重要なのは、人は所与の環境での行動の可能性や制約を「認知」（意味付け）し、それに応じて行動していることである。その認知を成立させる環境と人の関係性を表すもの、それがアフォーダンスである。

第三節　多様化するＨＬのアフォーダンス――「読者」効果の概念的枠組み

一　「読者」にとっての「読書」効果はどこにあるのか

それでは、本稿の焦点であるＨＬのアフォーダンスとは何であろうか。アフォーダンスの視点から、多様化するＨＬの「読書」効果をどのように概念化できるだろうか。

図表2は、(一)ＨＬの先行研究、(二)オーストラリアでのフィールドワーク、(三)「読者」および「司書」としての筆者のＨＬ体験を基に、「読者」にとっての「読書」効果を、「読書」環境のアフォーダンスとして仮説的に描いた概念図である。[4] この図は、「読者」と「本」の対話が行われる「直接空間」と、「司書」による「直接空間」のデザインという「間接空間」が相互に影響しあいながら、「読書」環境のアフォーダンスを成立させると捉える。言い換えれば、「直接空間」と「間接空間」に対する「読者」の認知が、「読書」効果を引き出すことを表している。

また、生態的視点(Bronfenbrenner, 1979)に立てば、ＨＬとは環境システムである。「直接空間」(ミクロ環境)の外には「間接空間」(メゾ環境)がある。これらの空間の外には、ＨＬの開催地を含む地域性、社会文化的環境、イデオロギー、時間・時代などの「マクロ環境」が存在する。本稿は、これらのどの構成要素も「読者」にとっての「読書」効果に程度の差はあれ作用すると捉える。すべての要素は互いに影響しあいながら、ＨＬというシステムを構成しており、ＨＬというシステムもまた、その構成要素の相互作用によって常に変化する。よって、図表2の両矢印が示すように、「読書」効果は、「読者」だけでなく、ＨＬやＨＬの外の環境にももたらされる。

このような生態的視点に立てば、ＨＬの「読書」効果は、「司書」がどのような環境づくりをして、「読者」がその環境からどのようなアフォーダンスを認知するのかによると議論できる。そして、ＨＬをデザインする「司書」が作り出すＨＬの効果は、「読者」個人、直接空間（ミクロ環境）と間接空間（メゾ環境）に限らず、これらを超えたマクロ環境にまで及ぶ可能性がある。例えば、ローンセストンのある学校では、ＨＬが学校内のいじめの減少に役立ったという。また、ＨＬに「読者」として参加した人がＨＬに参加したことのない人々にＨＬの経験や、偏見・差別について語るという地域・社会への波及効果がある（工藤、二〇一二；Dreher & Mowbray, 2012）。しかし、これについてはほとんど実証的に検証されておらず、試論段階である（Garbutt, 2008）。したがって、本稿は主として「直接空間」と「間接空間」の構成要素に注目することで、「読者」にとっての「読書」効果をアフォー

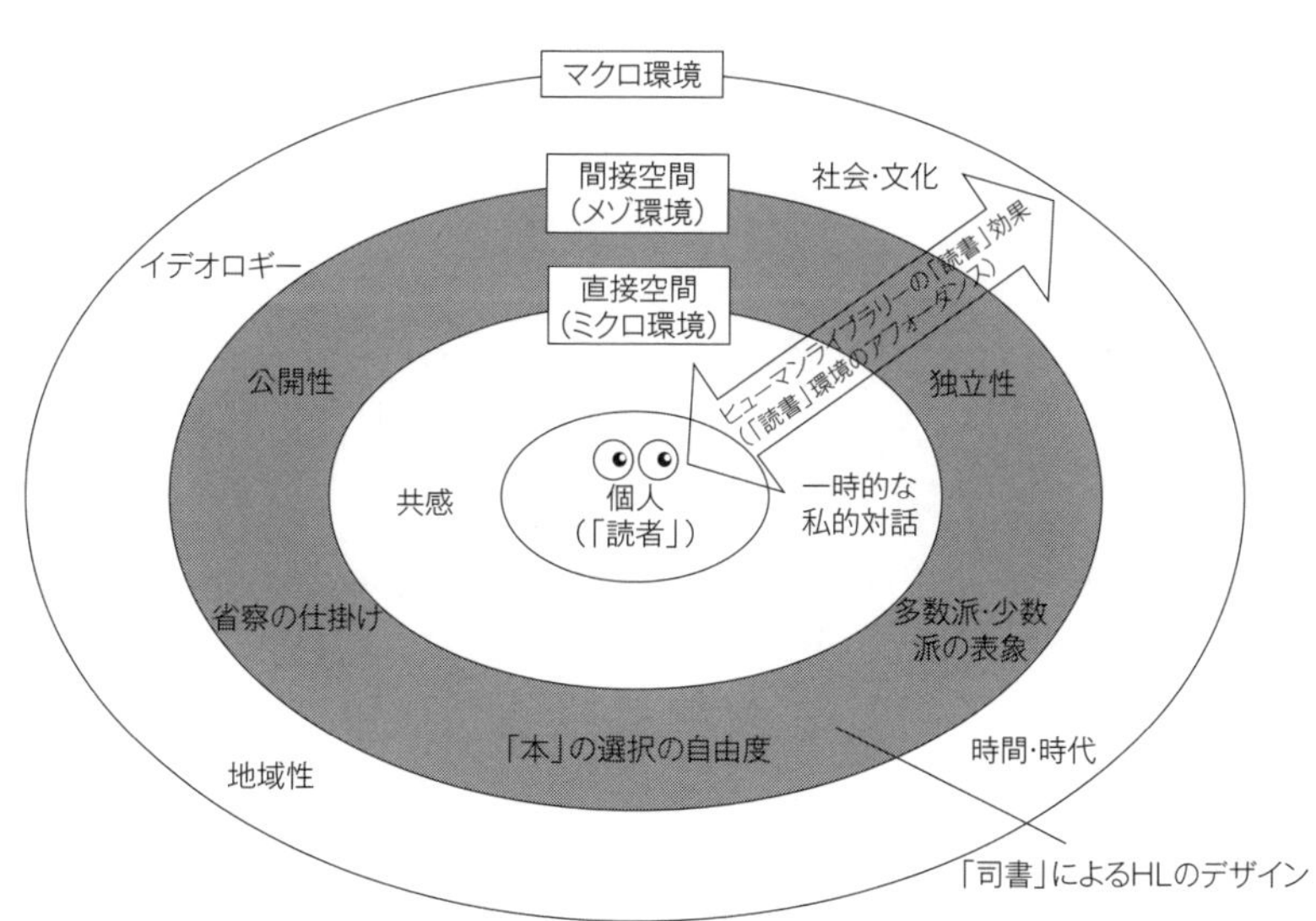

図表２　「読者」にとっての「読書」環境のアフォーダンス

ダンスの視点から論じたい。マクロ環境については、直接空間と間接空間について論じた後に若干の説明を加える程度にとどめたい。

それでは、直接空間や間接空間とは具体的には何を指すのだろうか。「読者」にとって、これらの空間、すなわち「読書」環境のアフォーダンスとはどのようなものだろうか。以下、直接空間と間接空間の構成要素を説明しながら、「読者」にとってのアフォーダンス、つまり、HLの「読書」効果について考察したい。特に、「司書」によるデザインが反映され、HLを多様性させている間接空間については、先に示した公共型、カスタマイズ型、トレーニング型の三つの類型と関連付けながら論じることにする。

なお、HLの効果については、必ずしも肯定的なものばかりでなく、否定的な効果やリスクもある（Dreher & Mowbray, 2012）。したがって、本節では、可能な限り肯定的・否定的効果の両面に言及したい。

二　直接空間

直接空間とは、「読者」と「本」が直接対面し、対話をする空間を意味する。（一）一時的な私的対話と（二）共感の特徴を持つ。これらは、HLの中核的な構成要素であり、どのHLにも当てはまる要素である。

・一時的な私的対話

本稿の冒頭で紹介した「図書館仕様の演劇的空間での親密な対話」（坪井、二〇一七、六五頁）という表現が示すように、HLは「本」役の人と「読者」役の人が一定のルールのもと一時的な私的対話をする空間である。決められた時間内で「本」と「読者」が直接会って話をするという基本的なルールと、「本」を傷つけてはならないという制約以外は、双方の行動は基本的に自由である。そして、「読者」は、「本」の語りを一方的に聞くだけではない。「本」に対して、日常生活では尋ねにくい偏見や誤解、困難や痛みなどに関する質問や疑問を投げかけることができる。さらに、自分の質問や疑問に対する「本」の応答に対して、「読者」は更なる質問をしたり、意見を述べたりすることもできる。これらのアフォーダンスを「読者」にもたらすＨＬは、一方向的な独白になりがちな語りや講演会とは異なり、緊張と葛藤、あるいは成長と変化を潜在的に持つ想像的な交流なのである（Clover & Dogus, 2014）。

それでは、一時的な私的対話であるＨＬは、どのような「読書」効果を「読者」にもたらす可能性があるだろうか。ここでは、二つの可能性を示しておきたい。一つ目は、いわゆる他人効果（stranger effect）に付随する深い人間理解である。先行研究が述べているように、「本」が自分の短所や欠点、被差別体験やトラウマなどについて語る行為には、「本」自身または「読者」が傷つくリスクがある（Dreher & Mowbray, 2012）。それにもかかわらず、ＨＬでは、自分の身内や友人には語っていない自己開示を「読者」に対してすることがある。それはなぜか。ホバートとパースのＨＬで数名の「本」にこのことを尋ねたところ、「読者」とは自分の日常生活を共有しない「その場限りの出会い」だから深く話せるという回答を得た。利害関係が成立しない一時的な関係。その前提から始まる対話空間は、「本」に自己開示をする安心感を与え、「読者」にとっては心が揺さぶられる印象深いストーリーを聴くことを可能にする。ＨＬの常連となって同じ「本」を借りる「読者」や、ＨＬ後に「本」と親密な関係を築く「読者」がいることは確かだが、「その場限りの出会い」を前提とする空間は、「読者」にとっては影響力の大きい密度の濃い自己開示、そして、深い人間理解の機会となる。

二つ目は、ストーリーの流動性による効果の不確実性である。「読者」が聴くストーリーは、「本」との相互作用のなかで絶えず変化する可能性がある。ローンセストンＨＬで、ある「本」は、男性優位の職場で女性として働いた経験を語るストーリーを用意していたが、「読者」の興味や反応によって、自殺の予防策や性的少数者の話へと「読書」の途中でストーリーを変えることがあった。一対一、または少人数で対話をするHLは、一人ひとりの「読者」が異なるストーリーに接する機会を可能にするのである。その一方で、対話が流動的であるということは、「本」のストーリーがHLの趣旨と逸脱する可能性も孕んでいる。「本」によるHLの趣旨の理解が不十分である場合、「読者」は、意図されたHLの目的を認知することができないかもしれない。「読者」の「読書」効果を追求する視点に立てば、HLでは、多様な「読者」と不確実性に対応できる良質の「本」が必要なのである。

・共　感

HLでは、共感(empathy)、すなわち相手の立場に立つことの重要性が強調される(Kudo et al., 2011)。HLは、「本」と「読者」が互いを特別で具体的な存在として認めあうところから始まる(Clover & Dogus, 2014)。先に述べたように、HLは「本」の私的なストーリーを「読者」が共有する場であり、「読者」が「本」を傷つけないだけでなく、「読者」と「本」の双方が共感的に対話することを求める。同時に、「本」が安心してストーリーを語れる安全な対話空間でもある。「『本』を汚さない」、「『本』のページを破らない」という制約を「読者」が認識することは、「本」自身または「本」のストーリーに対する「読者」の批判や誹謗中傷を防止するためにも重要である。

このように、安全でかつ共感的な対話を成立させることを意図してデザインされたHLの直接空間では、「読者」はどのようなアフォーダンスを認知するだろうか。筆者がホバートでインタビューした五名の「本」は、「読者」の反応を非常に肯定的に捉えていた。ある「本」は「読者」はみな熱心に、真摯に話を聞いてくれると語った。また、別の「本」は、「本」としての参加は「治癒的経験」であると表現した。自身のストーリーを「読者」に共感的に聞いてもらうことは、自己肯定感や自己効力感を高めることにつながるという。さらに、「守られた世界の中にいる『読者』たちを教育する」ことにも貢献できるかもしれないとも述べていた。これらは、「読者」たちがＨＬを肯定的な空間として認知し、それを「本」に直接的または間接的に伝えていることを示唆するものである。

一方、ＨＬが共感的対話であるがゆえのリスクも存在することを指摘しておきたい。「読者」にとっては、「本」のストーリーが「読者」の予想以上に衝撃的である場合、不快感や精神的ダメージを経験する可能性がある[5]。筆者がオーストラリアのとあるＨＬを体験した際、実際にこのことを目の当たりにしたことがある。「司書」の説明によると、筆者と共に「読書」に参加していた「読者」は心にトラウマを抱えていたらしく、自分と同類の経験を抱えた「本」のストーリーに偶然直面し、落ち込み、ふさぎ込んだ。「読書」中は平静を装うことができたようだが、この「読書」の直後、気分が悪くなったと「司書」に告げて、ＨＬの会場をあとにした。

このように、心に傷を抱えたままの「読者」が「本」と共感的対話に参加する場合、どのようなリスクがあるのか、また、どのような方法でリスクに対応すべきなのかは、先行研究ではあまり検討されていない。オーストラリアのＨＬでは、「本」および「読者」に対して、心理的負荷に対応できる人、例えば学校での開催であれば、教員や心理カウンセラーを置く、または生徒とともに教師が「読書」に参加する事例もあるが、予想外のリスクへの対応方法やガイドラインは、まだ定められていないようである。ＨＬの直接空間は共感的理解を求める私的空間であるため、すべてのリスクを想定して対応することは難しいかもしれない。しかし、次に述べるように、「司書」が間接空間をどのようにデザインするのかによって、ＨＬ参加者へのリスク、および肯定的な効果の様相は異なる。本稿が、直接空間と間接空間の両方が重要だと議論するのは、このためである。

三　間接空間

ここでは、「読者」にとっての間接空間のアフォーダンス、すなわち「司書」がデザインする間接空間が直接空間とどのように関係しながら、「読者」にどのような「読書」効果をもたらすのかについて考えてみたい。特に、前節で取り上げたＨＬの三類型（公共型、カスタマイズ型、トレーニング型）をＨＬの多様化の例として位置付けることで、「読者」への効果にとっての間接空間の重要性を示したい。

間接空間を構成する要素は、（一）公開性、（二）独立性、（三）多数派・少数派の表象、（四）「本」の選択の自由度、（五）省察の仕掛けである。図表3は、これらの構成要素とＨＬの三類型の関係性の強さを仮説的に示したものである。ただし、この関連性が強ければ強いほど「読者」にとっての「読書」効果がより肯定的になるかどうかについては、現時点では十分な先行研究や経験的データがないためわからない。これについては、今後の研究課題となる。ここでのポイントは、ＨＬの運営形態が多様化するなかで、「司書」が作り出す環境（間接空間）を、「読者」のアフォーダンスの視点から探求する重要性を示すことにある。

・公開性

公開性とは、誰でも「読者」としてＨＬに参加できるのか、それとも、

	アフォーダンス	公共型	カスタマイズ型	トレーニング型
公開性	参加の可否	○	△	×
独立性	参加動機	△	○	○
多数派・少数派の表象	偏見の低減	△	△	○
「本」の選択の自由度	リスク管理	○	△	×
省察の仕掛け	「読書」の深化	△	○	○

図表３　間接空間の構成要素、アフォーダンス、ＨＬの三類型との関係性
（○はあり、×はなし、△はＨＬ会場によって異なることを意味する。）

何らかの形で限定された「読者」だけがＨＬに参加できるのかを意味する。これは、ＨＬへの参加（直接空間へのアクセス）の可否のアフォーダンス、つまり、「読者」がそもそもＨＬに参加することができるのか否かに作用する。公共型ＨＬでは、偶然ＨＬの会場を訪れた「読者」を含めて、原則として誰でも参加できる。一方、トレーニング型ＨＬでは、事前に予約をした「読者」のみが参加できる。しかも、非公開であるトレーニング型ＨＬは、組織単位で参加者を募る傾向が強く、個人でＨＬに参加することは難しい。カスタマイズ型ＨＬでは、例えば学校で行われるＨＬでは個人参加は難しいが、公民館で行われるＨＬでは、参加を希望する「読者」を地域から広く募り、その後はＨＬを非公開の形で行う、いわば準公開の形で行う方法がとられることが多いようである。

このように、ＨＬへの参加の可否という点では、公共型が最も望ましいようにみえる。しかし、実際は、先に述べたように、公共型ＨＬでは、「読者」の獲得に苦労することがある。ＨＬへの参加の自由度が高い場合、「読者」はかえってＨＬへの不参加を選択するという逆説的な現象が起こるのである。

・独立性

独立性とは、ＨＬが単独のイベントとして開催されるのか、それとも他のイベントの一部あるいはそれとの共催の形で開催されるのかを意味する。これは、ＨＬへの参加動機のアフォーダンス、つまり、「読者」がＨＬにどのような動機で参加するのかに作用する。カスタマイズ型とトレーニング型のＨＬは、他のイベントとは隔離された、学校教育や企業・組織研修の一環として行われることが多い。したがって、ＨＬに参加する時点で、「読者」はＨＬが謳うステレオタイプへの挑戦や偏見の低減などの概念に接することになる。個人による程度の差はあるものの、「読者」は基本的には、これらの概念を念頭にＨＬに参加することになる。

一方、公共型のＨＬは、単独イベントとして開催される場合もあれば、例えばフェスティバルの一企画として開催される場合もある。(6) 前者の場合、「読者」は事前にＨＬの開催通知や広告を見てＨＬに参加することになる。よって、カスタマイズ型とトレーニング型と同様に、「読者」は「読書」をする前段階でＨＬの趣旨に触れ、「読書」の心構えをすることができるのかもしれない。一方、後者の場合は、「読者」は偶発的に「読書」環境に置かれる可能性が高く、「読書」の動機付けが不十分になることがある。特に「読者」にとってＨＬと他のイベントとの認知的な不協和を解消できない場合は、「読書」効果は肯定的になりにくい。実際、これはカナダでの画廊での事例だが、自画像展との共催で美術館で行われたＨＬでは、両者の関係性を見いだせず、当惑した「読者」がいたという（Clover & Dogus, 2014）。

・多数派・少数派の表象

多数派・少数派の表象とは、ＨＬの会場において、社会のなかの多数派と少数派の存在、または、不平等や権力性を「読者」がどの程度、認知するのかを意味する。これは、偏見低減のアフォーダンス、つまり「読者」が「読書」を通じてどの程度偏見を低減するのかに作用する。ＨＬはステレオタイプや社会的烙印への挑戦や偏見の低減を意図として開発されたが、これらの意図に立てば、「読者」は「本」との社会的不平等や力関係を認知した上で、「読書」をすることが望ましい。偏見の低減には、集団カテゴリーの認知と再構築が不可欠だからである（Pettigrew et al. 2011）。この点において、トレーニング型のＨＬは他の型のＨＬよりもより効果的かもしれない。なぜなら、「読書」前の導入時において、偏見・差別、不平等などの社会の問題が「司書」によって明確に提示され、「読者」はこれらの問題意識を持った状態で「社会的少数派」としての「本」と対話するからである。

一方、公共型やカスタマイズ型のＨＬでは、偏見の取り上げ方は様々のようである。特に、地域の活性化や情報資源の共有を目的としたＨＬでは、「読者」はステレオタイプや偏見の問題に向き合うことは難しい。

なかには、例えば、オーガニック農家やバックパッカーなど、特に社会的差別や烙印を経験していないかもしれない「本」もHLの「書庫」に並ぶことがある。このような「本」が多く並ぶHLでは、社会のなかの多様な人々や価値観の存在を「読者」が承認する効果は期待できるが、偏見の低減効果については、あまり期待できないかもしれない。

さらに、HLの会場自体が自らの特権性を表象しやすい場合、例えば、大学の研究所やグローバル企業などが公開型HLの会場となる場合、そうした空間に出向くことに居心地の悪さを感じてしまう「読者」がいるかもしれない。多数派・少数派の表象は、「読者」と「本」の関係性だけでなく、こうした物理的・社会的環境からも出てくるのである。

・「本」の選択の自由度

「本」の選択の自由度とは、「読者」が自分が望む「本」を借りる選択権をどの程度もっているかを意味する。これは、「読者」のリスク管理のアフォーダンス、すなわち、「読書」に伴うリスクを「読者」がどの程度引き受けることができるのかに作用する。公共型HLでは、「読者」が「読書」をすること・しないことを選べるのはもちろんのこと、複数の「本」の中から「一冊」を選ぶことができる。「本」を選ぶことは、「読書」のリスクを予見する機会であるともいえるだろう。しかし、カスタマイズ型やトレーニング型では、必ずしもそうではない。これらのHLでは「本」が少ないため、「読者」が「本」を選ぶ権限は限られる。

「本」の選択の自由度が低いHLでは、肯定的・否定的どちらの面においても「読者」の「読書」効果には不確実性がより大きくなる。例えば、『司書』の予想を超えた」肯定的効果として筆者が聞いたのは、ある学校でカスタマイズ型のHLを開催した際、犬が嫌いだと言っていた生徒が、盲導犬を連れていた「本」の話を聞いたのち、その盲導犬に触れることがあったという。この「読者」は、「本」が自由に選べないからこそ、自分のステレオタイプや偏見の限界を超えるアフォーダンスを認知できたのである。一方、「本」を自由に選べないことで、ある「読者」は先にも述べたような、自分の辛い過去やトラウマに直面し、傷ついてしまうことになる。「本」の選択が制限されることで、「読者」のリスク管理も制限されてしまうのである。

・省察の仕掛け

省察の仕掛けとは、「読者」が「読書」経験を積極的に振り返る機会がどの程度、またどのような方法で提供されているかを意味する。これは「読書」効果の深化のアフォーダンス、つまり、「読者」の肯定的効果をさらに高めることに作用する。省察を重視する立場に立てば、学習において経験自体はさほど重要ではない。重要なのは、「他者」との差異を意識したなかで自らの経験を省察し、これからの行動につなげることである（Alred, Byram, & Fleming, 2003)。

カスタマイズ型とトレーニング型のＨＬでは、「読者」は「読書」後の振り返りをする。特に、筆者がホバートで観察をしたトレーニング型のＨＬでは、導入とまとめにおいて、「司書」によりＨＬのポイントである偏見の低減や対話の重要性が明確に「読者」に示されていた。「読者」は「読書」の感想をアンケートに記入するだけでなく、他の「読者」や「司書」と感想を語り合う。そうすることで、「読者」は「読書」効果の定着を図るとともに、「読書」の際に感じた不安や共感の意味を再解釈することができる。

質問紙や「読書」後の対話という形で「読書」経験を深める実践は、公共型のＨＬでも見られる。しかし、筆者が知る限り、公共型のＨＬでは、「司書」が「読者」に「読書」経験の感想を尋ねることはあるが、それを振り返り深化させる手助けはあまり行われていない。したがって、「読書」経験をうまく消化できない「読者」がでてくる可能性がある。特に、否定的な「読書」経験をしてしまう「読者」をどのようにケアするのかは、「司書」の重要な役割ではないだろうか。

四　直接空間と間接空間の外――マクロ環境の重要性

以上が、アフォーダンスの視点に基づく、「読者」にとっての「読書」効果の概要であるが、最後に、マクロ環境、つまり、ＨＬの直接空間と間接空間の外の重要性について若干述べたい。図表2では、ＨＬ開催地を含む地域性、社会文化的文脈、時間・時代、イデオロギーをマクロ環境の構成要素として挙げている。ＨＬの会場・開催地・地域がどれほど偏見や差別を語ることに寛容か。どのような価値観やコミュニケーション・スタイルが「常識」として社会文化的に好まれたり蔑まれたりするのか。過去から現在までの地政学的状況から、どのような話題が偏見・差別やタブーの対象になるのか。これらがマクロ環境の例であるが、ここでは特に社会文化的文脈の重要性を指摘したい。というのも、筆者はＨＬの創始者であるロニー・アバゲール氏と過去に二度会い、ＨＬの目的や方法論の話を聞くなかで、特に日本で行われているＨＬとの「ずれ」を感じることがあるからである。

アバゲール氏によると、ＨＬではステレオタイプ、社会的烙印（スティグマ）、タブー、偏見・差別に挑戦することこそが重要であるという。したがって、「読者」は「本」に尋ねる質問を自己規制することなく、どんなことでもオープンに尋ねるべきだという。「本」はいかなる疑問や意見にも対応できるようトレーニングされるべきだというのが氏の主張である。実際、筆者がデンマーク（ＨＬ本部）で経験したＨＬでは「本」は、皆「司書」によるトレーニングを受けていた。オーストラリアでのＨＬも同様である。「本」として継続的にＨＬに参加していると、無関心や不快感を表す「読者」や、自分のストーリーに挑戦的態度で質問してくる「読者」に出会うことがあるが、それもＨＬの経験なのである。

それに比べると、これはあくまで筆者の印象だが、日本で行われているＨＬでは、「司書」が「本」をトレーニングするという意識は希薄のように感じる。また、「司書」は「読者」に対して傾聴、共感、尊重を求めすぎてはいないだろうか。[7] その結果、「読者」は「本」に遠慮してしまい、自らのステレオタイプやタブーに挑むアフォーダンスを逃すことがあるのではないだろうか。HLとは、安全ではない思想への不快感や衝突の可能性を内包した空間である（Clover & Dogus, 2014）。だからこそ、「本」だけでなく「読者」も安全にステレオタイプやタブーに挑める環境づくりを「司書」は心がけなければならない。仮に、今の日本の社会文化的文脈においてこのような挑戦的な対話をすることが他国よりも難しいとしたら、日本のHLはそれを実現させる環境として、更に発展していくべきではないだろうか。

第四節　おわりに

以上、「他者」との対話の効果はどこにあるのかという問いのもと、本稿はHLの「読者」への効果を「読書」環境のアフォーダンスの視点から考察してみた。特に力点を置いたのは、HLの研究の視点を「個人」からHLという「環境」へシフトすることの重要性である。「読者」にとっての「読書」効果は、複数の層（ミクロ、メゾ、マクロ）とそれぞれの構成要素の相互作用から成る「読書」環境のアフォーダンス、すなわち、「読書」環境の可能性と制約に関する「読者」の認知に依存するのである。

しかし、この視点からの実証研究は皆無であり、考察の妥当性は今後の研究課題としたい。また、同一環境のなかで起こりうる、「読者」効果の個人差をどのように説明すべきなのかという大きな課題も残されている。これについては、アフォーダンスと個人の資質や能力との相互作用の系統化を試みた他の研究領域の知見を活用することで研究が進むことが期待できる。[8] いずれにしても、HLの研究はまだ発展途上の段階にあり、本稿がＨＬの発展の一助になれば幸いである。

【注】

（１）二〇一一年二月から同年三月まではニューサウスウェールズ州のリズモーとオーバン、二〇一五年一〇月から二〇一六年三月までは西オーストラリア州のパース、タスマニア州のローンセストンとホバートにてインタビューと参与観察を実施した。また、オーバン以外では、筆者は「読者」としてＨＬに参加した。

（２）多様なニーズと関係を持ちながら発展してきたＨＬであるが、「生きている美術館（Human Museum）」のような応用の事例や、「ヒューマンライブラリー」という名称を用いつつも、実際は書籍の筆者による講演会であるというような、場合によっては乱用と捉えられかねない事例もある。

（３）詳しくは、以下の記事を参照。Hobart Human Library using the power of people to bring life stories into schoolrooms（http://www.abc.net.au/news/2014-09-30/hobart-human-library-taking-stories-into-schools/5777034）

（４）この概念図は「本」や「司書」にも適用できるが、議論の過度な複雑化を避けるため、本稿は、「読者」が認知する「読書」効果に絞る。

（５）「本」にとっては、「読者」の共感的態度に触発されて、思わず想定外の自己開示を対話中にしてしまうことがある。このことを「本」の一人が筆者に語った。

（６）なお、ＨＬはロスキレ音楽祭という、北欧最大級のロックフェスティバルのなかの一企画として行われたのが始まりである。

（７）例えば、日本の多くのＨＬ会場では、「読者」登録が行われている。受付にて「読者」は「本」を傷つけない、「本」のプライバシーを保護するなどの条件が書かれた書面に同意しサインをする。これは、「本」の保護には役立つかもしれないが、その一方で「読者」を委縮させ、「本」への質問を制限させるだけの十分な効果ももたらす可能性がある。また、この登録制度によって、十分にトレーニングされていない「本」がＨＬに参加できることも可能にしているといえるだろう。一方、筆者が経験したデンマークとオーストラリアでのHLではこの登録はない。「本」がいかなる「読者」にも対応できるだけのトレーニングを受けていれば、不要なのかもしれない。

（8）異文化間の対人関係の構築は、接触の機会というアフォーダンスと主体性（agency）という個人の資質の接点で成立すると説明する研究がある（Kudo et al., 2017）。これをHLでの偏見の低減に当てはめると、偏見の低減のようなHLの肯定的なアフォーダンス（肯定的効果）は誰でも得られるのでなく、例えば、柔軟的思考力の高い「読者」がそうでない「読者」よりも得られやすいという仮説を立てることができる。

本研究は、JSPS科研費JP15K13212の助成を受けたものである。

【引用文献】

工藤和宏（二〇一二）「偏見低減に向けた地域の取り組み――オーストラリアのヒューマンライブラリーに学ぶ」加賀美常美代・横田雅弘・坪井健・工藤和宏 編著、異文化間教育学会 企画『多文化社会の偏見・差別――形成のメカニズムと低減のための教育』（一九九―二二〇頁）明石書店.

工藤和宏・矢島祐作・本橋由里・榎本佑紀（二〇一二）「多様性と共に生きる――『ヒューマンライブラリー』の運営を通した『社会人基礎力』成長の物語」『獨協大学英語研究』七一号、九九―一一八頁.

駒澤大学社会学科坪井ゼミ（二〇一二）『ココロのバリアを溶かす―ヒューマンライブラリー事始め』人間の科学新社.

坪井健（二〇一四）「ヒューマンライブラリーの可能性を探る――「読者」「本」「司書」効果を中心に」松本誠一、高橋重郷編『社会・人口・介護から見た世界と日本――清水浩昭先生古稀記念論文集』（一一六―一三五）時潮社.

坪井健（二〇一七）「ヒューマンライブラリーから見た異文化間能力――コンピテンシーを育てる実践の立場から」『異文化間教育』第四五号、六五―七七頁.

中島義明ほか編（一九九九）『心理学辞典』有斐閣.

Abergel, R., Rothemund, A., Titley, G., & Wootsch, P. (2005). *Don't judge a book by its cover! The Living Library organiser's guide*. Budapest, Hungary: Council of Europe Publishing.

Alred, G., Byram, M., & Fleming, M. (2003). Introduction. In G. Alred, M. Byram, & M. Fleming (Eds.) *Intercultural experience and education* (pp. 1-13). Clevedon: Multilingual Matters.

Bronfenbrenner, U. (1979). *The ecology of human development: Experiments by nature and design*. Cambridge, MA: Harvard University Press.

Clover, D. E., & Dogus, F. (2014). In case of emergency, break convention: A case study of a Human Library project in an art gallery. *The Canadian Journal for the Study of Adult Education*, 26 (3), 75-90.

Dreher, T., & Mowbray, J. (2012). *The power of one on one: Human Libraries and the challenges of antiracism work*. Broadway NSW, Australia: UTSePress.

Garbutt, R. (2008). The Living Library: Some theoretical approaches to a strategy for activating human rights and peace. In R. Garbutt (Eds.), *Activating human rights and peace: Universal Responsibility Conference 2008 conference proceedings* (pp. 270-278). Lismore NSW, Australia: Centre for Peace and Social Justice, Southern Cross University.

Gibson, J. J. (1979). *The ecological approach to visual perception*. Boston: Houghton Mifflin.

Kudo, K., Motohashi, Y., Enomoto, Y., Kataoka, Y., & Yajima, Y. (2011). Bridging differences through dialogue: Preliminary findings of the outcomes of the Human Library in a university setting. Paper presented at the 2011 Shanghai International Conference on Social Science (SICSS).

Kudo, K., Volet, S. & Whitsed, C. (2017). Intercultural relationship development at university: A systematic literature review from an ecological and person-in-context perspective. *Educational Research Review*, 20, 99-116.

Marginson, S., & Sawir, E. (2011). *Ideas for intercultural education*. New York: Palgrave Macmillan.

Pettigrew, T. F., Tropp, L. R., Wagner, U., & Christ, O. (2011). Recent advances in intergroup contact theory. *International Journal of Intercultural Relations*, 35, 271-280.

Withagen, R., de Poel, H. J., Araújo, D., & Pepping, G.-J. (2012). Affordances can invite behavior: Reconsidering the relationship between affordances and agency. *New Ideas in Psychology*, 30, 250-258.

第七章

自己と他者の関係性の再構築
――HLの対話の可能性をめぐって

坪井　健

第一節　はじめに

ヒューマンライブラリー（Human Library: Living Library,「生きている図書館」ともいう。以下HLと略す）の基本は、「生きた本」とその話を聞く「読者」との対話である。そのシンプルな対話の世界が生み出す新たな人々の繋がりへの可能性が、二〇〇〇年デンマークで五人の若者によって開催されて以来、ヨーロッパ各地に波及し今日では世界七〇か国以上に拡大して、今なお人々を引き付けて止まないイベントになっている。

ある時は、偏見の低減に資する教育的取り組みとして、またある時は多様性に寛容な心を育てる多文化共生のコミュニティづくりのツールとして、様々な言葉でその効果が語られるが、それはHLが構築する対話世界が生み出す新たな人々の繋がりの可能性に着目するからでもある。

日本では、二〇〇八年一二月に京都で「ATACカンファレンス二〇〇八」の中で東京大学先端科学技術研究センターの中邑研究室が初めて開催したのを皮切りに、青山学院大学、京都大学、札幌市立大学、明治大学、駒澤大学、獨協大学、大阪大学などの各地の大学研究室や学生有志、市民団体などが開催し、国内開催数の正確な数は不明だが、この八年間で少なく見積もっても六〇回を超えていると思われる（坪井、二〇一七）。

ＨＬ実践活動は、このように世界でも国内でも急速に普及しつつある。ＨＬへの注目が急速に増えている理由は何であろうか。

第一に、身近な異文化理解のイベントとしての面白さである。生きた人間を図書館の本に見立てて一般読者に貸し出すという仕掛けに意外性がある。一見、生身の人間をさらし者にする見世物小屋のような危うさ、悪質なジョーク、面白半分の試みのようにも見えるが、それがこのイベントの敷居の低さとなり、障害者や生きにくさを抱えた人などの身近な異文化を生きる人への近づきやすさを演出している（坪井、二〇一二）。

第二に、図書館ごっこのように見える生きた本との対話が大きな他者理解をもたらす、偏見の低減や異文化（他者）理解効果の大きさである。ＨＬを体験した人、それは「読者」としての体験のみならず、「生きた本」として体験した人を含めて多くの人が、その対話を通して感じる出会いの心地良さ、そしてほとんどの人が参加したいという感想を述べている。

第三に、生きた本自身の自己物語の開示が生み出すナラティブのセラピー効果である。生きにくさの人生体験を見知らぬ他人に開示するには勇気が必要であるが、その語りがもたらす効果は、読者のみならず、生きた本自体にも反響し、彼らに新たな自信や希望を生み出し、自己概念の改善や新たな対人関係構築のきっかけにもなっている（坪井、二〇一四）。

つまり、ＨＬの急速な世界的な広がりの大きな要因は、人間図書館という簡単な仕掛けが、予想以上に見知らぬ他人同士の心のバリアを溶かし、人間関係を改善する効果が大きいことである。

しかし、残念ながらＨＬの効果が大きいにもかかわらず、実践的取り組みの普及に対して、本格的な研究的アプローチはこれまであまり見られず、ＨＬ研究の知識在庫は限られたものでしかない[1]。

本稿はそれを補完する試みの一環であるが、ＨＬの対話世界に焦点を当て、その対話世界が具体的にどんな世界を生み出しているのか、ＨＬが提起している意味を既存の諸理論やアプローチと絡めて考察しようとするものである。こうした既存の理論やアプローチと絡めた考察はこれまでほとんど例がなく、それ故、本稿はＨＬの対話が生み出す自他の関係性の再構築とその意味に関する試行的考察である。但し、本稿でのＨＬの分析は、あくまでも「理念型[2]」としての分析であり、ＨＬの対話の全てがこのように展開するものではないことに留意してもらいたい。

ＨＬは、実際の運用過程でそれぞれに工夫された多様なバリエーションで展開されている。中にはこれもＨＬかと思えるようなものもＨＬとして実践されているが、ＨＬの確立された定義がない以上こうした展開は致し方ない。ここでは、ＨＬの最小限の定義を「生きた本」の人生話を一般「読者」に聞かせる対話イベントとして捉えておく。但し、ＨＬの具体的な対話条件を最大公約数として次の四点に絞っておきたい。

①「生きた本」一人に対して「読者」は一人〜三人程度の少人数であること。

②「生きた本」の人生話は、生きにくさを含む内面の自己開示であること。

③「読者」は、「生きた本」を傷つけない限り、何を聞いてもよいこと。

④ 一回の対話時間はおおむね三〇分程度であること。

つまり、これらの条件の核心部分は、「生きた本」の人生話が、単なる本の成功物語の語りでなく、生きにくさ体験を含む内面の自己開示であることである。内面の自己開示ゆえに相互理解が深まるし共感性も生まれる。単なる「本」の成功物語では、「生きた本」と「読者」の脱カテゴリー化による相互理解や共感性よりも、カテゴリー強化に働いて「生きた本」と「読者」の壁を大きくすることになってしまう可能性がある。つまり生きた本の人生話が成功物語（実業家、スター、一流選手など）としては素晴らしいが、自分とは違う特別な人だと捉えられてしまうと「本」と「読者」のカテゴリー間の壁を大きくすることにしかならない(3)。また、HLは少人数の対話を重視している。これについては後述するが、これもHLの相互理解を深める重要な要素である。

HLの対話は、基本的に読者の無知を前提にしているので、何を聞いてもよいことになっている。但し公共図書館の本という設定なので本を傷つけないという最低限のルールは設けている。一回の対話時間は三〇分程度と短く設定しているが、それは経験則によるものである。

第二節　HLの対話世界

対話について語るとき、まず第一に語られるべきは宗教哲学者マルティン・ブーバー（Martin Buber）の対話の哲学であろう。一八七八年にウィーンで生まれたユダヤ人ブーバーは、ナチスの迫害を受けながら第二次世界大戦下を生きのび、一九六四年にエルサレムで八七歳の生涯を閉じた。ブーバーは〈われ―なんじ〉〈われ―それ〉という二種類の根源語の考察を通して、独自の「対話の哲学」を打ち立てた哲学者として有名である。

彼の代表作である『我と汝』（一九二三）は、第一次大戦後のヨーロッパの精神的荒廃の中で、「われとなんじ」の対話の哲学の必要性を訴えている。ブーバーの「われとなんじ」の学問的業績は、哲学史上初めて本格的に「なんじ（他者）」の問題を取り上げたことだと言われている（平岩・山本、二〇〇四）。

・根源語〈われ―なんじ〉と〈われ―それ〉

ブーバーにとって、〈われ―なんじ〉の〈われ〉と〈われ―それ〉の〈われ〉は全く別ものである。この二つの根源語を語ることは、人間の関係性の二つの在り方を語ることになる。ブーバーは『我と汝』の巻頭で、次のように述べている。


世界は人間のとる二つの態度によって二つとなる。

人間の態度は人間が語る根源語の二重性に基づいて、二つとなる。根源語とは、単独語ではなく、対応語である。

根源語の一つは、〈われ―なんじ〉の対応語である。

他の根源語は、〈われ―それ〉の対応語である。この場合、〈それ〉の代わりに〈彼〉と〈彼女〉のいずれかに置き換えても、根源語には変化ない。

したがって人間の〈われ〉も二つとなる。なぜならば、根源語〈われ―なんじ〉の〈われ〉は、根源語〈われ―それ〉の〈われ〉とは異なったものだからである（ブーバー、一九二三、七頁）。


筆者は、HLが構築する対話世界が、ブーバーのいう〈われ―それ〉の関係性を、わずか三〇分程度の対話空間の中で〈われ―なんじ〉の関係性に「回帰」させる試みであるゆえに、それを体験した多くの人々に自己と他者の新奇な出会いに新鮮な感動を呼び起こし、自己と他者の新たな関係性の取り結びに希望の光を感じ、日常的な対人関係の世界と違った世界を見出しているのではないかと考えている。

例えば、「読者」の対話体験談では、次のような声が聞かれる。

「その人個人がよく見えてくることに感激した」（二〇一〇．一〇．一〇）

「本やメディアを通じては聞くことのできない生の声を聴けてよかった」（同上）

「誰が本で誰が読者かわからないほど、みなさん同じ人間なんだと感じた」（二〇一六．一〇．二）

「自分も目に見えない障がいを抱えて生きている中で、同じような思いをして生きている人に出会えてよかった」（二〇一六．一一．二七）

また、「生きた本」の対話体験談では、次のような声が聞かれる。

「普段出会えない声を聴く機会になった」（二〇一〇．一〇．一〇）

「本として一般の方との間に共通認識が生まれた（と思える）こと」（同上）

「本をやる事によって、自分自身の自信が持てたように思う」（二〇一一．九．一一）

「自分の体験がムダじゃなかったと感じられた」（二〇一六．一〇．二三）

ブーバーは根源語〈われ―なんじ〉の関係性では、〈なんじ〉に語りかける〈われ〉は、自己は全人格として相手に語りかけるのであり、相手に対しても独自の人格的存在として全的に肯定しつつ関係に歩み入れることであるという。全人格的な〈われ〉が全人格的な〈なんじ〉を前提にして語りかけて、はじめてお互いの十全な全存在的交わりが結ばれることになる。ブーバーの言葉を借りれば、根源語〈われ―なんじ〉は「全存在をもってのみ語ることができる」のである。

ＨＬでは、〈われ〉の内面的な自己開示を前提とした人生話を「生きた本」は、「読者」に赤裸々に語ることになる。ある時はトランスジェンダーとして生きる人生の告白であり、ある時は顔面の傷を持って生きる人生の現実であったりするが、それは〈われ―なんじ〉の関係性において語られるものであり、日常的な生活場面にある〈われ―それ〉関係性の中では語り得ない体験的事実である。それに対して〈われ―それ〉の関係性は、対象化されたものであり、過去のものであるという。ブーバーは次のように言う。

根源語〈われ―それ〉の〈われ〉は、すなわち、〈なんじ〉と向かい合わず、多様な〈内容〉に囲まれている〈われ〉は、たんなる過去であって、現在ではない。言葉をかえていえば、人間が経験する事物で満足しているかぎりは、彼は過去のみに生き、瞬間瞬間の現在の中にない。……（略）……現在とは消えやすく、過ぎ去りやすいものではなくて、つねに〈そこに居合わせるもの〉であり、〈持続するもの〉である。……（略）……真の存在性は、現在の中に生かされ、対象性は過去に生きる（ブーバー、一九二三、二一頁）。

〈われ―それ〉の〈われ〉は「決して全存在をもっては語ることができない」とブーバーはいう。根源語〈われ―それ〉は、全存在的な交わりである〈われ―なんじ〉の関係が分裂し、人間にとって世界が対象化、客体化することによって生じる。つまり、人間と世界の結合を示す根源語〈われ―なんじ〉に対して、根源語〈われ―それ〉があらわすのは、両者の分離であり、全存在的相互関係にかわって、そこにあるのは経験と利用である。つまり、根源語〈われ―それ〉の〈われ〉は、世界を経験し利用する主観であるという。人間と世界との関係は、ここでは客体物を観察し手段として利用する〈われ〉と、対象化され手段化された〈それ〉とに分裂しているのである。

HLの対話世界に入る前の読者は、〈われ―それ〉関係として「生きた本」をカテゴリー化し客体化された対象物として理解している。例えばトランスジェンダーの人をトランスジェンダーの人として理解し、顔面に傷を持った人を顔面に傷を持った人として眺めている。それは単に対象化され客体化された「トランスジェンダー」「顔面に傷を持った」〈それ〉であり、それは「過去」のものであり、「現在」の関係ではない。それは現時点での全人格的な〈なんじ〉として全存在的な相互関係としての交わりではない。

ＨＬの構造的枠組みの中では、カテゴリー化された「本」と「読者」の〈われ―それ〉関係は、〈われ―なんじ〉の対話世界に取り込まれ「現在」の関係に回帰することになる。

しかし、今日われわれが経験している日常の生活世界は、たいてい〈われ―それ〉関係の世界に支配されている。人間は〈われ―なんじ〉関係を結ぶ力が衰退すると、経験と利用の機能が増大するとブーバーはいう。具体的には、人は〈われ―それ〉に分離する根源語に基づいて日常生活を組織と感情の領域に分けることになる。組織は〈外にあるもの〉で、ここで人はいろいろな目的追求を行う。人間はそこで労働し、取引し、経営し、職務を遂行することなどを行う。人間はその機構に組み込まれた〈それ〉になり、互いに〈それ〉として利用しあう。こうした組織は人々の雑踏する広場である。これに対して感情は〈内なるもの〉で、人はこの中で組織から逃れてほっとした想いになる。感情は〈われ〉が引きこもる私室である。人々はここでくつろぎ、組織の疲れを癒して自分だけの生活を営む。しかし、そこには人格を持って向き合う他者はいない（ブーバー、一九二三）。

人間の日常生活は〈それ〉の世界なしではすまされないが、組織が真の関係を離れ、感情が全存在的人格の対話を欠くところでは、〈それ〉の世界が肥大化するばかりである。「組織は共同の公的生活を生み出さず、感情は人格的な個人生活を生み出さない」（平岩・山本、二〇〇四）という。またブーバーは、次のようにも言っている。

根源語〈われ—それ〉は、物質が悪でないのと同じように、悪ではないが——、物質が現存であるかのようにみせかける時は悪であるように、この根源語が現存をよそおうとき、悪である。もし人間がこのような状態に身を任せ、たえず増大する〈それ〉の世界をはびこらせ、人間から本来の〈われ〉を奪い去るならば、人間の上にのさばる妖怪と人間の中にうごめくまぼろしとが、互いに人間の救いがたさをささやきかわすであろう。（ブーバー、一九二三、五九—六〇頁）

さらに、ブーバーは「現代の人間の共同生活は、必然的に〈それ〉の世界に落ち込むようにできているのではないだろうか。」と述べている。

そうした現代社会の中で、失われかけている〈われ—なんじ〉の関係を取り戻す試みの一つが、HLということになるのであろう。HLは、読者への効果として「ココロのバリアを溶かす」というフレーズが使われるが、生きた本との対話体験がもたらす、自己肯定感に包まれたいい知れぬこころの安らぎと、他者と心が通い合ったという心地よさは、〈われ—それ〉の疎外された関係から、〈われ—なんじ〉の全人格的関係への回帰を感じた瞬間として捉えられる。それが先の体験者の声にも表れている。

もちろん、わずか三〇分間の「生きた本」との出会いがすべて心のバリアを溶かすわけではないが、それまで日常生活の中で分断された〈われ—それ〉による疲れを癒してくれ、本来の温かな全人格的な〈われ—なんじ〉関係を取り結ぶ希望を感じ取れる。そうした可能性を見出す体験になっている。HLの試みは、ブーバーのいう人間の根源的行為への回帰の可能性をほとんど何の前提条件もなく、人々にもたらすことのできるシステムを提供していると考えられる。

では、ＨＬにおける対話が、如何にして〈われ―なんじ〉関係を可能にしているか、次に、その対話世界の根源的メカニズムを解き明かしていきたい。

第三節　「視界の相互性」と「間主観的世界」

ブーバーのいう〈われ―なんじ〉の関係は、ブーバー自身は語っていないが、本来は根源的な社会関係の在り方に基づく議論である。つまり、家族内や小さな村のような基礎集団で成立するような基本的な対人関係を典型としている。そうした根源的な社会の成立根拠についての議論は、ブーバーの〈われ―なんじ〉関係の成立背景を一層深く理解するのに有用である。

そこで我々は現象学的社会学の知見から、根源的社会の成立について考察してみたい。現象学的社会学では、社会の存立基盤をその体験的事実から考える。人間は社会的存在であると言われるが、社会は如何に存立しているのかという根源的な問題を考えるとそう簡単ではない。

体験的事実に基づいて自他の関係性を眺めると、社会はいかに可能かということが見えてくる。そこで重要な概念は「視界の相互性」（Reziprozität der Perspektiven）（リット、一九一九）である。

「視界」とは、当事者が視ている空間であり体験している事実である。我々が体験している事実は見ている空間、つまり視界の中にある。そうした体験的事実から、ＡとＢという二人の関係に置き換えて社会の成り立ちを考えると、まずＡはＢを視ているあるいは体験している。ＢもまたＡを視ているあるいは体験していることになるが、このＡＢの二人の関係の中に視界―体験的な相互性が生まれる（蔵内、一九八二）。その「視界の相互性」は、Ａの視界―体験の中にＢがあり、Ｂの視界―体験の中にＡがあるという双方の視界が交叉しあった場に生まれる。その体験的事実が原初的な社会を成立せしめている。そこに生まれる当事者間の主観的世界が「間主観的世界」な体験的世界である（フッサール、二〇一三）。

では、なぜ「視界の相互性」という体験的事実から、当事者間に成立する間主観的な世界が可能になるのか。根本的には、自分にとって相手の存在は自明的に内的な存在として所与であり、自分が体験する事実は相手も体験しているはずだという人間相互の潜在的意識があるからである（フッサール、二〇一三）。それによって「他我認識の直接性」が生まれ、自らを他者の中に投入して考える「感情移入」（empathy）が可能になり「共感」が可能になる（フッサール、二〇一三、石田・山本、二〇〇四）。

元来、本質的に根源的な社会はこうした「視界の相互性」の直接的関係の中に存在しているのであり、本質的社会は当事者A、Bの主体を離れては存在しないのであるが、現実の社会は、対面的状況を越えたところに「視界の相互性」の一般的定立が成り立っているのが普通である（シュッツ、一九八〇）。この「視界の相互性」の一般的定立がもたら

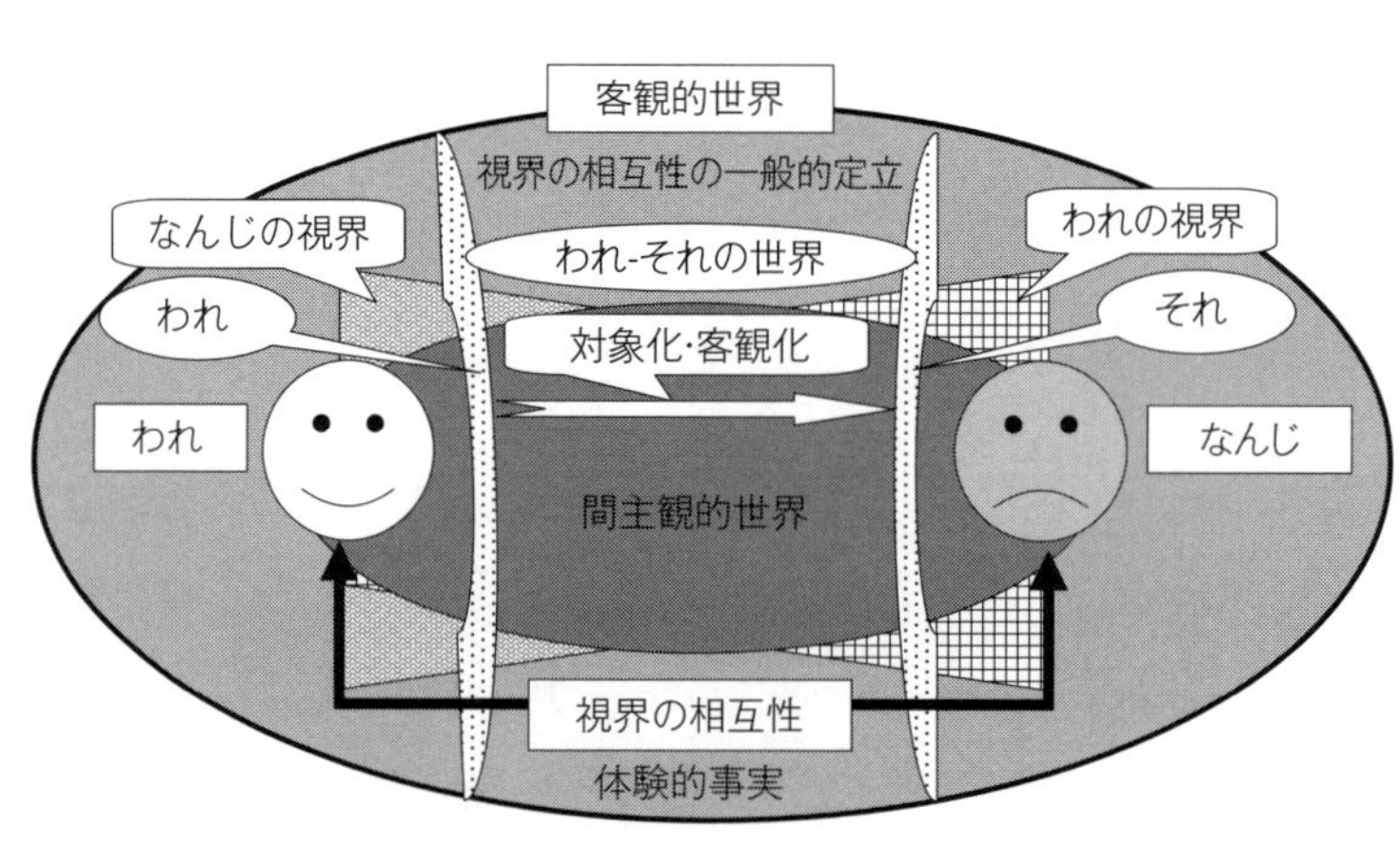

図表1　視界の相互性と〈われ—なんじ〉・〈われ—それ〉関係

している世界は、自他のみならず誰に対しても成立しているという意味で「客観的世界」を形成する。

本来的な自他の対面的状況を基礎とするような根源的社会、例えば家族やコミュニティなどの基礎集団では、〈われ―なんじ〉関係による「間主観的世界」が容易に成立していたが、自他の対面的状況を離れた〈われ―それ〉関係に基づくような社会、市場や会社などの都市の機能集団では「客観的世界」が成立していることになる。

従って、直接的な「視界の相互性」による「感情移入」に基づく他者の人格的理解可能な対人関係と、「視界の相互性」の一般的定立による非人格的な一般化され対象化された対人関係は、ブーバーのいう〈われ―なんじ〉関係と、〈われ―それ〉関係に対応していることになる。現代の社会関係は、まさにこうした〈われ―なんじ〉〈われ―それ〉の二重の関係性によって成立していることになる。しかし、実際には近代社会は、後者に支配された関係に我々の「生活世界」(life-world)の多くが占められており、そうした社会関係の中で我々の人間関係の多くは成立しているのである。

そうした二重の関係性の世界を図示すると図表1のようになろう。

HLは、こうした文脈で捉えると「視界の相互性」の一般的定立に支配された生活世界を排除して、直接的な「視界の相互性」による〈われ―なんじ〉関係に回帰することによって、間主観的世界を生み出し、「感情移入」による「共感性」を可能にしていると考えられる。

では、どのようにしてHLでは、「視界の相互性」の一般的定立に支配された〈われ―それ〉関係の生活世界を排除して、直接的な「視界の相互性」による間主観的世界に回帰させることが可能なのか。HLの対話場面に仕組まれた簡単だが巧妙な仕掛けこそ、HLの真髄があるといえるのではなかろうか。それが「人間図書館」という名のHLの演劇的仮想空間である。では、次にその演劇的仮想空間の仕掛けについて考察してみよう。

第四節　演劇的仮想空間

ＨＬは、演劇的構造に似ていると言われるが、生きた人間を「本」に見立てて人生話を語らせ、聞き手を「読者」にして対話させるという対話の構造そのものが、そもそも演劇的仮想空間であると言える。[4]

・演劇的仮想空間の意味

演劇とは何か。日本の代表的な辞典である『広辞苑（第六版）』には、「生身の俳優が舞台上で、仕種や身振り、表情やセリフなどを用いて演技し、物語や人物などを観客に対して見せる芸術である。大抵は、作者（劇作家）がいて、筋書き（戯曲・台本）が書かれ、それにもとづき（俳優が稽古をし）俳優が舞台上で、言葉・動作・台詞などを用いて演じて表現する」と記されている。

この意味で言うと、役者が脚本に従って仕種と言葉で物語や人物を演じ観衆に見せる舞台芸術だということになる。したがって、演劇には、役者と脚本と観客の三要素が必要である。これをＨＬと比較すると、役者（生きた本）と観客（読者）、脚本（ブックリスト）ということになろうか。しかし、ＨＬのブックリストは、脚本と呼べるかどうか疑問であるし、読者も純粋な意味での観客ではない。

ブックリストは、読者が「生きた本」を選ぶためのリストであり、そこには、本のタイトル（カテゴリーを含む）と作者（生きた本の語り手）と、生きた本が語ろうとする内容を一〇〇字程度にまとめた簡単なあらすじがあるだけである。読者は、その「ブックリスト」を見て読みたい本を選び「生きた本」と対話する。

ＨＬでは、対話空間そのものが演劇空間であり「読者」も単なる観客ではない。「読者」役を演ずる役者の立場でもある。しかし、その役割は「生きた本」の語りに答える受動的な役柄しか期待されていない。それが「読者」としての演劇的役柄であり、語り手である「本」に対して、常に受け身的な立ち位置に置かれることになるが、その立ち位置がＨＬでは重要である。

演技する舞台は公共図書館という設定であり、そこで本を借りる「読者」という設定であるので、公共の本である「生きた本」を傷つけたり破ったりする行為は、禁止されている。対話に入る前にそうした注意を受けるが、読者の役回りとしての決まりごとはそれだけである。ある意味、これがＨＬの唯一の明確な約束事といってよい。

他方、「生きた本」役は、ブックリストに掲載したタイトルとあらすじにしたがって自分の人生話を語ることになるが、一〇〇字程度のあらすじには詳しい内容は書かれていない。ほとんどの場合、「生きた本」役は自分の人生話を即興的に語ることになる。もちろん、事前にメモを用意して自己物語を語ってもよい。

多くの場合、ＨＬは、トランスジェンダーや顔面に傷のある人など、社会の中でマイノリティとして生きている人々が「生きた本」役に選ばれることが多いので、社会の偏見と闘いながら生きている人たちが、その生きにくさの人生体験を自己開示する場として活用されている。ＨＬで読者は、世の中には自分とは違う多様な人生を生きている人たちが、身近にいることに気づかされる。

しかし、どんな人の自己物語も自分とは異なっているし、誰もがユニークでマイノリティの側面を持っているので、誰もが「生きた本」役になることができる。(5) じっくり聞けばだれの人生話もユニークで興味深いものであり、そのつど新しい出会いがあり、ナマの小説を読んでいるようなワクワク感にも出会える。

特に、社会的弱者にされることの多いマイノリティの人たちの人生は、マジョリティには見えにくい社会生活上の困難をマジョリティに囲まれた世界の中で数多く体験していることも事実である。マジョリティの社会の中での生きにくさの体験談は、ＨＬのような演劇的仮想空間の機会がないと語りにくいのも事実である。それゆえに、日々その権力を行使する社会的マジョリティから見過ごされたり、ラベリングされやすい社会的弱者や社会的マイノリティを「生きた本」にして、それらを理解するための場として、また彼らが日々無意識に行っている偏見に気づき、その偏見を低減させ、新しい関係性を再構築するために、このＨＬが有効に利用されることになる。

・二つの利点

では、演劇的仮想空間で自己物語を語ることの利点として何があるか。

一つ目は、日常の生活世界の権力関係の排除であり、「本」と「読者」の役柄の固定化である。

二つ目は、自己と役柄の間の「役割距離」(role distance) が生み出す心理的間隙である[6]。

まず第一の利点から考えてみよう。この演劇的仮想空間では、相互の役柄が決まっている。つまり、語るのは「生きた本」であり「読者」は聞き役である。この役柄の固定化は日常の生活場面とは逆転している。それは図表2のような認知空間になる(坪井、二〇一二)。

この演劇的仮想空間では対話(ドラマ)の進行の主導権は「本」

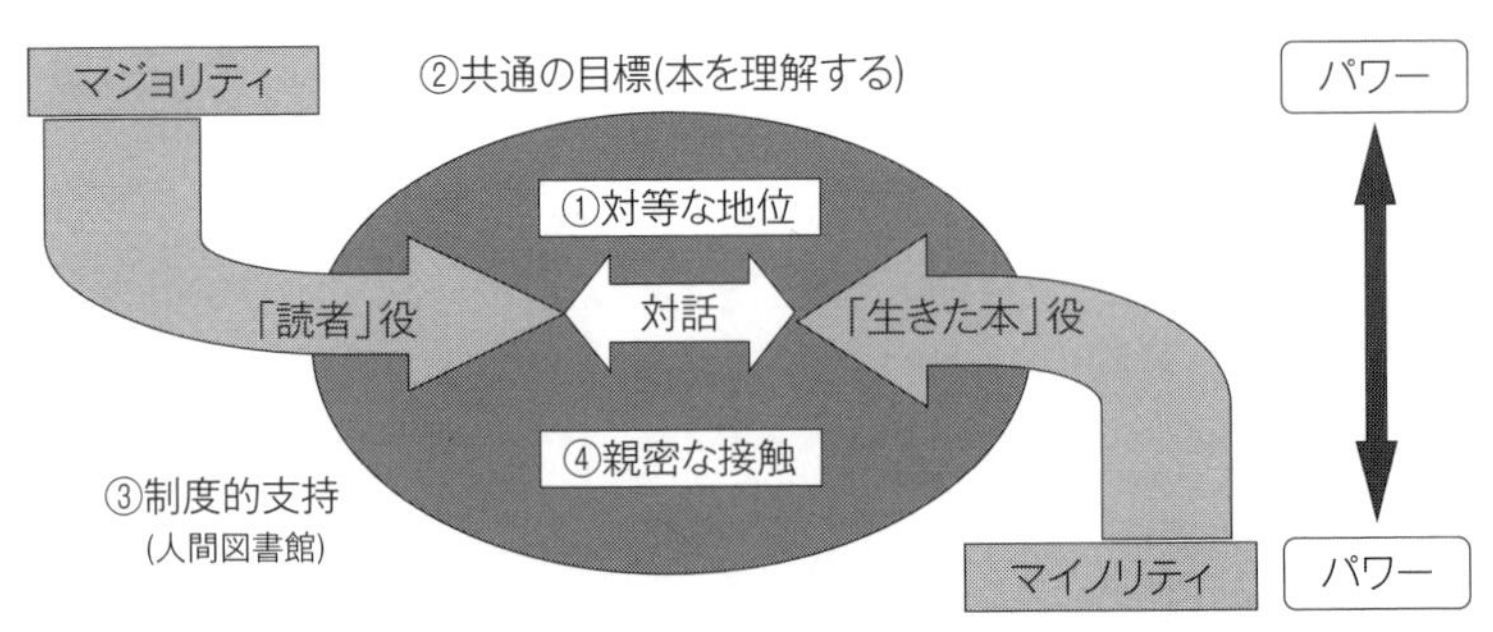

図表２　ＨＬ対話の認知空間

が握っている。日常のパワー関係では、「生きた本」役は、マイノリティとして弱者の立場に置かれることが多いが、ＨＬの演劇的仮想空間では、「生きた本」役は発話の主導権を持っている。日常の生活世界の権力関係とは逆である。従って、マジョリティ側の「読者」役が「生きた本」の語りを妨害したり、その中身に否定的反応はしにくい。

この演劇的仮想空間では、「読者」は本を読む役柄であり発話の主役ではない。個人的に「生きた本」の語りに異論があっても、それを積極的に主張する役柄ではない。対話の中で本の語りに応答することはあるが、役柄が固定されているので、対話（ドラマ）の展開の発話の主導権は本の側にある。「生きた本」役は日常生活場面とは異なり、自由に一方的に自己物語を語れる舞台になる。彼らがマイノリティであればあるほど、この立ち位置は、「生きた本」にとっては非日常的な貴重な役回りである。そこに「生きた本」役が、日常の生活世界では味わえない快感の根拠がある。

このように「生きた本」と「読者」の立ち位置、つまりパワー関係が、日常生活場面と逆転していることが、この演劇的仮想空間の第一の効果である。それが演劇的仮想空間であるがゆえに、この逆転したパワーの関係性は、「読者」にとっても「生きた本」にとっても受け入れやすい空間になる。

第二の利点は、「生きた」本としての語り手と「読者」としての聞き手の双方に、自己と役割演技の間に「役割距離」としての心理的隙間が生まれることに由来する。

演劇を教育に活用しているニーランズ（Neelands, J.）は、演劇の要素の中で役柄を演ずることは「別の人やものになることを意味します。役柄を演じているとき私たちは、別人の感情を感じ、別人の視点からものを見て、行動し、そして判断します」（渡部、二〇〇九）と述べているが、ＨＬが演劇的仮想空間を持っていることの意味は、「本」と「読者」が、それぞれ自己自身から遊離した別人になれることに大きな意味がある。

双方とも役割演技者として演劇的仮想空間に置かれるので、聞き手の「読者」は本心としては反論や異論があっても、役割演技者である「読者」の立場、つまり自分とは別人の立場に置かれることによって、本来の自己の心理的制御が容易になる。つまり「本来の自分ではない、仮の立場」として自らを仮置きすることができる。

他方、語り手は「生きた本」役の役割演技として自己物語を語っているのであるが、こちらも自己防衛の心理から離れ、役割演技者としての「本」の立場、つまり別人として、本来の自己から距離を置いて自己物語を対象化して語ることができる。つまり、自己自身ではなく「本」の役柄に自己を託すことで心理的負担を軽くできる。つまり、本来の自己との間の「役割距離」ができ、役柄に仮託することで語りやすくなる効果が生まれる。

「役割距離」というこの微妙な自己と役割と心理的隙間は、実際にはほとんど当事者には意識されていないと思われるが、生きた本には心のゆとりを生み、自己開示を容易にする効果が生まれる。もちろん、こうした自己物語の語りには、自己隠蔽も含まれるが、通常場面より心理的防衛機制が弱まり、「生きた本」役に仮託することで自己開示しやすくなると考えられる。

聞き手の「読者」も同様である。聞き手本来の心理的抵抗感を抑制し、「読者」役に仮託することで、本の語りを素直に受容しやすくなる効果を生み出していると考えられる。つまり「読者」には、「生きた本」の語りの内容が、「読者」の先有知識や事前イメージと違っていても、聞き手としての「読者」は自己の態度を一旦保留して、受容する態度がとりやすくなる。

これは現象学で言う「エポケー」(epoché、判断停止)であるが、役柄としての「読者」は、HLの演劇的仮想空間に置かれると、役割距離によって自己の事前の態度を「判断停止」(エポケー)[7]の状態に置きやすくなると考えられる。

ＨＬの対話が他者理解を促進させる効果は、自己の先有傾向をいったんカッコに入れて、自己の心を「判断停止」状態に置くことが前提であるが、それが可能になる背景には、この演劇的仮想空間における「役割距離」があるからということができる。

ＨＬでは、先ほども述べたようにトランスジェンダーの人や顔面に傷のある人などのマイノリティの人が「生きた本」役として多く選ばれ、生きにくさの人生体験を赤裸々に自己開示することが多い。自己の生きにくさの内面的体験を未知の他人である「読者」にすることは、本来大変勇気がいることであるし、どんな否定的な反応が返ってくるか、大いに気になるところである。

具体的に言えば、トランスジェンダーの人が「生きた本」になった時、読者から不用意に「生きた本」を傷つけるような言葉や反応を投げかけるのではないかという危惧がある。これは誰もが危惧することであり、傷つきやすい障害者や生きにくさを抱えたマイノリティが、見ず知らずの一般人の「読者」に対して、不用意に自己開示することの危うさは主催者としても常に気に掛けることであり、そのための事前の予防策はいろいろ考えられてきた。

例えば、読者には事前に「本を傷つけない」という同意書を書かせるというのも一つであり、ＨＬ入館の際には匿名は認めず、実名登録を義務づけること。対話空間では、タイムキーパーを兼ねて、司書を監視役に配置していつでも介入できるようにすることもある(8)。

しかし、これまでの一〇年近い歳月の間、各地で何十回となく開催された幾多のＨＬで、こうした心ない読者の反応にあったという「生きた本」からの訴えも主催者からの報告も、筆者は見聞きしたことがない。

もちろん、こうした対話空間の外にいる第三者から偏見や差別を助長するのではないかと指摘されることはよくある。それはあくまでも第三者視点であり当事者ではない。この違いは重要である。

第三者には偏見に満ち差別的に見えながら、当事者には真逆の効果をもたらす。それがこのイベントの醍醐味である。極論すれば、HLは人々が偏見を抱いていることを前提としたイベントとして成立している。それゆえにこのイベントが面白く参加への敷居の低さを演出しているが、実際に体験した読者は、意図せざる結果として自らの無知や偏見に気づくという効果を生み出している（読者効果については第四章参照のこと）。

第三者視点による指摘と当事者の体験的事実のこの乖離が、「客観的事実」と「間主観的事実」の意味の乖離でもあり、このイベントの最大の特徴にもなっている。

つまり、一見マイノリティを傷つける危うい見世物小屋のイベントのように見えながら、実際の対話場面でこうしたトラブルが生じていないし、真逆の結果、相互理解を促進するという事実は、HLという演劇的仮想空間に内在する巧妙な仕掛けに由来する。

HLが設定する構造は、非常にシンプルであり単純な仕組みである。以上のように演劇的仮想空間がもたらす「日常的権力関係の排除」と「役割距離による心理的隙間」による心理的効果は、我々が考えるよりもはるかに大きな効果を生み出す構造設定になっていることがわかる。

つまり、HLの対話空間は、演劇的仮想空間であり、日常的な権力関係を排除して役柄として役割演技することで、双方に本来の自己と適度な役割距離を生み出している。その役割距離が、本と読者それぞれに心理的隙間を生み出し自己開示を容易にする心理的効果を生み出している。

第五節　HL対話空間とパーソナル・スペース

演劇的仮想空間がもたらす効果はそれだけではない。「生きた本」と「読者」の親密な読書空間そのものが視界の相互性の体験的事実に基づく「間主観的世界」の生成を強化している。

HLの対話空間の構築は、多くの場合「生きた本」一人（冊）に対して、「読者」は一人または三人程度までの少人数の対話空間に限っている。少人数の対話空間が醸し出す親密な空間的雰囲気を特に大切にしている。

つまり、HLはパーソナルな対話空間での語りを重視し、講演会のようなパブリックな空間での語りを排除して成り立っている。そのためにあたかも親しい友人に打ち明け話でもするような対話空間での語りの場面を演出している。

特に、一対一の個人的空間での自己開示は「秘密」の開示に優れた効果をもつと言われる。ジンメル（Georg Simmel）は、二人関係は三人以上の関係とは決定的に異なる性質を持つという。それはあくまでも二人の人格に依存した統一体であり、彼らを超えた超個人的統一体にならない。従って二人関係は「秘密」に最もふさわしい場所である（ジンメル、一九七二）。

それゆえ、「生きた本」の自己開示には、二人関係が最も優れた対話空間であると言えるが、現実には多くの読者の満足を満たすために、二人関係に限定せず三人関係、四人関係などの少人数関係を許容することが多い。しかしそれを越えた大人数の対話空間をHLは許容しないのが一般的である。それはパーソナル・スペースの効果を重視するからである（読者数の効果は第四章参照のこと）。

パーソナル・スペースとは、他者との相互交渉が大部分その中で起こるような、直接個人を取り巻いている領域であり、アメリカの心理学者リトル（little）は、パーソナル・スペース（personal space）を次のように定義している。「パーソナル・スペースとは、他者との相互交渉が大部分その中で起こるような、直接個人を取り巻いている領域である。そして、相手との心理的距離（好意や馴染みの程度）が小さければ、対人場面で相手との間に置かれる物理的距離も小さくなるのである。パーソナル・スペースは一連の変動する同心球であり、その一つ一つが特定のタイプの対人関係の際に利用されている」（リトル、一九六五）。

・ホールの個体距離

ホール（Edward Hall）によれば、人は体を取り巻いている泡のような距離帯を持ち歩いており、他人との心理的距離に応じてこの泡の大きさを変化させているという（ホール、一九六六）。相手との心理的距離（好意や馴染みの程度）が小さければ、対人場面で相手との間に置かれている物理的距離も小さくなる（渋谷、一九九〇）。

ホールは人間を社会環境の中で観察すると、対人距離は四つに分けられるという。親密距離、個体距離、社会距離、公衆距離の四つであるが、それぞれに遠近の相があるという。そして、人々がそのとき互いにどんな気持ちを抱き合っているかが、用いられる距離を決めるのに決定的な要素だという（ホール、一九六六）。ちなみに、HLの対話空間は、ほぼホールのいう「個体距離」の遠方相（2.5～4フィート：76㎝～1.4ｍ）の距離になる。これは「人を『腕の長さ』のところに居させる」距離である。この距離は「個人的な関心や関係を論議することができる」距離である。相手の表情を正しく読み取れるのもこの距離であり、極めて親しい人同士だけが使う距離である。これより遠い「社会的距離」（近接相、1.4ｍ～2.1ｍ）は、個人的でない要件が行われる距離だと言われる。一緒に働く人々が用いる距離であり、秘書や応接係と話す時の距離であるという。したがって、パーソナルな自己開示には、本来この距離はあまり適切ではないということになる。

ＨＬは、こうした対人距離のパーソナル・スペースの効果を上手に使って、対話空間を構築しているといえよう。二者間の物理的距離を小さくし、相互の親密さを生み出す距離をつくりだし、心理的距離の近さを演出しているのがＨＬである。

パーソナル・スペースの研究によると、一般に障害者とのコミュニケーション距離は一般の人のそれに比べて大きくなる傾向があるという。つまり、一般の人は障害者との接触をなるべく避けようとしている傾向があるという。無意識のこうした行動は障害を持つ人には、一般の人との心理的距離を遠ざけることになる（渋谷、一九九〇）。

ＨＬは、障害者や偏見の目で見られることの多い人が「生きた本」になることが多い。それは対人距離を遠ざけられる機会の多いこうしたマイノリティの人が、ＨＬの親密な対話空間に置かれることになり、それ自体、日常場面とは異なる語りやすいパーソナルな対話空間に入ることになり、未知の他人にもかかわらず、親しい友人に語るように自己開示がしやすくなる効果を生み出すのに貢献していることになろう。

実際に、五～一〇人程度の他者を相手に対話する場合と一～三人を相手に対話する場合では、語り手の意識は全く異なってくる。「読者」の数は「生きた本」の語りに与える心理的圧力の大きさを規定する要因である。人数が多くなれば「読者」から受ける視線は、「生きた本」には心理的圧迫となり、親しい友人に語るようには気軽に語れなくなる。逆に少人数では、読者の視線による心理的圧迫が小さく、友人に個人的に語るような親しい対話が可能になる。そうした効果は「社会的インパクト理論」（social impact theory）からもうなずける。(9)

こうしたパーソナル・スペースの研究からも、ＨＬ対話空間の設定が、敢えて少人数にこだわり、対話空間の物理的距離の近接効果を上手に使っていることがわかるであろう。

第六節　現代人の魂の救済として

これまで、筆者はブーバーの〈われ―なんじ〉の根源語と絡めてＨＬを論じ、「視界の相互性」による根源的社会の成立と、その「視界の相互性」の一般的定立によって生まれるもう一つの根源語〈われ―それ〉関係が支配する世界から、根源語〈われ―なんじ〉関係へ回帰を可能にするＨＬの巧妙な仕掛けについて、演劇的仮想空間が持つ潜在的機能と対話空間のパーソナル・スペースの持つ心理的効果について語ってきた。〈われ―それ〉関係に支配された今日の生活世界は、社会の産業化によって生み出された日常の世界でもある。ここでは〈われ―なんじ〉関係への回帰を目指すＨＬの今日的意義について歴史的背景と絡めて考えてみたい。

・ゲゼルシャフト化された社会

親密な対人関係を短時間で可能にするＨＬの現代的意義を考えるにあたって、社会の近代化が生み出した人間関係の変化について注目してみたい。一九世紀から二〇世紀初頭にかけてドイツで活躍した社会学者テンニース（Ferdinand Tennies）は、人間結合の意思を二種類に区別し、そうした意思の違いに基づいた社会関係をゲマインシャフト（Gemeinschaft、共同社会）とゲゼルシャフト（Gesellschaft、利益社会）という二つの社会類型として示しているが、これはブーバーの〈われ―なんじ〉と〈われ―それ〉の根源語の捉え方と共通する社会的事実を背景にして論じていると言える。

ブーバーは関係性の違いに注目したが、テンニースは関係性の違いを契機として生まれる社会類型に注目する。従って、近代社会の生活世界はテンニースのいう二つの社会類型に対応させて考えると理解しやすい（テンニース、一九五七）。

テンニースの二つの社会類型は、人間結合の在り方を二種類に区別する。一つは本質意思（Wessenwille）に基づく社会類型ゲマインシャフトであり、もう一つは選択意思（Kürwille）に基づく社会類型ゲゼルシャフトである。前者は人間に本質的に備わっている結合形式であり有機的な生命を持つ存在である。全人格的な感情でお互いに融合し、母と子のような親密な相互の愛情と了解のもとに運命を共にする関係によって結ばれている。表面的には分離しているように見えても本質的には結合している有機的な生命体を思わせる関係である。具体的な例としては、血縁に基づく家族、地縁に基づく村落、友情に基づく都市などがあげられる。ゲマインシャフトは、ブーバーの根源語〈われ―なんじ〉に相当する関係性を基礎にした社会類型であると言える。

それに対して後者のゲゼルシャフトは個人が互いに自己の目的達成のために、相手を利用する関係であり、人工的機械的形成物である。そこでは利害や打算に従って行動し他人のために何かすることはない。表面的にいかに親密に振る舞おうと緊張状態に置かれ、結合にかかわらず本質的には分離している関係である。ゲゼルシャフトにおいて欠くことのできない唯一の動機は「利益」である。その具体的な例として、大都市、国民、世界などがあげられるが、テンニースは「うそはゲゼルシャフトの基礎である」とし、後者に基づく社会の人間関係を「擬制の世界」として非難している（テンニース、一九五七）。ゲゼルシャフトは、ブーバーの根源語〈われ―それ〉に相当する関係性を基礎とした社会類型であるといえよう。

テンニースは、この二つの社会類型は同時代に併存しているばかりでなく、歴史的に前者が優位な時代から後者が優位な時代へと移行していくと論じていた。それは個人主義的な資本主義によって、伝統的な共同体が崩壊しつつあるヨーロッパ社会を背景にしているが、産業社会の進展で人間関係と社会の仕組みが大きく変化する様を社会学者の視点から分析したのである（テンニース、一九五七）。

テンニースは、大都市のゲゼルシャフト化した状態は「疎外の極み」「倒錯した世界」「搾取する者とされる者の両極分解」などと述べ、庶民大衆を破滅させてしまうと否定的に論じている。一九世紀西欧の資本主義生産体制における疎外された社会関係の危機について、マルクスは革命による共産主義社会の実現に期待を寄せていたが、テンニースは革命より、ゲノッセンシャフト（Genossenschaft：共同組合）に下からの改革として期待を寄せていたといわれる（新睦人他、一九七四）。

それに対してブーバーは革命や社会改革より、宗教による〈われ―なんじ〉への回帰に期待したようである。彼は、神を「永遠のなんじ」と呼び、神との永遠の関係性に〈われ〉の魂の救済のチャンスを求めていた[10]。しかし、HLは、社会改革でもなく宗教による救済でもないユニークな方法で、〈われ―なんじ〉関係への回帰を可能にしたと解釈することもできる。

HLは啓蒙主義の洗礼を受けた北欧デンマークの若者によって始められたが、そもそもHLの非宗教的方法に意味があったのかもしれない。HLが非宗教的方法による魂の救済であり、関係性の再構築を可能にする方法である故に、ヨーロッパ諸国を始め世界各国に急速に普及したとも考えられる。

• HLと魂の救済の試み

因みに、HL以外の魂の救済、人間関係の再構築を目指した試みは、これまで皆無だったわけではない。先程述べたように宗教には信者の魂を救う儀式は昔からあった。それはキリスト教にも仏教にもみられる。例えば、カソリックでは神父の前で信者が行う「懺悔」や「告白」の儀式がそれであり、仏教では僧侶の説教を聞く「法座」は新興宗教では信者相互の自己開示の場としても利用される。

非宗教的試みでは、疑似的関係を取り結ぶことで、心の病や関係性の改善を目指したカウンセリング、人間関係トレーニング、自己啓発セミナーでの自己開示の体験がそれにあたる。[11]その他に薬物依存症からの回復を目指す自助団体「ダルク」[12]、精神障害者の自助団体「べてるの家」[13]に代表される各種患者会の「セルフ・ヘルプグループ」は、そうした自己と他者の人間関係改善の機会になっている。

では、これらの試みと、ＨＬの違いは何か。ＨＬは、

一、原則無料で参加可能。特別な訓練を必要とせず「原則無料」で自己開示可能な場を用意していること。これが公的なカウンセリング機関や民間の自己啓発セミナーへの参加とは異なっている。これらへの参加は病の治療であったり、自己啓発が目的とはいえ参加は有料であり、ＨＬのように無料で誰でも参加できるわけではない。

二、誰でも無条件で参加可能。三〇分程度で「不特定の人々」と親密な交流が可能であること。これが各種患者団体のセルフ・ヘルプグループと異なる。こうした団体は基本的には同じ病の患者を対象にしているので、不特定の他者に開放されている訳ではない。

三、共通の信仰や宗教なしに参加可能。「非宗教的方法」で誰でも〈われ―なんじ〉の関係に入れること。これが宗教集団と異なる点である。宗教集団は同じ信者仲間であることが前提であるが、ＨＬは「生きた本」と「読者」の関係のほかに何の関係性や信仰も求めない。

ＨＬは、何の前提条件も必要なく、誰でも無料で簡単に参加できる対話イベントである。それが自己と他者の心と心を直接的に結び付け相互理解を深め人格的交流を可能にしている。それ故に、社会的マジョリティとマイノリティの壁を低くして、見ず知らずの多様な人々を結び付け、偏見を低減し異文化（他者）理解を促進して多文化共生社会の実現に資するイベントとして重宝されることになる。

HLは、現代人の疎外された日常の社会関係から、何の事前準備も団体加入も必要とせず、無料で根源語〈われ—なんじ〉関係を体験でき、未知の他人と瞬間的に人格的関係性を取り結ぶことが可能であるために、参加者にとっては敷居の低い「魂の救済」の場になっていると思われる。但し、宗教のような永続性はないので「束の間の心のオアシス」である。従って、我々のHL参加者への質問紙調査でもまた参加したいという感想が圧倒的に多い。読者参加者の一〇〇％が「また参加したい」と回答し、「生きた本」参加者も一〇〇％が「また参加したい」と回答している（詳細は第四章参照のこと）。

HLが現代人の束の間ではあるが、貴重な「魂の救済」の場、「心のオアシス」になっていることを示しているともいえる。[14]

第七節　おわりに

これまでHLの対話の可能性を、ブーバーがいう〈われ—なんじ〉の人格的関係への回復の可能性と絡めて考察してきた。HLの対話空間には、本質的な社会の成立根拠である「視界の相互性」が成立していること。そこに感情移入による間主観性の世界が生まれ、新たな関係性、本質意思に基づくゲマインシャフトが成立していること。さらに対話の世界は、一対一、一対三程度の少人数に限定された対話空間であり、それは親密な対人関係を生み出すのに効果的な「パーソナル・スペース」であること。それが相互の親密性を高めていると言えるが、さらに自己開示による人格的関係性を可能にするもう一つの仕掛けは、演劇的仮想空間の効果である。「本」と「読者」の仮想空間がパワー関係の逆転と役割距離を生んでいる。それが人格的な対話を可能にする関係性をゆるぎないものにしているとみなすことができる。

ＨＬは、直接的には「生きた本」のカテゴリーへの偏見を低減し、多様性に寛容な心を育てる試みとして実践されてきたが、これまでの考察で見えてきたことは、ＨＬの対話が生み出しているものは、自己と他者の関係性、人間関係の再構築としての可能性として捉えることができる。ＨＬが異文化間能力を育成する側面については、筆者は別の機会に論じた（坪井、二〇一七）。

現代社会における人間存在（実存）の問題は、近代的世界に生きる人々の生きる意味をめぐる哲学的問題である。ＨＬはこの問題にシンプルな方法で具体的に光を当てた実践でもある。ここでは対話の哲学や社会学者らの既存研究に言及しながら分析的考察を行ってきたが、それはＨＬが持っている潜在的可能性の一部分である。

これまで考察してきた事柄を見ただけでもＨＬの実践的可能性は、人間存在（実存）の根源的意義を問い直し、現代社会に生きる人々の心のバリアを溶かし、多様性に寛容な心を育て、生きる希望を与え、対人関係の関係性の再構築を可能にする豊穣なイベントであることがわかる。

特に、こうした試みがわずか三〇分という限られた時間の中で達成されること。宗教的信仰や高邁な理論や何の予備知識も必要とせず、そして複雑な仕掛けや組織も前提とせずに、誰でも簡単に実践することが可能なこと。それらがこの取り組みの最大の利点でもある。

この小論では、対話的世界に焦点を当てて論じてきたので、語り手である「生きた本」効果に特化した考察はできなかった。筆者はＨＬの最大の効果は、語り手である「生きた本」自身に対する効果だと思っている。別の機会にナラティブ・セラピー効果について若干論じたが、本格的なナラティブ・アプローチからの考察はまだ十分ではない（坪井、二〇一四）。こうしたアプローチから見るとまた新たな意味が見えてくるだろう。ＨＬの可能性はまだまだ未知の部分が多いのである。今後の研究にゆだねたいと思う。

最後に、HLの対話場面で参加者が感じた生の声のいくつかを紹介してこの小論を終えたい。

- 「これほど親密に話せると思っていなかったので驚きました。楽しかった」（二〇一六．一〇．二）
- 「はじめての参加でしたが、すぐに話しかけてもらえて不安が消えました」（二〇一六．四．一六）
- 「自分も常に向き合っている事柄だったので、とても共感しました」（二〇一六．三．二七）
- 「本に直接ふれて心の通い合いができたと思うのでよかったと思う」（二〇一六．三．一八）
- 「自分の振り返りにもなってよかったです」（二〇一六．一二．一九）
- 「その人個人の事情も含めた生のお話を聞けたことがやはりよかったです」（二〇一五．一〇．一一）
- 「直に話を聞くことで異文化の人たちへの見方も変わり、自分と変わらないと思うことができました」（二〇一五．一〇．一一）
- 「もっと話を聞きたい、対話したいと思いました」（二〇一一．九．一一）

【注】

（1）HL実践活動の急速な普及にもかかわらず、研究的アプローチは必ずしも進んでいない。豪州では、本著にも寄稿頂いているが、民族的多様性を背景にした、偏見の低減とコミュニティの再構築の意義について論じている研究が若干報告されている。

わが国では、二〇一一年六月に開催された本学会大会の公開シンポジウム「偏見の形成メカニズムと低減のための教育」で、脱カテゴリー化と絡めたHL実践報告（工藤和宏ほか）があった。図書館からのアプローチとしては、二〇一一年に富山市立図書館の研究報告として、小林優香が「HLの取り組みと公共図書館」を発表しているが、これらが最初の取り組みになるであろう。その後、二〇一二年に駒澤大学坪井ゼミが『HL事始め』（人間の科学社）を刊行したが、HL関連書籍としてはこれが最初のものであるが、これは開催案内書というべき性格の書物である。同じく二〇一二年異文化間教育学会企画の加賀美・横田・坪井・工藤編著『多文化社会の偏見・差別』（明石書店）の中で三章に分けて、ＨＬの国内外の取り組みを紹介している。学会大会での発表では、二〇一二年本学会で坪井が「ＨＬの可能性を探る」と題してＨＬの効果について個人発表している。

論文としては、同年、工藤和宏は『獨協大学英語研究』七一号に「多様性とともに生きる：『ＨＬ』の運営を通した『社会人基礎力』成長の物語」を発表している。二〇一三年一月には、南浦涼介・岸本憲一良・岡村吉永らが「学生の自発的研修活動に関する基礎的調査(1)」を『山口大学教育学部教育実践総合センター研究紀要』第三三号に発表し、ＨＬの可能性に言及している。二〇一四年六月には、坪井は「ＨＬの可能性を探る」という論文を、松本・高橋編『社会・人口・介護から見た世界と日本』時潮社刊に掲載している。その後、二〇一四年一〇月には、『名古屋大学国際交流センター紀要』創刊号で渡部留美が「ＨＬ実践報告」を発表している。同年一二月には『長崎外大論叢』一八号に宮崎聖乃が「多文化共生社会を目指す取り組みとしてのＨＬ」を発表している。二〇一五年には、齋藤眞宏が「朝鮮学校高等部生徒とのＨＬからの教職学生の気づき」を『明治学院大学社会学・社会福祉学研究』一四四号に発表している。

異文化間教育学会大会での個人発表も、宮崎聖乃が二〇一五年に「ＨＬ実践報告」、二〇一六年に「ＨＬの可能性」を個人発表し、山下美樹も同年に「ゼミプロジェクトとしての『ＨＬ』実践の振り返り」と題する報告を行っている。その他では、公共図書館での開催報告として、小原亜実子が『図書館雑誌』二〇一六年七月号に「『生きている本』から学ぶＨＬ」という実践報告をしている。

このように近年は、少しずつＨＬの可能性に注目する人が多くなり、実践的アプローチだけでなく研究的アプローチが見られるようになった。

二〇一六年一〇月には、「ＨＬ研究大会二〇一六」が初めて開催され、坪井・横田・工藤の共同研究の中間報告と共に、各地でＨＬに取り組んできた一一名によるポスター発表が行われた。二〇一七年の異文化間教育学会大会では、ＨＬ関連の個人発表が八件あり、さらに同年一〇月には、ＨＬの実践と研究の交流を目指した新たな全国規模の団体、日本ＨＬ学会が設立された。本著の出版も含めて、ＨＬ研究は新たなステージに立ったといえよう。

（2）「理念型」（Idealtypus）は、M・ウエーバー（M.Weber）の社会科学方法論の一つである。科学的概念は、経験的所与の無前提的模写によっては得られず、多様な経験的所与を価値関与的に選択し矛盾のない論理的世界として再構成したものが科学的概念であるとする方法論である。本論におけるHLの分析もこうした観点からの考察であることに留意されたい。

（3）HLの「生きた本」役を社会的マイノリティや生きにくさを抱えた人生経験の語りを前提としない場合は、共感を妨げ関係性の再構築の障壁になる場合がある。デンマークで開始された当初のHLは、社会的マイノリティとマジョリティの関係性の再構築を目指す目的で開始されており、そうした観点から逸脱するHLは、従来の偏見の低減や異文化理解などとは、別の意味付けが必要であるかもしれない。

（4）HLが演劇的仮想空間であり、その演劇的装置が、教育におけるドラマ技法と共通する点があることを指摘してくれたのは、獲得型教育研究会でドラマ技法を主導している渡部淳氏である。また、こうした演劇的装置による「本」と「読者」の役割関係が、相互の現実的パワー関係を弱める潜在的機能も果たしていると思われる。

（5）筆者は、基本的には、HLにおいてマイノリティを必ずしも実態概念として捉えていない。したがって、マイノリティとマジョリティの関係も立場を変えれば誰もがマジョリティにもマイノリティにもなりうると柔軟に解釈することは可能である。また、マジョリティはマイノリティの集まりであるとも言える。

例えば、薬物依存症の人をマイノリティの「生きた本」として捉えれば、それ以外のLGBTや障がい者の人はマジョリティ側の「読者」になれるし、LGBTの人をマイノリティの「生きた本」として捉えれば、それ以外の薬物依存症の人や障がい者はマジョリティとして「読者」になる。同様に、成功した実業家も、生きにくさの人生経験を語る場面ではマイノリティとして「生きた本」になることは可能である。筆者も市民団体主催のHLで「生きた本」役になったことがある。しかし、通常の生きにくさを抱えた人、偏見を持たれやすい人たちの理解を目的に開催するHLでは、多くの場合、障害者などの社会的マイノリティが「生きた本」に選ばれることが多い。

（6）「役割距離」（role distance）は、自己の客観的役割と自己の内面的欲求との間の心理的距離をいう場合と役割期待が実際の役割行動とちぐはぐになる場合を指す場合があるが、ここでは前者の意味での役割距離、つまり役割と自己との乖離という意味で使用している。ゴッフマン（A. Goffman）が自己と演技の考察の中で使用した。

（7）「エポケー」（epochē：判断停止）とは、フッサールの現象学で使用された用語であり、世界の自然命題を「カッコに入れる」ことを意味する。すなわち世界の外的現実についての信念をカッコに入れることである。ここでは、「生きた本」への自己の予断を廃し、あるがままに受け入れることを意味する。

（8）日本で実施されているHLのシステムの多くは、日本最初のHLを実施した東大中邑研究室の発想に負うところが多い。同意書の要求やタイムキーパーを置くこともデンマークのHL本部のシステムにはない。東大中邑研究室による実施方法である。詳細は本書の第一章第一節を参照のこと。

（9）「社会的インパクト理論」（social impact theory）は、ラタネが提唱した理論であり、他者が個人に及ぼす社会的インパクトは、影響源の強度、影響の直接性、個体の数によって規定されるという。ラタネ、一九八一、安藤他、一九九五を参照。

（10）ブーバーは、「それぞれの個々の〈なんじ〉は、永遠の汝へのかいま見の窓にすぎない」（九三頁）と述べている。永遠の汝とは神のことである。

（11）カウンセリングは、心に病を抱える人々の治療を目的にしているが、「人間関係トレーニング」は、治療に至らない健常者の人間関係改善を目的にしたものである。感受性訓練、T-グループ、グループ・エンカウンターなどを含むが、いずれも人間関係技法の訓練として始まった集中的グループ経験をベースとした自己啓発訓練である。そうした手法を商品化したものが、「自己啓発セミナー」であるが、自己啓発セミナーも基本的には同じカテゴリーに属す。ロジャース、一九七〇、津村・山口、二〇〇五を参照。

（12）「ダルク」とは、薬物依存症からの回復と社会復帰を目的とする日本の民間施設で全国に拠点がある。名称はdrug addiction rehabilitation center の頭文字からとっている。ミーティングと呼ばれるグループ・セラピー（集団療法）やレクリエーションなどを通して、薬物依存からの回復を図る活動をしている。

（13）「浦河べてるの家」は、北海道浦河町にある精神障害等をかかえた当事者の地域活動拠点である。そこで暮らす当事者たちにとっては、生活共同体、働く場としての共同体、ケアの共同体という三つの性格を有し、「三度の飯より会議」を合い言葉にしておりメンバー同士で集まり、病気や共同生活のことについて会議をしている。当事者研究が盛んで、自分の病気にオリジナルの病名をつけて毎日の経過をまとめ、報告することが定例化している。当事者の社会参加を支える充実した支援プログラムなど、先進的な取り組みがなされており、世界中から研究者らの見学者が訪れている。先のダルクを含めて、これらは「セルフ・ヘルプグループ」活動の一環である。

（14）この調査は、二〇一五年一一月開催「明治大学ＨＬ」から二〇一七年五月開催の「第二回ＨＬ@円覚寺」までの参加者に尋ねた調査の結果である。読者アンケート結果の「また参加したい」（九七・〇％）の内訳は、「ぜひ参加したい」（九〇・〇％）と「少し参加したい」（九・七％）の合計である。「生きた本」の方へのアンケートによると、「また参加したい」（一〇〇パーセント）であり、内訳は「そう思う」（八四・三％）、「少し思う」（一五・七％）である。第四章及び関連資料の出所を参照のこと。

〈関連資料の出所〉ここで使用したＨＬのアンケート結果・体験レポート等は、以下のイベントの結果である。二〇一一年二月以降の坪井ゼミ各年度報告書のほか、二〇一三年一一月一八日実施「国士舘大学横須賀ゼミ・ＨＬ」（横須賀ゼミ主催）。二〇一三年一一月二二日実施「明治大学ＨＬ」（明治大学横田ゼミ主催）。二〇一五年一二月五日実施「横浜中央図書館ＨＬ」（横浜市立中央図書館主催）。二〇一五年一二月一九日実施「ＨＬ@立川」（立川市社会福祉協議会主催）。二〇一六年三月一八日実施「ＨＬ in 奥沢」（玉川地域社会福祉協議会主催）。二〇一六年三月二七日実施「ＨＬ@円覚寺」（清田美香氏主催）。二〇一六年四月八日実施「生きている図書館第九章」（ブックオフ・りーふぐりーん主催）。二〇一六年一〇月一日実施「第二回せたがやＨＬ」（駒澤大学坪井ゼミ主催）。二〇一六年一〇月二三日実施「生きている図書館第一〇章」。二〇一六年一一月二七日実施「明治大学ＨＬ」。二〇一六年一二月四日実施「東京学芸大学ＨＬ」。二〇一七年一月二一日実施「インターカルト日本語学校ＨＬ」。二〇一七年四月二二日実施「生きている図書館第一一章」。二〇一七年五月三日実施「第二回ＨＬ＠円覚寺」。いずれも主催者の許可を得て利用させていただいています。

※　本研究は、JSPS科研費JP15K13212の助成を受けたものです。

【引用参考文献】

Buber, M.（1923）*Ich und Du*（マルティン・ブーバー、植田重雄（一九七三）『我と汝・対話』岩波文庫）

Schuz, A. und Luckman,T. (2003) *Structuren der Lebenswelt*（アルフレッド・シュッツ、トーマス・ルックマン、那須壽（監訳）『生活世界の構造』筑摩書房）

Husserl, E., *Zur Phanomenologie der Intesubjektivetat*, Texte aus dem Nachlass, Erster Teil:1905-1920, Husserliana band XIII; Zweiter Teil: 1921-1928, Husserliana band XIV;Dritter Teil: 1929-1935, Husserliana band XV（フッサール、浜渦辰二・山口一郎（二〇一二）『間主観性の現象学Ⅱ　その展開』ちくま学芸文庫）

Tönnies, F. (1887) *Gemeinschaft und Gesellschaft*（テンニース、杉之原寿一（一九五七）『ゲマインシャフトとゲゼルシャフト』岩波文庫）

Putnam, P. D.（2000）*Bowling alone*（パットナム（二〇〇六）柴内康文、『孤独なボーリング――米国コミュニティの崩壊と再生』柏書房）

Little, K. B.（1965）Personal space, *Journal of Experimental Social Psychology*, 23.

Latane, B.（1981）The psychology of social impact, *American Psycologist*, 36, 343-356.

Hall, E.（1966）*The Hidden Dimension*（ホール、日高敏隆・佐藤信行（訳）（一九七〇）『かくれた次元』みすず書房）

Littele, K. B.（1965）Personal space. *Journal of Experimental Social Psycology*, 1, 237-247.

Schutz, A. (1953) *On Phenomenology and Social Relations*. Edited by Helmut R. Wagner (森川眞規雄・浜日出夫(一九八〇)『現象学的社会学』紀伊國屋出版）

Rogers, C.（1970）*CARL ROGERS ON ENCOUNTER GROUP*（カール・ロジャース、畠瀬稔・畠瀬直子（訳）（一九八二）

『エンカウンター・グループ――人間信頼の原点を求めて』創元社.）
Georg Simmel（1858-1918）*Sociologie*（G・ジンメル、堀喜望・居安正（訳）（一九七二）『集団の社会学』ミネルヴァ書房.）
新睦人・大村英昭・宝月誠・中野正大・中野秀一郎（一九七四）『社会学のあゆみ』有斐閣新書.
浅野智彦（二〇〇一）『自己への物語論的接近――家族療法から社会学へ』勁草書房.
石田三千雄（二〇〇七）『フッサール相互主観性の研究』ナカニシヤ出版.
柿田睦夫（一九九九）『自己啓発セミナー』新日本新書.
鯨岡峻（二〇〇六）『人がひとをわかるということ――間主観性と相互主体性』ミネルヴァ書房.
蔵内数太（一九三五）「個人と社会――リットよりリットへ」、東京社会学研究会『社会学研究』第一輯、良書普及会.
蔵内数太（一九六二）『社会学』培風館.
國分康孝・片野智治（二〇〇一）『構成的グループ・エンカウンターの原理と進め方』誠信書房.
國分康孝（一九八一）『エンカウンター』誠信書房.
駒澤大学文学部社会学科坪井ゼミ二六期生一同（二〇一一）『共同研究 リビングライブラリーの可能性を探る――実践報告：第一回「生きている図書館」駒澤大学二〇一〇』（平成二二年度社会学科坪井ゼミ三年共同研究報告書）駒澤大学文学部社会学科坪井健研究室.
駒澤大学文学部社会学科坪井ゼミ二七期生一同（二〇一二）『共同研究 第二回生きている図書館@駒澤大学&駒大高校――高大連携と震災支援を絡めた地域貢献イベントとして』（平成二三年度社会学科坪井ゼミ三年共同研究報告書）駒澤大学文学部社会学科坪井健研究室.
駒澤大学社会学科坪井ゼミ（編著）（二〇一二）『ココロのバリアを溶かす HL事始め』人間の科学社.
駒澤大学文学部社会学科坪井ゼミ二八期生一同（二〇一三）『共同研究 カンボジア国際交流とスタディツアー――補遺：第三回「生きている図書館@駒澤大学」二〇一二』（平成二四年度社会学科坪井ゼミ三年共同研究報告書）駒澤大学文学部社会学科坪井健研究室.

駒澤大学文学部社会学科坪井ゼミ二九期生一同（二〇一四）『共同研究　駒澤大学HLサポートプロジェクト二〇一三』（平成二五年度社会学科坪井ゼミ三年共同研究報告書）駒澤大学文学部社会学科坪井健研究室．

駒澤大学文学部社会学科坪井ゼミ三〇期生一同（二〇一五）『共同研究　HL・サポートプロジェクト二〇一四――世田谷、多様性に寛容なまちづくりプラン』（平成二六年度社会学科坪井ゼミ三年共同研究報告書）駒澤大学文学部社会学科坪井健研究室．

駒澤大学文学部社会学科坪井ゼミ三一期生一同（二〇一六）『共同研究　第一回せたがやHL二〇一五――多様性に寛容なまちづくりの実践記録』（平成二七年度駒沢大学文学部社会学科坪井ゼミ三年共同研究報告書）駒澤大学文学部社会学科坪井健研究室．

駒澤大学文学部社会学科坪井ゼミ三二期生一同（二〇一七）『共同研究　多様性に寛容な街づくり――第二回せたがやHL二〇一六』（平成二八年度駒沢大学文学部社会学科坪井ゼミ三年共同研究報告書）駒澤大学文学部社会学科坪井健研究室．

渋谷昌三（一九九〇）『人と人の快適空間――パーソナル・スペースとは何か』（NHKブックス）日本放送出版協会．

J・ニーランス+渡部淳（二〇〇九）『教育方法としてのドラマ』晩成書房．

坪井健（二〇一二）「大学におけるHLの実践――駒澤大学坪井ゼミの取り組みから」加賀美常美代・横田雅弘・坪井健・工藤和宏編著『多文化社会の偏見・差別――形成のメカニズムと低減のための教育』（異文化間教育学会企画）明石書店．

坪井健（二〇一四）「HLの可能性を探る――「読者」「本」「司書」効果を中心に」松本誠一・高橋重郷編著『社会・人口・介護から見た世界と日本――清水浩昭先生古稀記念論文集』時潮社．

坪井健（二〇一七）「HLから見た異文化間能力――コンピテンシーを育てる実践の立場から」『異文化間教育』第四五号、異文化間教育学会．

津村俊充・山口真人（二〇〇五）『人間関係トレーニング（第二版）』ナカニシヤ出版．

平石善司・山本誠作（二〇〇四）『ブーバーを学ぶ人のために』世界思想社．

藤岡秀英（二〇〇八）「蔵内数太にもとづく『新しいコミュニティ論』の研究」『国民経済雑誌』一九八（四）
渡部淳・獲得型教育研究会（二〇一四）『教育におけるドラマ技法の探求――「学びの体系化」にむけて』明石書店.
渡辺文夫（二〇〇二）『異文化と関わる心理学――グローバリゼーションの時代を生きるために』サイエンス社.

第章

日常空間を再構築する場としてのヒューマンライブラリー

グレッグ・ワトソン（Greg Watson）
（橋本博子・工藤和宏　訳）

第一節　はじめに

ヒューマンライブラリー協会（以下、ＨＬＯ）は、通常ならお互いに出会ったり話したりすることのない人々が一対一で対話をする方法が、「固定観念や偏見に異議を申し立てるのに有効な枠組みである」と主張する（Human Library, 2016）。ヒューマンライブラリー（以下、ＨＬ）は、人と人が直接会って積極的に会話をすると、その相手に対する否定的なステレオタイプや、誤った認識を持ち続けられなくなるという、「常識的な信念」を具体化している（Garbutt, 2008、Dreher and Mowbray, 2012、Watson, 2015, 2017）。ＨＬの参加者たちは、人の身になって考えることを意味する、「他の人の靴を履いて一マイル歩く」という比喩を使って、ＨＬの経験を語るのである。

二〇一六年の末からＨＬへの関心が急速に高まっている。結果として、多くの国でＨＬの実施回数が増加

している。これは、人々が日常生活のコンテクスト（context）[1]で経験している様々な変化と大いに関係がある。その変化は、地球レベル、国家レベル、地域レベルで起きている。国家は国境を引き直そうと積極的に活動し、壁を築いて国境を閉鎖する。また、ボートでやって来る難民を制止し、国境へのアクセスを制限している。国の指導者たちのそのようなやり方に対して、人々は不満の声を強めている。また、人々は、自分たちを少数派と決めつけ除外するような耐え難い慣習や、当たり前とされる価値観や信念に苦しんでいる。人々がこのような悪影響をどう経験しているのかを見れば、特定の場所や状況「に」存在する経験が、人「として」の存在にどのような影響を及ぼすのかが明らかになる。

コンテクストが人々の存在にどう影響するのかについて最も示唆に富む例は、第二次世界大戦以降最大の出来事とも言える、最近の難民の動きである。難民がどのように扱われてきたのかを見ると、異なる空間（場所、場、状況）「に」存在した結果、その人々の存在が違ったもの「として」定義されているのがわかる。それは、「よそ者の運命」が特定の空間によって決められるのを示す格好の例となっている。国、都市、地域、学校、職場などの特定の場所や状況によって、人々は「部内者または部外者」（Amin, 2012, p.2）とレッテルを貼られる。例えば、難民が「共生すべき人であり潜在的な市民」とされる場所もあれば、「不純な動機をもった人々であり脅威だ」（Amin, 2012, p.2）とされる場所もある。人の存在を規定するこの過程は、（主流派とは異なる）「様々な能力・性的特徴・性的志向・信仰をもつ人々」（Garbutt, 2008, p.275）の経験とも共通している。これは、日常生活のあらゆる場所で形成される支配的な見解に異議を申し立て、それを変える方法を見つけることの大切さを示唆している。人々が見た目、価値観、ライフスタイルなどの違う人々と同じ空間を分かち合える方法を見つけ出す必要性も示している。

私たちの日常生活では、「二一世紀の社会的な経験の一部として、差異と共に生きることは避けられない」

(Ang, 2008, p.230)。この世界は、ますますコスモポリタン(国際的)になっていて、私たち生活者は、差異から学び、境界を越えて会話をし、共に生きる習慣を身につける必要があるのである(Amin, 2012、Appiah, 2006)。ＨＬが可能にしている「他の人の靴を履いて一マイル歩く」こととは、まさにこのコスモポリタンな世界なのである。

本章では、ＨＬが提供する空間が他の日常的な空間とどのように違うのかを検証する。ＨＬとは、日常的な都市空間を再構築するための仕組みであり、差異に関する日常的な交渉の場である。以下、(一)ＨＬを開催する意味、(二)空間と集団間関係の連結、(三)差異の再構築の順にこの議論を進めたい。

第二節　ＨＬを開催する意味――状況(会場の設定)の重要性

ＨＬを開催する会場は重要である。それは個々のＨＬに影響を与える。ＨＬＯがどのように発展し、どのように協会としての目的を達成するのかにおいても、常に重要な役割を果たしている。ここでは、状況(会場の設定)がＨＬにどう影響を及ぼすのかについて、(一)物理的状況、(二)状況と目的の関係の点から論じたい。

二〇〇〇年夏にロスキレ・フェスティバル(Roskilde Festival)で最初に開催されたリビングライブラリー(当時の名称、以下、ＬＬ)が成功して以来、ＨＬＯは偏見に対抗しうる方法を発展させ、ＨＬを世界に広めるのに重要な役割を果たしてきた。様々な物理的な状況で開催されたＨＬの方法論の検証は、ＨＬＯがその目的を達成する上で、物理的な状況がいかに重要であるかを示している。

ロスキレ・フェスティバルでの成功の後、ＬＬは二〇〇一年にはハンガリーのセゲット・フェスティバル（Sziget Festival）という音楽フェスティバルでも開催された。ある国から別の国へのこの最初の移行は、LLが「国境を越え、他の場面にも順応できる」（Abergel et al. 2005, p.13）ことを証明した。この順応性は、さらにそれに続いたLLでも明らかにされた。二〇〇二年秋にはノルウェーのオスロの公立図書館で行われた無料のイベントで、二〇〇三年一〇月にはノルウェーのネソッデン（Nesodden）のアルバン・ユース・スクール（Alvaern Youth School）で行われた。二〇〇四年の夏にポルトガルのリスボンで行われたリオのロックフェスティバル（Rock in Rio Festival）では、暴力被害者らと協力したグループによって開催された。二〇〇五年にはオランダのアルメロ（Almelo）の図書館で、そして二〇〇六年一一月には、オーストラリアのリズモーで公立図書館委員会の無料イベントでLLが行われた。そして、多様な物理的状況でもHLは機能することを、HLの設立者らは強く認識するようになった。

ハンガリーの経験は、LLが非常に洗練された方法で開催できることを示した。北欧の経験は、LLに存在する別の側面を示し、ポルトガルの経験は、LLの適応性を証明している。LLは、世界のどの国においても成功できるだろうし、発展し続けるだろう（Abergel et al. 2005, p.14）。

この観察がなされて以降、様々な物理的状況で成功しうるHLの力は、何度も繰り返し目撃されてきた。今日では、地域の図書館、大学、学校、音楽や文化のフェスティバル、職場、食とワインのフェスティバル、そして地域社会の他の場所など、実に多様な場所でHLが行われている。HLが持つ適応性は、物理的な条件や環境を越えて、HLOの目的や実践にとって、状況（会場の設定）がいかに重要であるかを示している。

多様性に適応できるHLの特性から、HLが様々な日常空間と関係づけられることがわかる。一方、その適応性ゆえに、本来の目的を変えてHLを開催しようとする主催者もいる。そのような主催者は、「偏見」からHLを説明するよりも、「コミュニティに関わる」とか、「コミュニティとつながる」といった表現を好む（Watson, 2015, p.56）。偏見を克服するためではなく、「コミュニティ内での会話を促し、図書館のサービスを拡大し、それをよく知ってもらい、より広い社会のコンテクストにおける図書館の役割を促進する」（Ashmore, 2010, p.2）ためにＨＬを使うといった例は、このことをよく表している。このようなＨＬの主催者は、自分の図書館で偏見に取り組むことに対する不安があると述べる。すなわち、偏見に取り組むことは、「すべての利用者が参加できるのを目指す図書館の目的」と相容れないかもしれないということである（Ashmore, 2010, p.3）。

偏見への取り組みに対するこのような消極的な姿勢は、ＨＬは常識からそれほど離れていない戦略だと考えることで満足してしまうことへの警告だと捉えるべきである。より厳密に言えば、この例で示された消極的な姿勢が示すのは、ＨＬとその会場となる空間との関係をより深く理解することの必要性である。次節では、空間と集団間関係の連結についての知見が、ＨＬと日常的な空間の関係を理解するのにどのように役立つのかを論じたい。

第三節　空間と集団間関係の連結

人々は、日常生活のなかで様々な場所を移動する。家から仕事、学校、ショッピングセンター、スポーツや娯楽の施設などに行ったり、動き回ったりする。人々は、どこにいるかという空間によって日常生活を運命づけられ、多様な生き方を経験するのである。ある人が誰なのか、どこに住んでいるのか、その人が立ち入ったり動き回ったりできる空間はどこか、そして、その人がその空間でどのように扱われるかは、その空間がどこなのかということと大いに関係がある。すなわち、人々は様々な空間を出たり入ったりしながら「所属」

を経験する。この所属は、「様々なかたちで経験され、それが付与する楽しみや権力は、公平に分配されているわけではなく、不公平と社会的排除の関係とつながっている」(Noble and Poynting, 2010, p.490)。このことは、都市空間を美化したり、中立的ですべての人に開かれた空間であると考えたりすること、都市空間を自由に移動ができ、心乱されずに人と交流できる空間だと考えること、そして、都市空間を「近接的な再帰性」、つまり、身近な経験の振り返りをもたらす触媒として過度に単純化して捉えることへの警告である(Noble and Poynting, 2010; Amin and Thrift, 2002; Amin, 2012; Priest et al., 2014)。

都市空間と集団間関係の連結に潜む否定的な影響を認識することで、社会のマクロ空間の統合から、分離のミクロな生態系へと関心を移した研究者がいる(Clack, Dixon, and Tredoux, 2005; Dixon, Tredoux and Clack, 2005; Alexander and Tredoux, 2010; Priest et al., 2014; Thomas, 2005; Dandy and Pe-Pua, 2013; Dixon and Durrheim, 2003; Durrheim et al., 2004)。日常生活の空間で、互いに異なる集団に属する人々が、どのように物理的に近い所で共存したり(Clack, Dixon, and Tredoux, 2005, p.2)、境界を守ったりするのかを検証する(集団間関係の)研究である(Alexander and Tredoux, 2010; Dixon and Durrheim, 2003)。例えば、人々がビーチ、学校のカフェ、大学の教室のような空間を共に使っている場面でも、人種、民族、年齢、性別などによって分かれて空間を利用していることが観察される。空間を日々どう使っているのかを通して、暗黙のうちに境界を引くという方法で日常生活の空間が分断されていることが見えてくる。日常生活の空間は、「分離が起こりそれが再生産されうる」(Priest et al., 2014, p.32)場になっているのである。

このように、社会のマクロ空間における統合の検証から、分離のミクロな生態系への学問的な関心への移行は、ＨＬが差異と折り合いをつける空間をどのように提供できるのかを考えるのに有益である。次に、ＨＬの概念化に有益な四つの観点について述べたい。

一　日常の都市空間での折り合い

世界の都市や街のマクロ空間とは、日常的に行き来する道、公園、ショッピングセンター、カフェなどである。自由で、多様な人々が混ざり合っていて、予期せずに人と出会う共用の空間のことである。その公共空間では、「見知らぬ人との出会いが目に見える」（Amin, 2002, p.967）ことが多く、人々には、差異と折り合いをつける必要が生じる。また、この現象は、以前は概ね均質的だった村落においても、次第に日常の経験になってきている。差異と折り合いをつけるという過程は、都市、街、村落での日常的な空間と集団間関係の連結を特徴とする「日常の都市（everyday urban）」というミクロな生態系において顕著である（Alexander and Tredoux, 2010; Durrheim et al., 2004; Dixon and Durrheim, 2003）。そのような空間では、「日常の社会的接触と出会いのミクロレベルの駆け引き」（Amin, 2002, p.959）が見られる。しかし、あとで詳しく論じるように、このような空間は多様な背景をもった人々や多様な集団に所属する人々を物理的に近づけることはできるが、そこにいる人々は差異についてうまく折り合いをつけられるわけではない（Wise, 2013; Noble, 2013a; Priest et al., 2014; Valentine, 2008）。都市の公共空間は、人々を近づけることで逆の効果をもたらしうるからである。都市の公共空間は、特定の集団が地域ごとに分かれたり、集中的な監視の対象になったり、「見知らぬ人々の間でほとんど接触のない、通過するだけの空間」（Amin, 2002, p.967）になったりもする。人々が差異や多様性と日常的に折り合いをつけるのに、都市の公共空間は必ずしも役立つわけではないのである（Amin and Thrift, 2002; Amin, Massey and Thrift, 2000; Rosaldo , 1999; Amin, 2002）。

しかしながら、都市の公共空間がコスモポリタニズムの理想を追求するのに全く役に立たないというわけでもない。都市空間は、差異と折り合いをつけるよりも差異の回避を助長する社会空間の規範を揺さぶり、変化をうながすことの必要性に気付かせてくれるのである（Alexander and Tredoux, 2010; Durrheim et al., 2004; Clack, Dixon and Tredoux, 2005; Dixon and Durrheim, 2003; Wise, 2013）。ＨＬの参加者は、通りや公共交通機関や店などの日常的な空間では、自分と異なる人に近づいて話せるとは思わないと語る。公共の空間で見知らぬ人や自分とは異なる人に近づいて会話を始めること、特に、差異について話すことは失礼だと感じる（Watson, 2015）。

これらの例が明らかにしているのは、日常的な都市空間と結びついた社会空間の規範や慣行が、差異と日常的に折り合いをつけたいと願う人々の気持ちを抑えていることである。このことは、「誰もが参加できるように、最も注意深く用意された空間でさえも、周縁化され偏見をもたれている人々は参加しない」（Amin, 2002, p.968）のはなぜなのかを説明する。言い換えれば、人々がより親密に関わり合う他の日常的な空間では、どんなことが起こるのかをより深く理解する必要性を喚起しているのである。

二　空間とミクロ世界（micropublics）

人々が多くの時間を過ごす日常的な空間とは、人との交流の場である。このような場所は、ミクロ世界と呼ばれ（Amin, 2002; Noble, 2013a）、職場や学校、大学、青少年センター、スポーツやレクリエーションのクラブなどがこれにあたる。ミクロ世界は、習慣的行為、相互依存、ささいな交渉（Amin, 2002, p.969）などの空間として機能する。例えば、職場では、基本的な礼儀にかなう行動をするだけでなく、同僚と意思疎通したり交流したりすることが求められる。ミクロ世界は、このようにして、人々を多様な背景やアイデンティティをもつ集団から、自分とは異なる人々との交流が必要な空間に連れ出すのである。

ミクロ世界は、人々の日常生活において、先に述べた「空間と集団間関係の連結」がどのように起きるのかを示す（Alexander and Tredoux, 2010, p.368）。ミクロ世界は、都市の公共空間よりも、人々を共同作業に参加させ、差異と折り合いをつける日常の空間として、よりよい機会を提供することができる（Noble, 2013a, 2013b; Wise, 2013; Amin, 2012）。しかし、実際には、多くの要因に阻害され、人々がミクロ世界でもつ接触は、錯覚を起こさせたり、表面的だったりしがちで、日常的な分離の経験にもなってしまう（Dixon and Durrheim, 2003; Alexander and Tredoux, 2010; Clack, Dixon and Tredoux, 2005）。「共存と協調は二つの全く異なること」である（Amin, 2012, p.59）。したがって、人々が差異と折り合いをつけるのにミクロ世界それ自体は必ずしも役立つわけではないのである。

ミクロ世界は、異なる人々を互いに結び付け、アミン（Amin, 2012, p.59）が「何とか仲良くやっていく」と表現した状態にする可能性を持っている。一方、ミクロ世界では、個人的なアイデンティティや差異について、より深い会話ができる機会を発展させる力学が働かないことも多い。例えば、職場のミクロ世界では、同僚を丁寧に扱い、侮辱したりするのは避けるべきだという礼儀の規範は、表面的には協力的な職場環境を発展させるのに役立つかもしれない。しかし、それは、人々が人種、民族、宗教、性別、性的傾向などについての会話ができ、結果として、多様性をより尊重できるようになる空間ができあがるという意味ではない（Noble, 2013a; Wise, 2013）。

ＨＬの参加者たちは、自分自身の職場や学校での経験を語りながら、このことについて振り返る。そして、職場や学校のようなミクロ世界で求められる礼儀や規範のために、特定の会話に参加するのが非常に難しくなると語る。例えば、ＨＬの「読者」は、障害や精神疾患を抱えて生活する同僚と身体障害や精神疾患の問題について話し合うのはためらうという。同様に、高校生は、性的少数者（LGBTQI）の同級生と、ゲイ、レズビアン、両性愛者などの意味については話し合えないという（Watson, 2015）。このような例は、「親しみと違和感の程度と感じ方」(Noble, 2013b, p.33) が、ミクロ世界で実際にどのように現れるのかを示している。人々が差異と折り合いをつけ、多様性をより尊重するようになることは、様々な程度の協力関係や、肯定的であれ否定的であれ、あらゆる形の親密さが形成されるミクロ世界さえあれば、自然に実現するわけではない。

それどころか、分離のために作られたようなミクロ世界も存在する。このようなミクロ世界は、差異を理解し多様性を尊重することを目指す礼儀の規範がないのはもちろん、それに価値を認めない。「見知らぬ人が見知らぬ人のままでいることをやめる」(Noble, 2013b, p.32-33) 空間を提供することには関心がないのである。例えば、信仰している宗教に基づく学校、性別の集団、きわめて高い会費が必要なクラブなどは、特定の宗教、性別、性的アイデンティティ、社会経済的集団などに属さない人々を排除することで成り立っている。このようなミクロ世界は、同一性を永続させたいという欲求に基づいていて、差異に対する無礼を改めたり、「多様性と折り合いをつける習慣」(Noble, 2013b, p.36) を奨励したりする規範はない。一方で、これらのミクロ世界は、人々が自分の町や都市などのマクロ空間において「空間を共有する力を獲得」し、差異と多様性に「折り合いをつけて妥協する」こと (Noble, 2013b, p.36) を促す空間の必要性を浮かび上がらせる。この力学に加えて、様々なミクロ世界の間を移動する人々の姿は、日常的な都市空間で、人々が差異と折り合いをつけることをいかに避けているのかも表している。

三　空間と社会的通過

人々は、「(互いに) 交わらない生活」(Valentine, 2008, p.326) を求めながら、様々なミクロ世界の間を移動する。つまり、自分と異なる人々の生活に接触せずに、あるミクロ世界から別のミクロ世界へと移動できるのである。多くの人々は、自分と似たような人々からなる集団に属して生きていて、自分と異なる人々に会ったとしても、意味のある交流をほとんどしない（Valentine, 2008; Clack, Dixon, and Tredoux, 2005; Dixon and Durrheim, 2003; Thomas, 2005）。交わらない生活によって、人々は日常の都市空間を通り抜け、あるミクロ世界から別のミクロ世界へ、「疎遠さ」（Noble, 2013b, p.34）を保ったままで移動できる。

ＨＬの主催者の中には、職業人としてはこの疎遠さの克服を試みる一方で、一個人としてはこのように行動していることに気付く人がいる。ＨＬのイベントを計画したことで、自分が特定のマイノリティの人々との交流を避けてきたことに気づいたと告白するのである。また、それぞれのマイノリティの人々との接触はあるが、異なるマイノリティを一堂に集めたことはなかったという主催者もいる。これらの例からは、人々が、特にマイノリティに属する人々が、他の集団やより広いコミュニティから分離されたままでいることがわかる（Watson, 2015, 2017）。このことは、社会空間の規範によって、人々はどのように他集団の人々とほとんど接触をしないようになるのか、また、そのような接触を意図的に避けているのかを表している。

ミクロ世界での洗練された差異の折り合いは、人々が「私的に持っている見方や価値観にかかわらず、公の場では市民としてふさわしい適切な方法で」（Valentine, 2008, p.329）行動することを可能にする。しかし、家庭や友人同士のような、私的な生活空間での人々の言動が示すことは、「自分の意見が共有され認められるとわかっている『私的な』空間で漏らすことを許される」（Valentine, 2008, p.329）まで、人々の実際の態度は単に抑圧されているに過ぎないということである。人々は、私的な空間では、自分の態度が批判されても、自身の公的または私的な生活に何ら重要な悪影響が及ばないことを知っている。したがって、私的な空間とは、差異の折り合いや妥協に挑むことから、人々を遠ざけることを許す空間なのである。私的空間は友好か対立かのどちらかを選択しなくてもよい空間である。なぜならば、よそ者に対して自由に無礼でいられる空間だからである（Noble, 2013b）。

以上のことは、（異なる集団の人々が）互いに交わることのない生活に介入したり邪魔したりする、モノや仕組みを持った空間づくりの必要性を示唆している。そのような空間は、人々が差異に折り合いをつけたり歩み寄ったりすることを避けるために使う、私的な習慣的行為の妨げにならなければならない。それができれば、支配的な集団と周縁化された集団の間にできた様々な距離を維持しようとする人々のやり方を妨害すること（Alexander and Tredoux, 2010; Dixon, Tredoux and Clack, 2005; Wise, 2013）ができるかもしれない。私的な空間は、確かに支配的な立場にある人々の役に立っている。しかし一方では、多数派とは異なる人々の生活の中にあっては、浮き立つものである。人々は、無礼から身を隠したいという欲求の結果、しばし私的な空間に逃げ込む。このようなことが起きるのは、公的な空間とは、人々の「存在」と「所属」の意味を定義する過程そのものだからである。

四　空間と存在

公共空間において人々が日ごろ無礼だと感じる経験は、ある人々が特定の空間に「存在する」自由が、その人たちの「存在そのもの」（つまり人間性）と密接につながっていることを示している。つまり、ある空間に存在すべきではないと感じさせられる人々は、自分には存在する権利が全くないというメッセージを送られているのである（Noble and Poynting, 2010）。バレンタイン（Valentine, 2010, p.531）によると、このことは、礼儀正しさと無礼さの区別があいまいな時に、公共空間や私的空間との関係のなかで、自分達とは異なる人々についての語りによってあからさまになるという。

人々は、一方で、自分は個人の自由を信じているし、マイノリティに対して偏見を持っていないと言うが、他方で、レズビアンの女性同士やゲイの男性同士が街中でキスをするのを見て、または近所でイスラム教徒の女性たちがヒジャブを身に着けているのを見て敵意を表したり、公の場で身体障害者を見て不快感をもったり、障害者対応の設備によって自分が不便をさせられていると思うことに何ら矛盾を見ないのである。（自分達とは）異なる人々が公の空間にいることに対するこのような反応は、人目につかないかどうかという基準を使いながら、人々がどのようにマイノリティを承認したりしなかったりするのか、また、空間的規範がどのように「公の空間に存在するための適切なあり方」（Valentine, 2010, p.532）を定義するのかを表している。これは、マイノリティが差異（目に見える障害、性的志向、あるいは宗教的慣習）を自分の家で表明するなら我慢できるが、公の場でそうされるのは我慢できないという人々の考え方を説明している。マイノリティが公の場で差異を表明すると、「彼らの生き方」をマジョリティに押し付けていると見なされる。それは、公の空間に存在するための、適当なあり方という空間の規範に違反すると考えられるからである。

ＨＬに「読者」として参加する人々はこの力学について語る。つまり、日常生活において障害者と接したり、ゲイ、レズビアン、または性転換者に会ったりして、不快感や困惑や、その人の本当のアイデンティティを認めるのを拒否するような自分自身の否定的な感情に気づいた経験を語るのである。また、公の場では否定的な感情を隠すが、家に帰るとそのような感情を自由に表すと認める人もいる（Watson, 2015; Kudo et al., 2001）。

同様に、「本」として自主的に参加した人々は、公の場所にいて安全ではないと感じた経験や、差別的な扱いを受けた経験について語る。例えば、ゲイである「本」は、公の場では愛情を行動で表現する前に「安全点検」をする必要があると言う。また、見た目が性についての一般的な考え方と一致しない「本」は、公衆トイレを使うのを禁じられた経験を語る。そして、摂食障害の「本」は、パーティなどに行っても「頭がおかしい」とレッテルを貼られたと話す（Watson, 2015, 2017）。このような例は、公の空間で人々がどのように定義づけられ、劣った存在として扱われ、自分たちの家や特定の少数派のための集まりやクラブなどの隔離されたミクロ世界に追いやられているかを示している。

特定の空間に存在する経験によって、人としての「存在」が歪められることがよくあるというこれらの語りが示す問題は、差異のために人々が分離され、過小評価され、貶められるような公の空間における慣行を脱構築する必要性を提起している（Clack, Dixon and Tredoux, 2005; Dixon and Durrheim, 2003; Thomas, 2005）。この問題は、集団的希望、信頼、協力、参加などによって定義される、「広場」としての共有空間をどう再構築すべきかを考えさせてくれる。それは、人々が「公共空間に存在」するだけでなく、公共空間において自分たちの本当の、そして（多数派とは）異なる自己が尊重される「状態の空間」なのである（Amin, 2012; Wise, 2013; Valentine , 2010; Alexander and Tredoux, 2010）。

第四節　差異の再構築——日常の折り合いをする場としてのＨＬ

本章は、「二一世紀の社会的な経験の一部として、差異と共に生きることは避けられない」（Ang, 2008, p.230）こと、そして、差異から学び、差異の境界を越えて会話ができるような、共存する習慣を育てなければならない（Amin, 2012; Appiah, 2006）ことを確認することから始まった。これまでの議論の多くは、アッシュ・アミン（Ash Amin）の批判的考察と彼の言う「見知らぬ人たちの社会」（Amin, 2012, p.2）に関する研究に負うところが大きい。アミンは、異なる要素が混在した社会への対応策として政策立案者が進めてきた多くの政治的なプログラムや公共政策は、見知らぬ人同士の争いを正し、社会の一体化を推進してきたという見解に異を唱えている（Amin, 2012; Noble, 2013b; Wise, 2013）。彼は代わりに、「見知らぬ人たちは共同作業を通して見知らぬ人であるのをやめる」（Noble, 2013b, p.32-33）という考えを支持しているようである。

ここで、これまでの議論から導きだされた社会空間の規範と集団間関係に関する三つの警鐘を確認したい。第一に、差異についての折り合いはもちろん、都市空間を何の問題もなく人的交流ができる空間だと美化しないよう注意しなければならない（Nobel and Poynting, 2010; Amin and Thrift, 2002; Amin, 2014; Priest et al., 2014）。第二に、人々の日常的空間が、非公式の分離を引き起こし、再生産していることを忘れてはならない（Clack, Dixon and Tredoux, 2005; Dixon, Tredoux and Clack, 2005; Alexander and Tredoux, 2010; Priest et al., 2014; Thomas, 2005; Dandy and Pe-Pua, 2013; Dixon and Durrheim, 2003; Durrheim et al., 2004）。第三に、それでもなお、公共空間は異なる集団に属する人々の間に交流の機会を提供し、差異とともに生きる習慣の発達を促すような集団間関係をつくるのに貢献できるということである（Priest et al., 2014; Wise, 2013; Pedersen et al., 2011; Amin, 2012）。

以下では、この三点を手掛かりとし、ＨＬが概念的に妥当で、かつ実践的な方法であることを主張したい。

第一に、ＨＬは日常の都市空間ではなしえない、差異との日常的な出会いに折り合いをつける空間を提供する。先に述べたように、人々は、無礼で不適切だろうから街で知らない人に近づくことはできないと感じている。ＨＬの「読者」は、他の日常的な都市空間では近づきがたいと感じる人々に会うのを可能にしてくれる空間なのである。例えば、ＨＬのおかげで、イスラム教徒、ユダヤ人、アボリジニ、そして多様な民族背景をもつ人々と会えたという「読者」がいる（Watson, 2015）。このように、ＨＬは、互いに異なる人々の交流をもたらす共有の空間を構築することで、否定的で習慣的な社会空間の規範を不安定にし、変えることができる。

第二に、ＨＬは、錯覚を起こさせるような、表面的で日常的に分断された状態にあるミクロ世界の空間の代わりを提供する。HLは、人々が自分で選んだどんな話題についても聞きたいことを尋ねるよう奨励される空間であり、礼儀に関する社会の規範を再考させる。このようにして、HLは、会話を通して人と近づき協力的な関係が築ける空間として、ミクロ世界の空間を再構築するのである。「読者」は、身体的障害をもって生きるとか、レズビアンであるとか、移民または難民であるのはどんな感じかなどを「本」と直接話すことができる。そして、そのような会話が、日常のミクロ世界における表面的な会話よりずっと深いものだと理解するのである（Watson, 2015, 2017）。

第三に、HLは、異なる人々と交わらずに疎遠なままでいるのを可能にしている社会的通過の現状を打破する仕組みを提供する。例えば、お祭りや展示会や地域の図書館などのような空間にHLが組み込まれる場合がある。そこは、人々が別の空間に行く途中で通り過ぎる空間であり、形状を変えられる空間である。したがって、社会的通過の空間であり、不安定な空間である。HLをこのような空間で行うことによって、主催者は人々が差異を避けるのを妨げることができる。例えば、「読者」は、食とワインのフェスティバルでたまたまHLを見つけ、「本」を読むことになるかもしれない。主催者は、通常なら自分とは異なる人々を避けるであろう通りがかりの人を招き入れ、立ち止まって「読書する」のを勧めた経験を話すだろう（Watson, 2015）。このように、HLは人々に対して、普段の行動を中断させ、差異について折り合いをつけることを勧めることができるのである。

第四に、HLは、異なる人々を劣った存在として定義づけるやり方に異議を申し立てるような空間を提供する。HLは、すべての人がありのままの自分でいる権利をもつ空間である。「本」と「読者」は、HLが自分と異なる人々と出会える安全な空間だと言う。主催者は、通常であればお互いに出会ったり話したりしない人々がそうできるように、社会の周縁から中心に人々を連れて来る空間としてHLが有効であると言う。

例えば、人前で安全じゃないと感じるのがどういうことだったかを、自分の「読者」になった地元の政治家に説明できたというゲイの「本」がいる。いつも障害者を避けていた、ある「読者」は、後天的脳損傷の「本」を「読む」よう自分を駆り立てたという。また、地元でアフリカから来た移民を見ても決して話さなかったが、アフリカ出身の「本」と会話をすることができたという「読者」もいる（Watson, 2015, 2017）。ＨＬは、このように人々が希望や信頼や協力的な気持ちをもって出会える「広場」となるのである。

第五節　結　論

「他の人の靴を履いて一マイル歩く」という常識的な訓戒の実践を大きく超えて、ＨＬは、差異との折り合いをつける場として日常の都市空間を再構築する。概念的に強固で実践的な仕組みを人々に提供する。ＨＬは、以下を可能にする空間として機能するのである。

- 自分の日常生活では出会ったり話したりできない人々と（差異の）折り合いをつける機会を提供する。
- 表面的でも錯覚でもなく、協力的で意味のある方法で他の人と出会える。
- （自分とは）異なる人々を避け続ける、交わらない生活を中断させる。
- 本当の自分らしくすることが歓迎され祝福される。

したがって、人々は、ＨＬに足を踏み入れると、日常の都市空間から踏み出して、「他の人の靴を履いてみる」ことになる。他の人の靴で歩くにつれて、人々は差異について折り合いをつけ、共存の態度を育て、差異から学び、境界を新たに越えて会話ができるようになるのである。

【注】

（1）本稿では、世界のすべての人の活動や様々な人間関係を指す用語として、「コンテクスト」を使う。コンテクストは、マクロレベルとミクロレベルのコンテクストを統合したものである（Charmaz, 2014、Crotty, 1998、Hennik, Hutter and Bailey, 2011）。マクロレベルとミクロレベルの両方で人々がどのようにコンテクストを経験しているのかを正確に示すために、場所（place）、状況（setting）、空間（space）、場（site）のような他の用語も用いる。例えば、ほとんどの人々は、グローバリゼーションや文化や特定の国家のマクロレベルのコンテクストの中で生きているため、その様々な影響を経験する。また同時に、ミクロレベルのコンテクストの影響も受ける。ミクロレベルのコンテクストとは、家族、近所、職場、友人関係などの、場所であり、場であり、状況である（これらの用語はしばしば交換可能であり、包括的な用語である「空間」の下に位置づけられる）。

【引用・参考文献】

Abergel, Ronni, Antje Rothemund, Gavin Titley, and Peter Wootsch. 2005. "Don't Judge a Book by Its Cover? The Living Library Organiser's Guide." http://humanlibrary.org/guides-for-organisers.html.

Alexander, Lameez, and Colin Tredoux. 2010. "The Spaces between Us: A Spatial Analysis of Informal Segregation at a South African University." *Journal of Social Issues* 66（2）: 367-386. doi: 10.1111/j.1540-4560.2010.01650.x.

Amin, Ash. 2002. "Ethnicity and the Multicultural City: Living with Diversity." *Environment and Planning* A 34（6）: 959-980.

———. 2012. *Land of Strangers*. Cambridge: Polity.

Amin, Ash, D Massey, and Nigel Thrift. 2000. *Cities for the Many Not the Few*. Bristol: Policy Press.

Amin, Ash, and Nigel Thrift. 2002. *Cities: Reimagining the Urban*. Cambridge: Polity.

Ang, Ien. 2008. "Passengers on Train Australia." *Griffith Review* 19: 225-239.

Appiah, Kwame Anthony. 2006. *Cosmopolitianism: Ethics in a World of Strangers*. London: Penguin.

Ashmore, Amy. 2010. "Alive with Knowledge: Engaging Communities through Living Libraries." *Library Student Journal* 5: 1-8. http://www.librarystudentjournal.org/.

Charmaz, Kathy. 2014. *Constructing Grounded Theory*. 2nd ed. London: SAGE Publications.

Clack, Beverley, John Dixon, and Colin Tredoux. 2005. "Eating Together Apart: Patterns of Segregation in a Multi-Ethnic Cafeteria." *Journal of Community & Applied Social Psychology* 15（1）: 1-16. doi: 10.1002/casp.787.

Crotty, Michael. 1998. *The Foundations of Social Research*. London: SAGE Publications.

Dandy, Justine, and Rogelia Pe-Pua. 2013. "Beyond Mutual Acculturation." *Zeitschrift für Psychologie* 221（4）: 232-241. doi: 10.1027/2151-2604/a000153.

Dixon, John, and Kevin Durrheim. 2003. "Contact and the Ecology of Racial Division: Some Varieties of Informal Segregation." *British Journal of Social Psychology* 42（1）: 1-23. doi: 10.1348/014466603763276090.

Dixon, John, Colin Tredoux, and Beverley Clack. 2005. "On the Micro-Ecology of Racial Division: A Neglected Dimension of Segregation." *South African Journal of Psychology* 35（3）: 395-411. doi: doi:10.1177/008124630503500301.

Dreher, Tanja, and Jemima Mowbray. 2012. *The Power of One on One: Human Libraries and the Challenges of Antiracism Work*. Sydney: UTS ePress. https://opus.lib.uts.edu.au/research/bitstream/handle/2100/1397/ThePowerofOneonOne_monograph.pdf?sequence=3.

Durrheim, Kevin, Kirsty Trotter, Laurence Piper, and Desiree Manicom. 2004. "From Exclusion to Informal Segregation: The Limits to Racial Transformation at the University of Natal." *Social Dynamics* 30（1）: 141-169. doi: 10.1080/02533950408628667.

Garbutt, Rob. 2008. "The Living Library: Some Theoretical Approaches to a Strategy for Activating Human Rights and Peace." In Activating Human Rights and Peace: Universal Responsibility Conference 2008 Conference Proceedings, Southern Cross University, Lismore, Australia, edited by Rob Garbutt, 9.

Hennink, Monique, Inge Hutter, and Ajay Bailey. 2011. *Qualitative Research Methods*. London: SAGE Publications.

Human Library. 2016. Human Library: Home. Accessed 13 October 2016, http://humanlibrary.org/.

Kudo, Kazuhiro, Yuri Motohashi, Yuki Enomoto, Yuki Kataoka, and Yusaku Yajima. 2011. "Bridging Difference through Dialogue: Preliminary Findings of the Outcomes of the Human Library in a University Setting." In 2011 Shanghai International Conference on Social Science, Shanghai, China, 17 - 20 August. http://humanlibrary.org/assets/files/2011%20SICSS%20paper%20（accepted%2022%20Apr）%20Kudo%20et%20al..pdf.

Noble, Greg. 2013a. "Cosmopolitan Habits: The Capacities and Habitats of Intercultural Conviviality." *Body & Society* 19（2-3）: 162-185. doi: doi:10.1177/1357034X12474477.

———. 2013b. "Strange Familiarities: A Response to Ash Amin's Land of Strangers." *Identities* 20（1）: 31-36. doi: 10.1080/1070289X.2012.752373.

Noble, Greg, and Scott Poynting. 2010. "White Lines: The Intercultural Politics of Everyday Movement in Social Spaces." *Journal of Intercultural Studies* 31（5）: 489-505. doi: 10.1080/07256868.2010.513083.

Pedersen, Anne, Iain Walker, Yin Paradies, and Bernard Guerin. 2011. "How to Cook Rice: A Review of Ingredients for Teaching Anti-Prejudice." *Australian Psychologist* 46（1）: 55-63. doi: 10.1111/j.1742-9544.2010.00015.x.

Priest, Naomi, Yin Paradies, Angeline Ferdinand, Lobna Rouhani, and Margaret Kelaher. 2014. "Patterns of Intergroup Contact in Public Spaces: Micro-Ecology of Segregation in Australian Communities." *Societies* 4（1）: 30-44. doi: 10.3390/soc4010030.

Rosaldo, R. 1999. "Cultural Citizenship, Inequality and Multiculturalism." In *Race, Identity, and Citizenship*, eds R Torres, L Miron and J Inda. Oxford: Blackwell.

Thomas, Mary E. 2005. "'I Think It's Just Natural': The Spatiality of Racial Segregation at a Us High School." *Environment and Planning* A 37（7）: 1233-1248. doi: doi:10.1068/a37209.

Valentine, Gill. 2008. "Living with Difference: Reflections on Geographies of Encounter." *Progress in Human Geography* 32（3）: 323-337. doi: 10.1177/0309133308089372.

———. 2010. "Prejudice: Rethinking Geographies of Oppression." *Social & Cultural Geography* 11（6）: 519-537. doi: 10.1080/14649365.2010.497849.

Watson, Greg. 2015. "'You Shouldn't Have to Suffer for Being Who You Are': An Examination of the Human Library Strategy for Challenging Prejudice and Increasing Respect for Difference." The Centre for Human Rights Education, Curtin University, Bentley. http://link.library.curtin.edu.au/p?cur_digitool_dc234254.

———. 2017. "Being a Human Book: Conversations for Rupturing Prejudice." In *Rites of Spring*, ed. Julie Lunn. Perth: Black Swan Press.

Wise, Amanda. 2013. "Hope in a Land of Strangers." *Identities* 20（1）: 37-45. doi: 10.1080/1070289X.2012.752372.

おわりに

本書は、実践と研究の両方の視点から、それぞれの執筆者の経験や立場を尊重しつつ、できるだけ多角的な視点からＨＬの現状と可能性について検討した。日本全国からの実践報告やコラム、研究報告にとどまらず、オーストラリアとフィリピンの実践者や研究者にも本書用の原稿を提供してもらうことで、改めてＨＬの有効性を確認することができた。しかし、ＨＬの実践と研究は端緒についたばかりであり、ＨＬの本格的な活用や研究はこれからである。そこで、本書を閉じるにあたり、ここでは今後の課題について若干述べたい。

世界中で実施されているＨＬは、最初のＨＬがロックフェスティバルで開催されたように、娯楽イベントや公共施設、特に図書館や公民館を中心に展開されてきた。他国での運営主体の大半は、地域住民ないし地方公務員である。一方、日本では、特に創成期においては大学での教育・研究活動としての実施が主流であった。したがって、編者の知る限り、日本はＨＬに関する研究の土台は、他国に比べて整いつつあると言えるだろう。

今後は、ＨＬの実践や研究が更に活発化することが期待されるが、その全体像を図表1のように示すことができる。縦軸はＨＬの活用範囲（個人―社会）を表し、横軸はＨＬの志向性（実践―研究）を意味する。

まず、縦軸を基にＨＬの可能性を考えると、ＨＬは、個人から社会のレベルに至るまで、広範囲での活用が可能であることがわかる。個人レベルでは、とりわけ治療的効果に着目したい。語りが「本」にもたらすセラピー効果を考えれば、例えば、集団療法の一環としてＨＬを各種患者会で活用することができる。実際、薬物依存症や精神障害者の団体ではＨＬに類似した対話方式が活用されているが、ＨＬを意図的に多方面の患者会などに導入して個人の生きにくさの改善に役立ててもよいだろう。また、社会レベルでは、コミュニティ内で多様な背景を持つ人々を繋ぐネットワークの育成効果を活用すると、コミュニティを活性化するこ

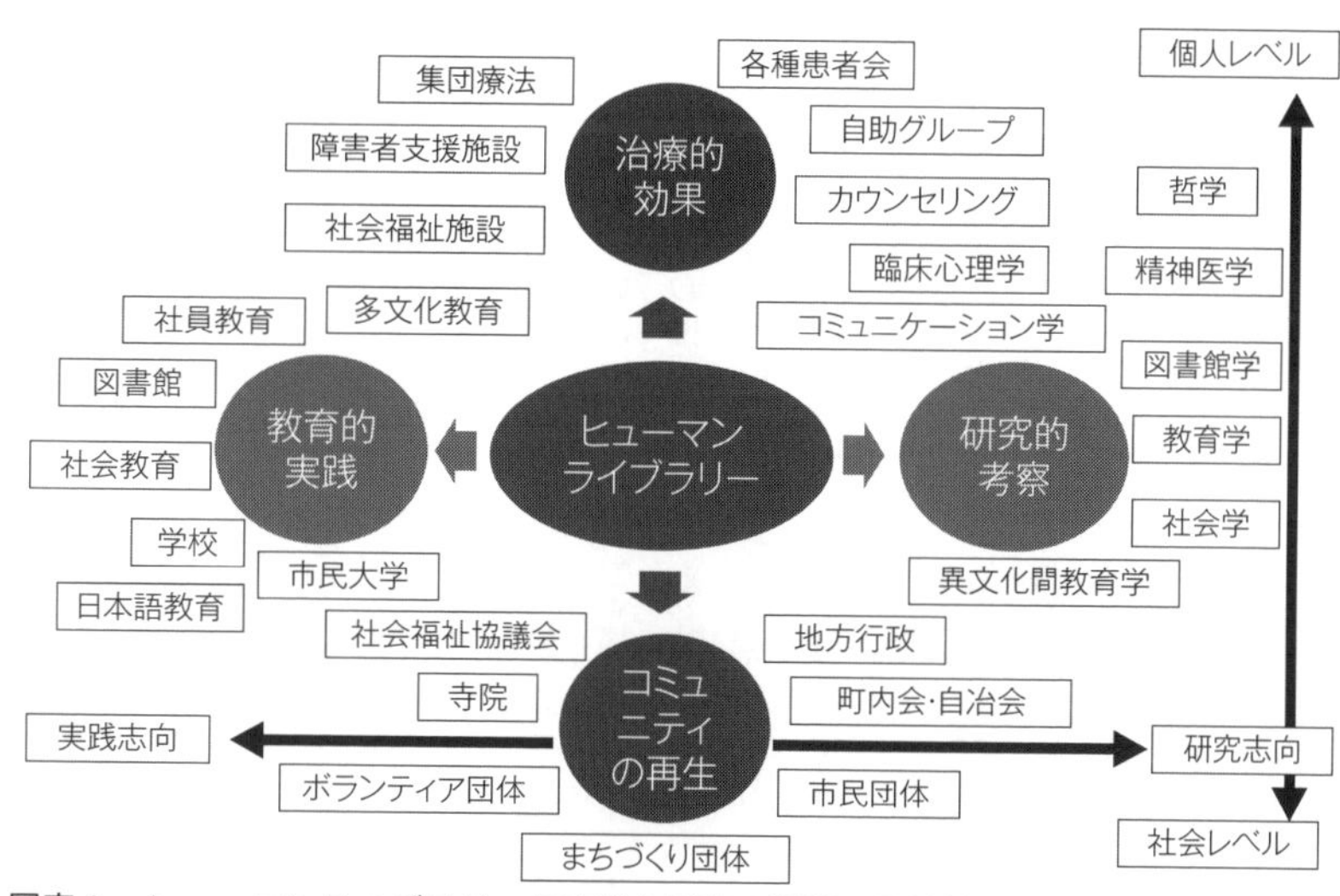

図表１　ヒューマンライブラリーの実践と研究の展開の可能性

とができる。本書が紹介した社会福祉協議会や市民団体によるＨＬの実践は、そうした地域再生に貢献している好例である。

次に、横軸が示すＨＬの志向性については、次のような展開が期待できる。実践については、本書では大学・学校に限らず、公共施設や寺院など様々な空間での教育的実践、つまり学びの機会の提供の例が紹介されている。今後は、職場、特に企業の人材育成の観点から、ＨＬが発展することが期待できる。研究については、偏見の低減や異文化間能力の育成等の観点から主に異文化間教育学の領域で研究されてきたが、本書では日本語教育学、図書館学、哲学等からの研究の萌芽がみられる。今後は、臨床心理学、教育学、社会学、コミュニケーション学などの見地からも研究が進むことが期待できる。

以上の展望に加えて、外国と日本のＨＬが目指す目的の質的な違いについても検討が必要である。具体的には二点ある。一つ目の違いは、「読者」の偏見を打破しようとする志向性である。デンマーク本部やオーストラリアでのHLは、本書の第一部第一章と第二章で紹介されたような、「読者」への同意書は存在しない。その代わり、事前に「本」へのトレーニングを徹底し「本」への心理的サポートを強化している。「本」は「読者」のいかなる質問や反応にも対応できるよう事前準備をする。言い換えると、「本」としてトレーニングを受けて準備ができた人だけが「本」としてHLに参加する。そして、HL会場には、「読者」への心理的リスクも想定した上で、心理カウンセラーを配置する。それが、「偏見や社会的烙印に挑む」HLの目的を達成するには不可欠であるというのがHL創始者のアバゲール氏の主張である。こうした観点から考えると、日本で展開されているHLは、(事前の同意書の提出のような)「本」と「読者」の対立を避ける配慮が行き届き、柔和になり過ぎていると見ることができる。

二つ目の違いは、「本」を「書庫」にストックするという考え方である。「読者」の偏見への挑戦という考え方で、HLの持続可能な組織化を目指すと、トレーニングされた複数の「本」を「書庫」にストックしておくという考え方が生まれる。そうすると、必要に応じて各地のイベントに「本」を供給でき、主催者である「司書」への運営負担が減り、HLを継続的に開催しやすくなる。デンマーク本部では、SNS上で「書庫」に登録されている「本」の方々といつでも連絡が取りあえる状況になっている。HL主催者がHLを何時何時に開催するとオンライン上で呼びかければ、瞬く間に「本」が揃う。この「書庫」の存在は、新たにHLを運営したいと願う人々にとっても便利である。

以上のようなHLの運営方法には、日本のHLとは、運営目的において次のような違いがあると言えるだろう。すなわち、ヒューマンライブラリーによって社会の偏見の存在をアピールし、それと対峙する「運動体」として組織化するのか、それとも、幅広く多様性に寛容な「社会関係資本」(信頼関係、規範、ネットワーク)をコミュニティに形成するのかという違いである。アバゲール氏らの実践の方向性は、前者の考え方に近いのではないだろうか。それに対して、本書の第一部で示された日本での実践は、多様な「本」の生きにくさを改善しつつ、多様性に寛容な「平等な公共空間」を実現しようという考え方が根本にあると言えるだろう。その考え方には、「読者」だけでなく、「本」や「司書」の「生活の質」もＨＬの実施目的に含まれる。「本」を書庫として事前に確保することは、運動体を運営する人には好都合である。しかし、この手法が仮にＨＬに並ぶ「本」の固定化につながっていくとしたら、コミュニティの形成や活性化という観点からＨＬが果たせる役割は、限定的になってしまうであろう。

さらに、フィリピンからの報告にもあるように、フィリピンやタイなどのＡＳＥＡＮ諸国では、各国の「司書」によるＨＬの協力が広がっている。今後は、日本のＨＬも諸外国、特に近隣アジア諸国と連携して互いに情報交換して学び合い、ＨＬの発展に貢献すべきだろう。ＨＬは、偏見や烙印という社会のタブーを扱う。しかし、何をもってタブーとするのかは各国・各地域の文化的価値により異なるであろう。また、オーストラリアでの事例が示すように、ＨＬの方法論とりわけＨＬの適応や応用の可能性についても、日本がまだ知り得ていないＨＬ実践がまだまだ多くあるはずである。ＨＬの持続的発展を考えると、日本でも、デンマーク本部が実践しているようなグローバル企業とのパートナーシップによって、ＨＬの認知度を社会に広める戦略的広報を展開してもよいだろう。

本書の編集作業の時期と並行して、二〇一七年一〇月には日本ヒューマンライブラリー学会が発足した。日本でのＨＬの中枢組織として、国内外のＨＬ運営団体と連携して発展し、更にその先にある知的貢献・社会貢献ができる体制づくりの一躍を担うものと期待される。

以上、本書の編集を終えての所感を述べてみたが、ＨＬは、グローバル化する世界において、人間と社会の新たな在り方への変革の可能性を秘めた実践である。今後のＨＬの展開に大いに期待する次第である。

編者一同

付記　本書の執筆に当たり実施した調査研究は、科学研究費助成事業 挑戦的萌芽研究「偏見の低減のための教育――ヒューマンライブラリーの効果研究」（研究代表：坪井健）JSPS科研費JP15K13212 の助成を受けたものである。なお、調査データの集計と分析には、高橋賢太郎氏（駒澤大学坪井ゼミＯＢ）の手を煩わせたことを付記し謝意を表したい。

編著者紹介

坪井　健（つぼい　つよし）（はじめに、第１章第６節、第４章、第７章、おわりに）

岡山県生まれ。駒澤大学教授。日本ヒューマンライブラリー学会理事長、異文化間教育学会理事、東京ヒューマンライブラリー協会代表理事。専門は社会学・社会心理学、留学交流、学生文化比較、ヒューマンライブラリー研究。［主な著書・論文］『ココロのバリアーを溶かす――ヒューマンライブラリー事始め』（編著、人間の科学社、2012年）、『多文化社会の偏見・差別――形成のメカニズムと低減のための教育』（共編著、明石書店、2012年）、「ヒューマンライブラリーの可能性を探る――「読者」「本」「司書」効果を中心に」『社会・人口・介護から見た世界と日本』（時潮社、2014年）、「ヒューマンライブラリーから見た異文化間能力――コンピテンシーを育てる実践の立場から」『異文化間教育』45号（異文化間教育学会、2017年）

横田雅弘（よこた　まさひろ）（はじめに、第１章第７節、第４章、第５章、おわりに）

東京都生まれ。明治大学教授。日本ヒューマンライブラリー学会副理事長、異文化間教育学会常任理事、留学生教育学会理事。専門は異文化間教育。［主な著書・論文］『留学生アドバイジング――学習・生活・心理をいかに支援するか』(白土悟と共著、ナカニシヤ出版、2004年)、『多文化社会の偏見・差別――形成のメカニズムと低減のための教育』（共編著、明石書店、2012年）、「新たな異文化間教育学の展開」『異文化間教育のフロンティア』異文化間教育学大系第4巻（共編著、明石書店、2016年）、「ヒューマンライブラリーという図書館――新しい図書館のかたち」『情報の科学と技術』Vol.68, No.1（一般社団法人 情報科学技術協会、2018年）

工藤和宏（くどう　かずひろ）（はじめに、第１章第２節、第４章、第６章、第８章（共訳）、おわりに）

東京都生まれ。獨協大学専任講師。日本ヒューマンライブラリー学会理事、異文化間教育学会常任理事。専門は異文化間教育、国際高等教育。［主な著書・論文］『多文化社会の偏見・差別――形成のメカニズムと低減のための教育』（共編著、明石書店、2012年）、"Social representation of intercultural exchange in an international university," *Discourse: Studies in the Cultural Politics of Education*, Vol. 37（Routledge、2016年）、"Intercultural relationship development at university: A systematic literature review from an ecological and person-in-context perspective," *Educational Research Review*, Vol. 20（Elsevier、2017年）

●分担執筆者紹介（執筆順）

玉利麻紀　（高知県立大学助教、第１章第１節）

加賀美常美代　（お茶の水女子大学教授、第１章第３節）

満田琴美　（お茶の水女子大学大学院生、第１章第３節）

山下美樹　（麗澤大学准教授、第１章第４節）

北村由美　（京都大学准教授、第１章第５節）

高田光一　（ブックオブ・りーふぐりーん代表、第２章第１節）

杉本雄祐　（社会福祉法人立川市社会福祉協議会、第２章第２節）

宮崎聖乃　（長崎外国語大学特任講師／ヒューマンライブラリーNagasaki実行委員会代表、第２章第３節）

佐藤裕紀　（新潟医療福祉大学助教、第２章第４節）

小原亜実子　（横浜市中央図書館司書、第２章第５節）

ナタリー・サーバント（Nathalie Servant）（豪州、ローンセストン市職員、第３章第１節）

ジョセフ・M・ヤップ（Joseph M. Yap）（カザフスタン、ナザルバエフ大学図書館レファレンス課専門マネージャー、第３章第２節）

ドナ・リン・G・ラバンゴン（Donna Lyn G. Labangon）（フィリピン、デ・ラ・サール大学図書館司書、第３章第２節）

グレッグ・ワトソン（Greg Watson）（豪州、カーティン大学講師、ヒューマンライブラリー・オーストラリア渉外担当、第８章）

橋本博子　（豪州、モナシュ大学元専任講師、第３章と第８章の翻訳担当）

岡　智之　（東京学芸大学教授、コラム１）

渡部留美　（東北大学准教授、コラム２）

齋藤眞宏　（旭川大学准教授、コラム３）

萩原秀樹　（インターカルト日本語学校教務コーディネーター、コラム４）

松本　健　（東京にしがわ大学授業コーディネーター、コラム５）

清田美香　（英日翻訳家兼作家秘書、コラム６）

吉川真以　（特定非営利活動法人シブヤ大学、コラム７）

芳村夏未　（社会福祉法人世田谷区社会福祉協議会社会福祉士、コラム８）

ヒューマンライブラリー
多様性を育む「人を貸し出す図書館」の実践と研究

2018 年 2 月 28 日　初版第 1 刷発行

編著者　坪　井　　　健
　　　　横　田　雅　弘
　　　　工　藤　和　宏
発行者　大　江　道　雅
発行所　株式会社 明石書店
　　　　〒 101-0021　東京都千代田区外神田 6-9-5
　　　　電　話　03（5818）1171
　　　　ＦＡＸ　03（5818）1174
　　　　振　替　　00100-7-24505
　　　　http://www.akashi.co.jp

装　　丁　明石書店デザイン室
印刷／製本　モリモト印刷株式会社

（定価はカバーに表示してあります）　ISBN978-4-7503-4640-3